吴阿敏太极手册

吴阿敏　著
余功保　主　审

合肥工業大學出版社
HEFEI UNIVERSITY OF TECHNOLOGY PRESS

目录 CONTENTS

序 / 余功保 001

前言 / 吴阿敏 001

吴阿敏小传 002

慧于中而敏于行——余功保与吴阿敏的太极对话 016

吴阿敏讲太极

从现代健康视角解读太极拳 042
——在中国地质图书馆的讲座

太极拳的种类与习练选择 053
—— 在阿里巴巴美国旧金山分部的讲课

基本功三部曲 062

五行与太极 076
——在美国谷歌公司的讲课

太极拳的康复和医疗价值 086
——在美国 Kaiser Permanente 医疗体系的讲课

创新是太极拳国际化的关键 091
——在世界太极中青年领袖峰会上的发言

太极因女性而美丽 095
——在三亚南山世界太极文化节圆桌会议上的发言

发挥极致优势，成就太极新境界 099
——在世界太极文化节名家见面会上的发言

吴阿敏太极精华

01 吴阿敏太极扇

太极扇的作用 /104
太极扇的特点 /106
学练太极扇的注意事项 /107
太极扇基本功练习 /108
太极扇套路动作名称 /109
太极扇动作图解 /110

02 二十四式简化太极拳

简化二十四式太极拳简介 /152
简化太极拳的特点 /154
简化太极拳练习原则与要领 /156
如何练好简化太极拳 /158
二十四式简化太极拳动作名称 /162
二十四式简化太极拳套路讲解 /164

03 三十二式太极剑

三十二式太极剑简介 /206
三十二式太极剑的特点 /206
三十二式太极剑的基本技术和基本功 /208
三十二式太极剑动作名称 /216
三十二式太极剑套路讲解 /218

04 四十二式太极拳

四十二式太极拳简介 /258
四十二式太极拳基本特点 /260
四十二式太极拳基本要领和练习方法 /261

四十二式太极拳动作名称 /264
四十二式太极拳套路讲解 /266

05 四十八式太极拳

四十八式太极拳简介 /324
四十八式太极拳基本特点 /324
四十八式太极拳基本要领和练习方法 /326
四十八式太极拳动作名称 /328
四十八式太极拳套路讲解 /330

吴阿敏太极拳图谱

吴阿敏演示陈式太极拳 /404
吴阿敏演示杨式太极拳 /429
吴阿敏演示吴式太极拳 /449
吴阿敏演示武式太极拳 /469
吴阿敏演示孙式太极拳 /488

世界太极拳网访吴阿敏

传说中的“太极仙子”，功夫颜值爆表精妙诠释太极“美丽人生” /504

序

余功保

灵悟于学　敏行于拳

2017年，阿敏和我商议，要出版一本书，把多年来自己在太极拳理论、技术、教学等方面的内容整理一下，我觉得是一件很好的事情。阿敏旅居美国多年进行太极拳的国际化推广工作，近十几年来在国内太极拳活动中很少露面，而她在国内有着大量的“粉丝”。她曾经连续六年在中央电视台进行太极拳讲座，那个靓丽、温雅、热情的太极老师的形象在万千太极拳爱好者心中留下了深刻印象。而她多年来在太极拳方面的不懈追求和探索也积累了大量非常宝贵的体验，把这些内容呈现给大家，对太极拳的推广也是一件十分有益的事情。

对于本书的出版，阿敏十分认真，也付出了很大的精力，我们多次就书的结构、内容、呈现方式等进行细致的研究、讨论。从2017年9月开始，分别在泰山、北京等地拍摄了大量图片，阿敏回到美国后又专门为本书拍摄了多个套路的动作图，使得本书以精确、精

美、内外兼备的形象展现给大家，成为学习、欣赏、体悟太极拳的一本精品著作。

阿敏是一个充满激情和情怀的人，她对于太极拳的热爱和投入让我非常感动。她说，自己这一生最喜欢也最擅长的事情，就是进行太极拳的研习和传播。太极拳的理法和原则符合她的性情、价值观，成为熔铸在她生命中的文化印记。

阿敏是一位非常难得的，具有全面太极拳技能和素养的太极拳传承者。她在学生时期就进行太极拳的全面性学习和锻炼，心中没有障碍，没有藩篱，系统学习了太极拳理论、套路技术、太极拳推手等，作为当时为数不多的太极拳女推手运动员，多次获得了推手冠军，英气侠骨，为武坛一道力与美的典型性风景。作为专业的体院学生和运动员，她不保守，还十分注重对传统太极拳的学习，对于各种流派的太极拳功夫都潜心学习，拜传统武术家为师，潜心悟练，这使得她成为少有的具备全面综合性太极功技的优秀专业性太极人物。这一特点在本书中有突出的体现。

阿敏身上始终保留着一股率真，这对于修炼太极拳来说十分重要，太极拳讲究抱朴归真，需要一种舍弃繁缛的质朴与简单，这种质朴性在阿敏身上始终保持，这在当今的太极拳界也是一种可贵的坚持。

阿敏在太极拳教学上形成了自己独特的风格，精准的示范，娓娓道来，程序科学，语言平实生动，拳人一体。很多学员反映，学阿敏老师的课，听得心里明白，练得身上清楚，悟得脑中深刻。这一点在阅读本书时也会有深刻体会和美妙的体验。

本书的出版，为当代太极拳的体系注入了一股清流，也为广大太极拳爱好者提供了一个优秀读本，对国内外太极拳的发展、推广将会发挥积极有益的作用。

前言 | 吴阿敏

练好太极不容易，教别人练好太极更不容易。太极拳，已融入我的生命，长期以来，我一直在思考和探索如何能帮助更多的人学好太极拳、练好太极拳以及如何更好地推广太极拳。

在网络信息发达的今天，阅读却越来越成为我们重要的生活方式，因为书籍始终是人类进步的阶梯，即使在没有电或没有 Wi-Fi 的时候，仍可以通过阅读来跨越时空进行心灵和技术的对话与交流。因此，写一本实用的太极手册奉献给大家，是我一直以来的愿望。

于是，在这本书的编写过程中我坚持了自己一贯近乎严苛的标准，一丝不苟，尽我所能。因为我觉得这本手册的出版首先要对得起广大太极拳爱好者对我的信任，一定要对得起大家的殷切希望和热盼。

众所周知，太极拳的内涵极其丰富，从传统经典到现代诠释；从道家、佛学和儒家诸子百家哲理，到力学、医学等科学依据；从武术技击、养生保健、文化修为、颐养身心，乃至艺术观赏，等等。我竭尽全力为大家展现其精髓和实用的价值。

太极拳有层次，从基本功、桩功、套路，到推手、散手、康复、修心。但都离不开招熟，懂劲，然后阶及神明。佛法道法，有密宗内炼，也有普惠式方便法门。太极拳亦然，它的习练方法既有传统功法，也有普及推广系列。唯有兼顾，才能深入人心，落到实处，既传承有序，又造福众生。

太极是美丽的、高尚的，是有灵性的。我们需要用心去感悟，耐心去实践去追求。这本手册是积数十年之心血，精心准备若干年才得以面世的。之所以用心良苦、字斟句酌，是希望这里面的每一个字句、每一张图片，对读者来说都是实用和有意义的，能够为读者答疑解惑，为学练太极拳指出正确的方向和要领。

这里我要感谢在背后一直默默支持我的家人。当我投入大量精力和时间来撰写本书时，亲人们任劳任怨，为我分担了很多工作和生活中的琐事。更要感谢过去培养、指导过我的每一位老师。

还要感谢许多学员和广大拳友，是她们的支持和鼓励，使我有勇气去完成它。值得一提的是，自然资源部地质调查局的吴西顺博士，是我指导的一名学生。他对太极拳表现出极大的热忱和恒久的坚持，并经常和我探讨太极拳的拳理、拳法、学习中的问题以及巨大的社会价值。他学识渊博，视野甚广，悟性好，有素养，对我在太极拳国际推广方面的思考帮助很大，发挥了很多积极的作用。

感谢“大辫子”太极服为本书的图片拍摄提供部分服装。“大辫子”太极服装品牌的创始人、董事长吴代琳女士，蕙质兰心，心灵手巧，气宇非凡，曾去欧洲时装界游历、进修和学习，思想前卫，而作风踏实；理念先进，而技艺精湛。从太极形象理念上，她为我提供了很多很好的创意和灵感。

这本书中所展示的上千张图片的拍摄过程中，还要特别感谢我在美国的学生 Dino Oliva 给予了热心的帮助，以及摄影师 Crystal Huang 和造型师 Anna Chen 的莫大支持。

太极拳是国之瑰宝，无论何时何地，不管是涓涓细流还是大江大河，都应该健康地发展传扬下去。问渠哪得清如许，为有源头活水来。这个源头就是我们头脑要清醒，认识到自己的优点，也认识到本身的不足，并努力做好继承、发展与创新，不断地去学习、去体悟、去研究……

最后，书中如有任何错误和不足之处，敬请广大专家和读者批评指正。

吴阿敏小传

吴阿敏，武英级武术运动员，国家级武术裁判，素有“太极公主”美称。毕业于北京体育大学，八次荣获国际武术太极拳大赛和全国武术锦标赛冠军。精通陈、杨、吴、孙、武各式太极拳、械、推手功夫，善长气功养生保健诸法。连续六年担任中央电视台 CCTV-5 体育频道《闻鸡起舞》的特邀教练（“太极学堂”和“青春之光”），制作发行 100 余种太极教学光盘。曾参与中国权威的武学著作《太极拳辞典》之“太极剑”篇章的编著，为《太极拳运动》标准动作拍摄示范图版。独立编写并出版太极学练类书籍《健身太极扇》和《吴式 36 式太极剑》等。

现旅居美国，在美丽的西海岸创办了吴阿敏太极文化交流中心，并亲自担任总教练。同时，在谷歌、阿里巴巴等全球知名科技公司担任高级健身教练，被美国大型医疗机构聘请为指定太极教练，为硅谷高管和医生护士培训养生太极和健身气功；常出席世界公益活动和太极教学指导以及大型赛事的组织和执裁工作。长期致力于在全世界推广中国太极武术，建立了 Open Tai Chi Foundation 慈善基金会，向世界各国传授技艺，推广理念深受各界学员喜爱，为弘扬中国太极文化作出不可磨灭的贡献。交流中心在全世界的影响力逐渐扩大而享誉全球，2017 年被“世界太极文化节”评为“全球最有影响力的太极机构”之一。

1. 故乡水美，蕙质兰心

21 世纪的中国，是自主造大船出海的时代。出生于安徽省蚌埠市的吴阿敏，从小就生活在美丽的淮河岸边。父亲是一名经验丰富的造船厂工人，阿敏小时候就住在淮河坝附近的蚌埠造船厂大院。

俗话说，一方水土养一方人。江淮流域，人杰地灵。不但众多的历史人物诞生于此，不少古代文人和当代艺术家也出生在这片大地上，

可谓人才辈出。生于斯，长于斯的吴阿敏，从小就天性善良，敢作敢当，颇有女子大丈夫的巾帼气概。

2. 幼承庭训，禀赋聪颖

自古英雄出少年。孩提时代的吴阿敏，受父亲熏陶对武术产生了浓厚的兴趣，在两岁蹒跚走步时就每天跟随爱好练武的父亲比划玩耍。各种招式、各派武学，民间、少林、大刀、长矛、红缨枪，只要是打拳舞剑她就认真跟着学，而且悟性极高，一招一式有模有样，久而久之，她对武术爱不释手，甚至达到了痴迷的程度。

从上小学开始，勤奋好学的吴阿敏除了在校完成正规学业以外，每天利用业余时间到蚌埠市体校参加训练。不管多么恶劣的天气，严寒酷暑，父女俩都风雨无阻。一到冬天，外面冰天雪地，天寒地冻，有时候大雪没过膝盖，别人都不来上课了，父亲仍然推着自行车，坚持送阿敏到体育场训练。这种坚韧不拔的意志，甚至感动了体校的看门人。为了锻炼体能，父亲想出一个法子，在平时去体育场训练的来回路上自己骑自行车，让阿敏在道路上坚持跑步，日复一日，坚持不懈。就这样，在父亲的影响下，意志顽强、持之以恒的精神品质已经完全融入了吴阿敏的性格。

3. 花季修武，全面提升

年少的小阿敏肯吃苦，悟性高，逐渐在各种比赛中崭露头角。在 1989 年的安徽省武术比赛中，为家乡蚌埠市赢得了枪术第一名。在众多运动员当中，举手投足之间被省专业队的教练相中。经过层层选拔、考核和各种测试，小学毕业的阿敏就离开家乡被正式选入安徽省体委武术队成为一名专业运动员。梅花香自苦寒来，经过 5 年的刻苦训练，吴阿敏终于站在国家领奖台上，在 1995 年的全国武术锦标赛中代表安徽队获得第三名的好成绩。

1996 年，这位勤奋好学的太极项目种子选手，又加强补习文化课，顺利考入中国体育界的最高学府——北京体育大学的武术系。在大学里，吴阿敏如鱼得水，勤学苦练，文武双修，一举成为当时的小学霸。几乎每天她都比别的同学睡得晚，起得早。她说，别人一分努力，她就要付出十倍的汗水。在少女如花似玉的年龄，吴阿敏

却深深迷上了太极，倾情倾心。

四年的大学生活，阿敏主修了各式太极拳、械、推手等项目。勤学苦练的身影活跃在训练场上和教学楼间，日复一日。阿敏一边抓紧学习学校课程，平时还要抽空到城里跟民间大师学拳。一到周末就骑着单车穿梭在偌大的北京城找师傅学习。苦心人，天不负！终于，在各位高德名师的指导下，她认真系统地学习了中华武学和深厚的理论营养，对中国博大精深的武术及医学有了全面的认识，武艺和修养均取得质的飞跃。

4. 出类拔萃，成绩斐然

在北京体育大学，吴阿敏一入校就被选拔到校队代表北体参加各类大赛，是学校太极代表队历史上的第一位女子推手运动员。1996 年入校，1997 年就荣获第五届国际武术邀请赛吴式太极拳和 42 式太极剑的冠军，1998 年获得全国武术锦标赛女子太极拳、剑、推手全能冠军，女子太极推手（56kg 级）冠军，1999 年获得第六届国际武术邀请赛女子陈式太极拳和 42 式太极剑冠军；2000 年获得全国武术锦标赛女子吴式太极拳和女子太极拳、剑、推手全能冠军。在这些高水平赛事上获得至高荣誉的背后是勤奋苦练的汗水。

5. 普及推广，星光耀眼

中国地质大学体育部外景

从北体以优异成绩毕业后，吴阿敏即被中国地质大学体育部录用为正式职工，成为一名普通的高校教员，开始面向年轻的大学生群体开展太极拳教学，同时参与中国权威的武学著作《太极拳辞典》之“太极剑”篇章的编写工作，并为人民体育出版社出版的《太极拳运动》拍摄标准动作示范图版。

在教学之余，除了传承之外，还矢志创新。于是，吴阿敏开始倾心创编“阿敏太极系列教程”，从易到难，从拳到械，把多年的所学所练综合归纳，集众家之所长，在继承传统的同时，加以创新发展，从而研发创编了一系列广受大众喜爱的太极套路，其中吴式简化太极剑、养生太极扇、太极杖等作品在社会上广为流传和习练。回想起来，太极鞭杆是她在冬日空空冷冷的地下室研编出来的，养生拂尘也是夏日里挥汗如雨、每天挑灯到午夜潜心钻研开发出来的。虽然很辛苦，但是收获很大。正所谓，教学相长。

也是在这一时期，中央电视台经过优选和考察，决定邀请吴阿敏在体育频道担纲《闻鸡起舞》节目的主讲教师，先后为“太极学堂”和“青春之光”录制了系列电视教学节目。然而就在央视对于是否启用一位初出茅庐的年轻毕业生作为节目主讲还在犹豫的时候，节目制片人拍板，要敢于尝试，要用人不疑。结果，第一档节目于2001年1月1日一经开播，马上就好评如潮，观众来信如雪片般飞来、咨询电话络绎不断。从此，一位年轻靓丽的太极明星教师开启了一个崭新的“太极科教时代”。

由于全国观众的热烈反响，此节目创纪录地一直连续热播了整整 6 年之久。吴阿敏老师在全国太极拳爱好者的热情鼓励下再接再厉，在教学方法和讲解内容上不断进行提炼和创新，成为国内最早通过电视节目和视频教材把太极拳推向普通大众的新一代太极教练。她那经典的荧幕教学风格和教学模式，后来一直被人效仿。

6 年间，吴阿敏老师不辞劳苦，付出辛勤的汗水共编排、讲解和演示了养生太极节目逾 250 集，制作发行了 100 余种太极教学光盘，极大丰富了太极教学内容，在一定程度上满足了当时的社会需求。这些教学资料包括陈、杨、吴、孙、武各式太极拳套路和阿敏养生太极系列中的养生太极拳、刀、剑、扇、杖、拂尘及鞭杆等以及很受大众喜爱的太极推手和太极拳对练等。这些节目后来在网络和各大电视台一度热播，光盘和教材畅销世界各地，至今经久不衰。

有志者，天不负，卧薪尝胆，百二秦关终属楚。潜心钻研，蕙质兰心的吴阿敏老师精心研制的教学节目深受大江南北太极拳爱好者和观众的喜爱，因而经常被邀请到全国各地进行教学指导，并多次应邀到中国香港、日本开展武术太极交流和裁判工作。

在吴阿敏老师决定远赴美国去传播太极拳之后，仍然心系祖国，从 2006 年至 2007 年上半年一直辛苦地在中美两国之间来回穿梭奔波，以完成对国内太极拳爱好者和广大观众的承诺，仍然坚持完成电视节目的拍摄和教学片的录制。

6. 负笈美国，终身事业

2006 年，吴阿敏移居到美国西海岸最负盛名的旧金山湾区，开始创建“太极文化交流中心”，致力于将中华传统太极精髓与中医养生理念相结合，研究开发出深受学员欢迎的各类太极和养生课程。

When Push Comes to Shove
The 5 Styles of Taiji and Their Strengths in Push Hands
Chen

Zhou
Wu (Hao)
"All those modern kids can do awesome movements, but get them come to Push Hands, they can't do anything."

但是，当时还是遇到很多困难。从中央电视台急流勇退的吴阿敏，虽然在国内已有上百种视频教材，但她发现中美环境具有巨大差异。为了适应美国当地的语言差别、文化差异以及社会需求的不同，这位个性坚强的中国女孩立刻迎难而上，锐意进取，开展国际化太极教学改革。经过长期的研究攻关和反复试验，终于制作出了一套针对国际社会群体的中英文双语教学片。自2012年开始，从初级到高级，一系列崭新的国际版视频教程横空出世，陆续服务社会。通过这些英文教程和现场面对面系统教学的巧妙结合，阿敏开创出一条在国际推广太极拳的崭新道路。凭借理论和实践的双重创新逐渐被全世界太极界认可而盛誉全球，在2017年被“世界太极文化节”评为“全球最有影响力的太极机构”之一。

阿敏老师在美国太极界的影响逐渐扩大，不但对各式各流派了如指掌、精通熟练，而且在男性为主流的太极推手领域也是占有一席之地的女性太极武者，这当然与她扎实的武学功底不无关系。2015年，吴阿敏接受了美国《功夫太极》杂志社的独家人物专访，从专业的角度阐述了太极各大流派的特点以及太极推手的重要心法。吴阿敏老师在美国的太极推广路线也是稳扎稳打，一步一个脚印，由点到线到面，从各个培训点、各家公司培训基地，到湾区沿岸，甚而影响到整个西海岸。

阿敏老师一方面在硅谷地区担任着全球高科技公司的高级健身教练，她在谷歌(Google)和阿里巴巴(Alibaba)等地的崭新课程，让更多的美国人发现了太极的美好、

奥妙和精彩。许多美国的学员在接触了太极以后，惊呼原来太极如此有趣！另一方面，吴阿敏老师还在美国 Kaiser Permanente（凯撒医疗机构）担任指定太极教练，专门为医生和医学专家们培训养生太极和健身气功。除此之外，她还经常应邀出席北美的各类公益活动和世界各国太极团体的教学指导以及大型武术赛事的组织和执裁工作，为推广传统和新型的太极文化作出突出贡献。

7. 跨国经营，世界推广

2016 年 7 月，阿敏老师趁着暑期回国探亲，怀着对原工作单位的深厚感情，接受了当时国土资源部中国地质图书馆的邀请，做了长达 2 个多小时的太极与健康养生讲座，并现场示范 24 式标准套路。随后，北京、衡水、徐州、蚌埠多城巡回活动。8 月 16 日，安徽蚌埠网络电视台向世界播发了《太极公主养成记》的新闻专访。在专访的最后，吴阿敏威风凛凛地打了一段 48 式太极拳，将它献给家乡的人民。在花园式校园里，在美丽的公园内，时间都过得飞快。吴老师总是悉心指导，不厌其烦，点拨其入门，助其学拳。

然而，就在 2016 年 7 月，回国探亲休假期间，阿敏老师在美国执教多年的重要教学场馆不幸遭遇一场意外的火灾。但是，远隔重洋已不再是距离。美国当地的学生们一边第一时间向老师报告灾情，给大洋彼岸的阿敏老师发来火光冲天的现场照片和远在中国的老师保持联系，一边四处奔走，寻找新校舍。祸兮福所倚。阿敏老师回美国后不久就找到了崭新的校舍，重新布置场所，开辟起一片新天地。浴火重生后的新校舍、新场馆，拥有了更强的生机，承载着更大的使命。

8. 金鸡报晓，中青领袖

慈母手中线，游子身上衣。2017 年 8 月 4 日，又到暑期回国探亲的阿敏老师，携父母赴泰安，应邀参加世界太极中青年领袖峰会。欢迎晚宴华丽出场，清新脱俗。在召开会议的第一天，地下龙宫度假村的会场内外，阿敏大气又接地气，广受群众喜爱，加上吴阿敏的老师性情温和，各种场合，只要一现身，就有如风云般聚来的众多太极爱好者让阿敏老师签名留念，很多时候被挤得水泄不通，甚至因此错过了不少嘉宾的集体合影，会议某些环节的照片里都找不到吴阿敏老师的身影。但是，阿敏老师仍然没有怨言。

泰山极顶，问道太极。8 月 6 日，在碧霞元君祠的祖庭，观中的主持道长，特邀吴阿敏老师在贵宾室表演太极拳。贵宾们在认真地观看完吴阿敏老师展示拳法之后，给予非常高的评价，并合影纪念。以武证道，天地可鉴。

百善孝为先。看到照片的人都发现，阿敏在上山的路上是两手双臂搀着父母的。即使走得慢，掉了队，也在所不惜。阿敏曾经对助手说，最大的心愿就是好好陪陪父母。心地善良，恐怕是阿敏老师生活、学习、工作中的最好刻画。照片虽然不多，可有限的几张也足以让万千粉丝们欢呼雀跃，兴高采烈。微信平台播发的《泰山遇见旧金山》一文瞬间辗转流行于网络，被各家媒体竞相转载引用。

9 月，刚刚返回美国不久的吴阿敏又回到中国，是应邀专程从美国飞越太平洋到三亚参加第二届三亚南山世界太极文化节。令大家惊讶的是，在文化节闭幕式当晚，阿敏老师竟然以主持人的身份亮相，一袭高领

旗袍，在观音宝座下熠熠生辉，她修长标致的身型本身就是对太极与健康关系的一种最形象的诠释。世界太极文化节，全世界太极人最高端、最盛大的聚会。能够在隆重的闭幕晚会上担任主持人，对阿敏老师来说也是一次非常难忘的经历，她深深感到荣幸。

9. 讲太学堂，城市回响

2018 年盛夏，世界太极拳网教育品牌“太学堂——世界太极学院”首期课程“吴阿敏太极讲习班”在深圳开讲，来自全国各地的近 50 位太极拳学员参加本次为期 5 天的讲习班学习。讲座当天，公众平台、网站以及多个视频平台进行了线上直播，数万人同步在线观看。在课堂上，吴阿敏老师娓娓道来太极理法和习练要领，强调学习太极拳要从桩功入手，循序渐进，分段落、分拳种学习，不但要通过拳架打下坚实的下盘基础，也要借助太极剑、太极刀等器械的锻炼使全身上下相随，劲路合一。由招熟懂劲，而阶及神明，达到太极拳锻炼的新境界。这些太极心法都是吴阿敏老师长期教学的心得体会，从旅居美国算起已经十年有余。这些心法的公布，不仅受到学员的高度赞誉，并且在海内外受到高度评价，其后，《深圳日报》英文报道视频官方微博阅读量迅速突破 100 万以上。

2019 年，受邀到河南郑州参加中国功夫大会，做大会主旨演讲《太极拳国际化：机遇与问题》，其间与华人功夫巨星李连杰和河南省文旅厅厅长姜继鼎交流。回到美国的太极中心已是金秋，还得马不停蹄开展面授太极课程。

10. 打造直播课程

21 世纪是科技日新月异的时代。科技拉近了世界的距离，也收获了更多太极粉。

2020年后线上推出的系列公益健康讲座“太极与健康之道”，为各国拳友阐述了太极奥妙和健康的诀窍，广受欢迎。

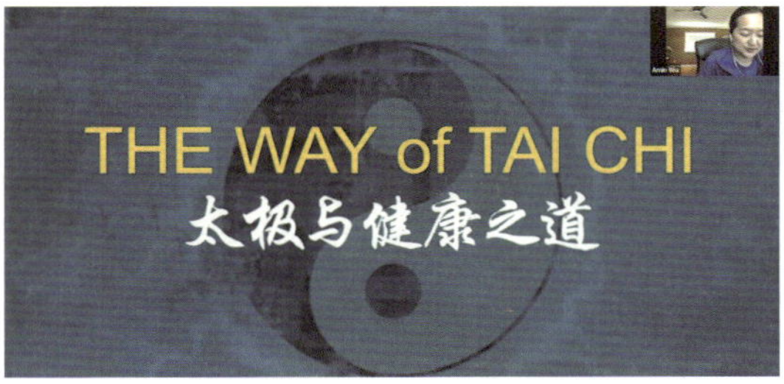

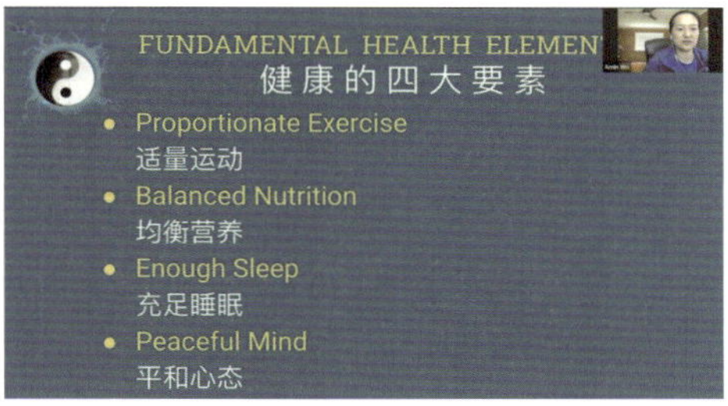

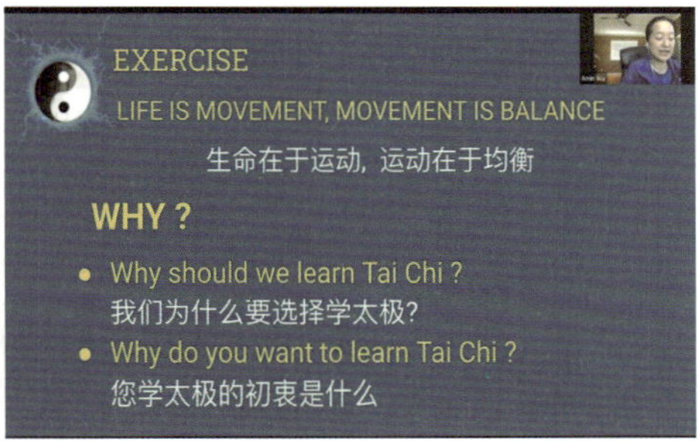

11．千姿百态都是太极所爱

人类交流当然是能够面对面最直接、最高效，太极拳指导更是这样。后疫情时代，一切束缚逐渐解禁，人们感受着自由的阳光，呼吸着新鲜的空气，又开始线下线上同步练太极。

近年来，吴阿敏老师大力推广太极健康新理念，在专注研究传统文化的同时，以身垂范，坚持推介内外兼修抗衰老，青春美丽正能量。除了向学员们教授养生功法以外，同时提供健康管理、美丽顾问指导，帮助百姓大众实现高质量生活。2023 年初在美国创立了开放式公益慈善机构“奥普太极基金会(Open Tai Chi Foundation)”，创建起一套全面系统、既传统又现代的“大太极 + 大健康”国际事业发展平台，定期提供各类线上线下公益课程。这是一个开放、自由、温暖的太极大家庭，也是引领健康保障和延年益寿的大家庭，造福各族人民，不分言语肤色。

OPEN TAi CHi FOUNDATION

12 . 结语

积极倡议“网络太极居家练习”，向世界各地不同族裔、不同肤色、各种语言的人群传授太极技艺，为切实提高人类普遍免疫力做出突出贡献。

鸿雁归去，盼来兮。说再见，再见不遥远。祖国的亲朋好友们都真心希望彼岸的旧金山天天阳光灿烂，美丽的湾区事事顺心，中华的大地团圆幸福。舀一瓢太平洋的水，寄托我们对阿敏老师的支持和祝福吧。

中国功夫
CKFTPA

Wu-Style Tai Chi 24 Form
吴式太極拳入門二十四式
吴阿敏 太極
MASTER AMIN WU

慧于中而敏于行

——余功保与吴阿敏的太极对话

2017年8月，吴阿敏应邀参加在山东泰安举行的“首届世界太极中青年领袖峰会”，9月，应邀出席三亚南山第二届世界太极文化节，并在北京世界太极拳网拍摄太极拳教学片。其间，世界太极拳网总编辑余功保先生和吴阿敏女士就太极拳的相关问题进行了多次讨论、对话。

余功保：看你的状态，始终是很快乐的。这种阳光感我觉得是练太极拳的人应该具备的一种心境。

吴阿敏：谢谢。练太极是一件快乐的事。从练拳中获得愉悦应该是当代人练太极的一个重要目的。这样长期锻炼，可以培养人乐观的性格。尽管过去太极拳学习、训练也很劳累，但我从来没有觉得苦。

余功保：快乐太极，享受太极，是太极精神的要旨。所以长期习练太极拳对于培养健康、健全的人格具有重要意义。

吴阿敏：许多跟我一起学习太极拳的人，无论是中国人、外国人，我明显感到他们的精神一天天饱满，对生活热情度越来越高，对周围的人越来越友善，对自然越来越关怀。这是太极的魅力和力量。

在世界太极名家见面会上答疑示范

余功保：近年来，你回国参加了一系列太极拳的活动，有什么感受？

吴阿敏：我觉得很兴奋。太极拳的发展很快，很好。现在的活动和以前有些不一样，活动规模更大，内容更丰富，文化性也很强。和各流派的优秀人物在一起共同交流、研讨，也有很多收获。特别是传统太极拳名家身上洋溢的那种热情，他们对传统太极拳文化的热爱让我很感动，也让我受到很大鼓舞。

在泰山举行的中青年太极领袖峰会上，和各流派的优秀太极拳代表人物一起与千人太极拳爱好者共同演练

余功保：现在活动很多，但也面临如何提升活动质量、提高活动效率的问题。让太极拳活动为太极文化发展发挥更大的作用。

吴阿敏：活动的国际化程度还可以更加提高一些，让国内外的交流、交融更充分。太极拳的国际化发展对中国文化的推广具有特殊意义。

余功保：随着中国改革开放力度的不断加大，文化交流的广度和深度也不断加强。太极拳形态上具有浓郁的东方文化韵味，内在核心却具有人类生命的共同价值认同体系，在国际文化交流中具有突出的作用和地位，这一点还展现得远远不够充分。

吴阿敏：太极拳是外在美和内在美的有机统一，视觉很美，又有健身实用价值，所以能够超越语言和文化习惯，世界各国人民都能看得懂，学得会，用得好。

余功保：生命的存在与发展就是一种美学现象，太极拳以独特的方式诠释了东方哲学关于生命认知的态度和视角，展现了生命健康的美学意境。研习太极拳我觉得应该充分感知美、张扬美，当然，这是在保持太极拳基本原则和习练方法的基础上。

有很多人觉得，你的太极拳非常美。除了形象以外，更重要的是形态。那么你觉得如何理解太极拳的美？如何才能展现出太极拳的美？

吴阿敏：我觉得太极拳首先具有一种天然之美，就是我们说的那种大美。我最喜欢太极拳的圆融。人与自然的融合，体现出来的那种健康之美。和其他运动的显著区别就是它在健身的同时，更注重身心的平衡和天人之间的和谐，这就是它的圆融。

余功保：太极拳在肢体外形运动上，处处体现“圆”，圆转，圆活，到了“圆融”就是精神层面的东西了。

吴阿敏：精神层面的享受也是太极拳打动人的一个重要原因。在国外教太极拳的时候，一些感兴趣来学习的学员，他们之所以喜欢太极拳，首先是有保健的理念和作用，能够减压、缓解身体疲劳等。另外，他们也喜欢那种美感。有些学员跟我聊天的时候说，他们看别人打太极的时候，好像是在欣赏移动的雕塑。

余功保：而且是活生生的雕塑，这个不一样。

吴阿敏：这是外国人的一种表达方式。太极拳的一举手一投足让他们产生愉悦感。首先外在方面就吸引他们了，等练习一段时间后，又觉得原来还有很多内在的美。

余功保：西方人对于用肢体表达情感比较敏感，比较能接受。

太极拳具有圆融的天然之美

在中青年太极领袖峰会上进行名家表演

吴阿敏：太极拳的肢体表达跟舞蹈不同，太极拳毕竟是一种武术、武功。有内在的劲力跟气势，有别样的刚柔平衡，阴阳平衡，整体和谐之美。

正是因为有这种内在美，所以如何表达太极拳的美，我觉得，首先要遵循自然的原则，体现出一种天然的美。在练习的时候，不要过于锋芒毕露，或者说不必去做作，故意做到如何如何美。每个人都有自己的气质特性，每个人打出来的拳都有他自己独特的美，不要去太刻意地模仿他人，当然动作规范是要模仿的，但不要去刻意地模仿哪种美。

余功保：就是美也要有个性化特征。精神气质是自然养成的，刻意不出来。

吴阿敏：其实，太极拳之美，每个人都有自己的表达和欣赏的角度。太极拳作为一种运动，它有一定的规范，我们只有学习掌握了这些规范，才能进一步谈到表达它的美。

余功保：就是说规范是表达美的基础条件。

吴阿敏：是的。太极拳如果练对了就是美的。自然呈现就是了，根本不必有意为之，更不能太过刻意和夸张，否则，物极必反。

所以我们开始学太极拳的时候，要把基本要领练扎实，自己设定一个目标，一步一步照这个目标去做，慢慢就会发现它的美。练太极拳就是一个发现美、呈现美的过程。

以平和之心去享受研习和交流的过程，这就已经形成了一种大美的境界。太极拳本身是圆润无比，又包融万象的。我们只要不断去发现、追求这种美，自然就能将之呈现。美，不单单是他人给予的评价。除了外在形象，更重要的是内在的状态和修养。我们只要怀有一颗追求太极拳之美的心，自信、优游地，合乎生命规律地去学习、展示，享受其中，美也就在其中了。

余功保：练太极有助于培养独立的人格，发现并享受自己内外的美，增强自信心。各国太极拳爱好者应该都会从中受益。你觉得教外国人和教中国人有什么不同？在国外推广太极拳最重要的是什么？

吴阿敏：教外国人学太极拳和中国人学太极拳是有很大程度的不同的，首先，是文化土壤、环境不一样。这些年虽然太极拳有了很大的发展，但也还是一个新兴事物，对太极拳的理解，开始肯定带有他们自身的文化视角和认知习惯的，很多人开始接触太极拳时，认为太极拳是中国人在跳的一种慢悠悠的舞蹈，再或者就是一种气功。所以教外国人先要解决的问题就是在尽可能短的时间内让他们准确、全面理解太极拳的概念，认识到太极拳的特点和优势。

余功保：所以理解太极拳的概念不仅是一个理论问题，还是具有很强的实践意义的问题。

吴阿敏：从我的教学经验发现，外国人有些人他就是很怕慢，他们很喜欢比较有活力的运动，在他们眼中，一慢下来就认为好像与生命力那种蓬勃的状态不符合。他们也可以接受慢，就像瑜伽呀，打坐呀，他们也是接受的，那就是彻底不动了，静静地在那冥想打坐。太极拳这种慢慢地运动，在运动中又保持很静的状态，对他们来说是一个很大的挑战。

教授外国学员

余功保：太极拳的锻炼方式给他们带来了一种关于“运动”的全新思维和理解。这就是太极的思维，“动中有静，静中有动”。

吴阿敏：外国人有一个特点就是爱问问题，问为什么，这跟外国人的传统教育模式有关系。我们小时候学拳基本上就是老师怎么教我们就怎么做，老师给掰架子，给改动作，就依照老师的示范做。到了一定程度后，自己要去做科研了，做老师了，才有很多疑问去思考。但是外国人从第一天来上课，就会对老师教的问题产生疑问，他要想我为什么要这么做。

余功保：老师备课要充分，技术课、理论课，特别是原理课要准备好。这对于老师也是一种督促，可以不断提高。

吴阿敏：外国人学习还有一个特点，他们要看结果。他们希望从第一次踏入这个项目时，就要知道我学了半年以后会怎么样，一年之后会怎么样，很多人都是奔着一个目标去。其实这也是一个好事，目标明确就会有动力。但是实际上呢，每个人的个性因人而异，每个人的身体条件跟悟性都不同，太极拳这样一个感悟性很强的项目，很难给大家都设定一个统一的进度，说三个月以后大家都一定会达到什么程度。但是外国人他就是要有这个目标，而且他们需要有级别，步步晋升，我来学多长时间能达到什么级别，哪怕其实并不能达到，他们也要知道原因。

余功保：这是一种量化的思维，跟标准化也相关联。

吴阿敏：在国外推广太极拳，我觉得很重要的还是要把握住咱们太极拳本身固有的特点，不能够受其他项目的竞争影响，来改变我们的特色。在保持本色的基础上，才可以做一些教学方法上的调整。

余功保：本色丢了，生命力也就失去了。教学方法是为了让大家更好理解因人而异采取的有效方法。

吴阿敏：是的。在国外教学就不能太死板地按照传统意义上的一些教法。比如，教学中要以肯定、鼓励为主。鼓励学员能够在短期内实现一定的小目标，让他们感到自己有一定的收获，获得认可。简单易行，迅速见效。

在美国练太极拳

还有，就是要以舒服的角度和感受去引导大家体会。我们不能按照过去我们练功时候的做法，一上来就是准备要吃苦头的。如果这样的话在国外基本上很难行得通。他们练拳是要获得身体和精神的享受，这是他们锻炼的出发点。

余功保：国内现在很多人练拳也是这样的。社会发展了，经济发达了，享受也是一种锻炼的需求趋向。

吴阿敏：我们以前真正搞专业的训练是不一样的，我们小时候练功，传统的教学跟这个有很大区别。我们练太极拳是要吃苦的，就像我们老师说的，在某些拳架姿势练习时，过程当中有的姿势你就是要往那个腿发酸发累的方向找，就是找那个不舒服的点，找到了就对了，就出功夫，舒舒服服练拳出不来功夫。但是在国外教学就不能这么说，一定要以舒适为主，要让身体觉得轻松，不能让他们觉得太难，要让他们轻轻松松地踏入。

余功保：其实这两种教法也不矛盾，一个是不同阶段的诉求，一个是掌握太极拳的“量”和“度”的问题。我们研究太极拳的国际教学问题，对太极拳的国内推广也是有启发和借鉴意义的。

关于太极拳的教法一直也有很多争论，这很正常。还有争论的是关于太极拳的服装和音乐。原来的服装比较单一，现在的服装逐渐华丽起来，样式、款式也丰富起来。另外关于练太极拳是不是配乐的问题，也有很多不同看法。你怎么看待练拳的服装和音乐？

吴阿敏：我很赞同和欣赏目前的各式各样的服装改进，但是有一条，我觉得太极拳的服装无论怎样改进，还是要符合咱们本身传统的形式和特色，不要把它全改成穿紧身衣裤，或者那种完全无袖子的过于西化的服装的风格。

余功保：服装还要跟太极拳技术风格相协调。

吴阿敏：太极拳必竟是我们的传统养生术，那么起码还是要长裤，而且松松宽大的，至于现在的新款如何去点缀如何去设计，我觉得我都是能够接受的。至于上衣，反正不要变成那种露肚脐露后背的，就可以了，如果把服装改进成肚皮、后背都露的那种，得不偿失，没有必要去那样做。追求所谓的现代、摩登，不仅失去风格，还影响技术。练拳需要衣服宽松舒适，从古至今就是这样，膝关节、腰背、丹田要保护，不受风寒，运动中气血运行加快，汗毛孔舒张，如果再穿那种这里露那里露的衣服，在室外天气有风的时候有可能伤身，长一点的衣裤，宽松一点，有利于气血的运行和保护，其养生效果跟中国传统的服饰特点相吻合，我觉得长衣长裤，稍加点缀是比较正确的方向。

太极服装体现传统文化韵味

余功保：服装首先是功能，适合练拳，健康、科学、实用，然后考虑美观、视觉效果。如果不利于练拳，或者影响练拳效果，再好看也不合适。

吴阿敏:至于音乐嘛，自己练拳的话，我是不用音乐的。但是我教课，尤其是教集体课、大课的时候，喜欢用一些中国传统的轻音乐。音乐做一些背景学习比较舒缓放松。我建议大家个人自己练拳的时候，因人而宜，有的人认为练太极拳的时候配一点背景音乐有助于速度的均衡或者心情的调整，那就用音乐。有的人觉得放音乐容易造成分心，扰乱情绪，那就别用。

集体练拳的时候，轻音乐往往有助于整个气场的带动，统一接受某一个旋律、某一个节奏的音乐，比较容易整齐，容易配合好，所以有音乐也是一个不错的选择。

吴阿敏:还有现在的竞技太极拳，在比赛中都是配非常华丽的服装、非常精准的音乐，这个主要是要有一个更美的表现形式，音乐的配合就是让整个比赛具有一定的观赏性。

我记得过去二十多年前的太极拳比赛，没什么观众，裁判有时候都睡着了。大家打的都一样，现在由于难度增加了，加上服装、音乐、灯光等的配合，提高了竞技太极拳的视听效果和观赏性。至于习练上对每个人的影响那就要看每个人的感受了。

余功保:练给别人看和练给自己感受有时候是不一样的。就像书法，表演书写和自己练习是不同的。表演需要精气神向外张扬，让观众感受到你的“饱满”，自己练要内敛一些。两者之间有时候也能寻找统一的平衡点。给普通观众看和给行家看也是不一样的。欣赏水平和评判标准不一致。

吴阿敏:讲到服装，在国外很有意思，有些外国人喜欢不穿鞋练习，这和他们原来练习瑜伽、跆拳道、巴西柔术等项目有关。我就告诉他们练太极拳不可以光脚，因为不能让脚底涌泉穴在冰凉的地板上练习，容易受凉，最起码要穿袜子。也不建议穿短裤练，上衣也要有袖子。这不是封建，是从养生和练拳的道理上来讲的。

余功保:讲道理就是讲科学。你在大学是学习体育专业的，体育锻炼需要科学性，你认为如何掌握太极拳的运动量、运动强度？太极拳的科学锻炼还有哪些方面应该特别注意的？

吴阿敏:科学锻炼对于不管哪一个运动项目都是非常重要和关键的。落实到太极拳上面，我觉得最近大家谈论比较多的一个概念叫“运动处方”，可以进行结合。外国人学太极拳都有他的不同的出发点，有些人练太极是从医生那边推荐的，就更和运动处方有一些关联。

我这边的学生有一部分是他们本来对太极拳一点都不了解，没有听说过，因为身体不舒服，去看了医生之后，医生会推荐他们来学太极。还有的是做其他运动受了伤，恢复期间在做康复理疗时，现在美国的一些医生就会建议他们用太极拳和健身气功来配合康复。我觉得这是一个非常好的现象，既然医生都会把太极拳跟气功作为一种理疗康复的项目来推荐给病人，那我们作为太极拳习练的指导者就应该做好有关科学工作。运动处方就是把每个人的运动个性化，有练习计划和效果进度。比如有的人由于体重过重，造成他的身体关节有伤害，有慢性疼痛，那我们就不能教他剧烈的动作，要选择一些比较轻松的。咱们太极拳有这么多流派、这么多种类，学生来的时候不知道从哪开始学，选哪一套。这时候我们就要根据他的需要来设计锻炼内容。不管学哪个太极拳都要从基本功开始慢慢地教，身体有损伤这种情况就不太建议让他们学那种式子很低的，不能给他们身体形成过度的负荷。

总的来说科学锻炼，首先就是一个设定目标，然后根据个体情况来制定目标，制订计划。减少损伤这是起码的。

运动处方一定是因人而异，科学锻炼不是千篇一律的。现在很多健身房里设立有私人教练，就是那种个性化有针对性的训练。当然做到这个方面，我们需要有优秀的师资团队，对学员的身体健康背景、运动经历、性格特点都有分析，在这个基础上，制订科学训练方案。

运动量跟运动时间我觉得初学者的话就是二十分钟、半小时，刚刚接触太极拳的人每天能够有半小时左右的习练时间就已经不错了，但要尽量保证每天都练。到了中级阶段的话每天就要有一小时左右的练习。时间和运动量到了，效果才会不断积累，到了更高水平就要一个半小时以上。

练习了一段时间太极拳，自己的心跳脉搏得到自然的平缓，血压应该得到平衡，呼吸应该逐渐深长，这些指标往往都会有变化。练习太极拳不一定每次都去用精准仪器进行测量，但自己要有所了解，掌握基本状态，过一段时间可以测一下，并且研究变化对于健康状况的影响作用。

余功保：太极拳的运动处方是一个很值得深入研究的课题。人体有基本的生命运动规律，也有个性化的生命状态。太极拳在整体改善人的健康状态上，在实践和理论上积累的比较多，这在预防疾病、增强体质等方面效果突出，而对于个性化的“运动处方”相对研究得还不够，即对于太极拳对理疗康复、病后恢复这方面的研究需要大大加强，这在现代社会中有强烈的需求。不能总是统而化之地说太极拳对疾病康复有益处，要细化，精准对应。

吴阿敏：科学锻炼还有一点很关键，就是做好准备活动，热身活动，以及练完之后的整理活动。做好热身的准备活动，一是避免损伤，二是进入状态。还有就是把握适当的运动量。学员开始刚介入的时候运动量要轻一点，练习时间不用太长，当他们的体能及肌肉力量和承受能力各方面强了，就可以逐渐增加运动量，当然也不是说越多越好越长越好，还是要控制一定的度。

在中央电视台教授太极剑

在中央电视台教授太极对练

在中央电视台教学节目中

在科学运动体系当中还要注意的是放松整理。根据我多年的经验，这是不能忽视的一个重要环节。任何一个运动，包括跑步也好游泳也好，去健身房锻炼也好，练完之后都要做放松，进行缓解。放松整理不仅仅是对肌肉，也对你整个心情。练太极拳本身就是一个放松心情的过程，你练完之后再花个短短的几分钟，从身心各方面再回归到自然的状态。比方说打完拳之后，再练练气功调息呀，然后再做一下抻拉，伸展拉筋，身体活动一下走一走，再配合一些反向肌肉的抻拉，尤其是对于脚跟的跟腱、脚踝部位要放松。大腿的股四头肌在半蹲运动过程中，大多数都是处在一种负重的状态，那么练完拳之后就应该做一做反向的抻拉，增厚弹力活性，保持活力。然后还可以做一些拍打、按摩，这都是属于运动养生的辅助。

余功保：练拳后的整理很重要，过去传统练法上叫“收功”，练完了气血周流加快，通过整理收功，使之滋养全身。所以这部分内容对于太极拳锻炼不是可有可无的。

余功保：关于传统太极拳和现代的竞赛太极拳也是大家讨论比较多的话题。太极拳的传统和竞赛其实不是对立的，他们是互相关联的。你既是全国太极拳的竞赛冠军，同时对于传统也很钟情，也下了很大的功夫。你如何看待传统太极拳和竞赛太极拳？

吴阿敏：传统太极当然是不可缺少的，因为它是根本，目前所有的竞赛太极拳套路也都是从传统太极拳发展来的。

我本人传统太极拳和竞赛太极拳两样一直都是坚持配合练习。过去在国内时还是竞赛项目、现代项目接触的比例偏大，到了美国之后从事教学，反而回到传统太极这一块儿的成分更多一点。

余功保：无论国内外，习练传统太极拳的人还是多一些。很多优秀运动员退役后，都重点钻研传统太极拳。

吴阿敏：外国人当他们去看太极拳的时候，看表演，他们也喜欢看竞技太极拳，比较美观，但要自己练，他们更想要了解的是古老的传统韵味的太极。这是个现实问题，你让大家都去尝试竞技也不是很现实。

余功保：在普及这个层面上，传统太极拳在现代的推广也存在一定的问题。如何更好地适应现代人的需求，传播方式上也应该有所考虑。

吴阿敏：是的。传统太极拳本身的一些优势在推广中如果处理不好反倒成为阻力，比如说传统套路很丰富，结构复杂，重复动作比较多，这对传统太极拳来说是必要的，重复的过程中是一种锤炼，一种磨练，增加功夫，但是在现代推广的时候就产生困难，因为学员学起来难度很大。

比如我在教学中就遇到这种情况，教传统太极拳套路，开始学员很多，但逐渐有些学员就坚持不下来了，他学不了，八十多式、九十多式甚至一百多式，学不完也记不住。这样就对推广造成很大的困难。

所以我们现在就不得不把要教的传统套路进行改造、简化，套路形式上不一定是完全纯粹的传统套路了，可是里面的技术要领、基本功还要按照传统套路的练法，要分几个层次和环节来教。

余功保：传统最重要的是保持它的内核不变，精神、气质不变。

吴阿敏：传统太极拳有很多独特的训练方法，比方说站桩、抖大杆等，也有些特殊的器械配合来练身上的、腰上的力量和手上腿上的劲法。

余功保：传统太极拳和竞赛太极拳主要侧重点有所不同，一个是侧重内在的“感知力”，一个是侧重外在的“表现力”。其实到了高层次是融合统一的。但初学者在侧重上还是有所区别。

吴阿敏：传统练法讲究太极劲太极功夫，包括运用到推手和技击上要能够见效，能够起作用。竞技太极就有所不同，竞技场上的运动员，是要有观赏性，以拿高分为目的，可能对太极拳内在的劲力就不那么侧重。这些年来竞技太极拳的风格、难度也都在变化，有些方面变化还是很大的。

我自己过去是参加比赛的运动员，也是以拿高分为目的。但从很多年前在做运动员的时期，就在接触、学习传统太极拳，所以这两样对我来说是不冲突的。但对很多人来说，这两者就比较分裂。所谓分裂，就是练传统的人不会去接触竞技太极拳，练竞技太极拳的人又完全没有机会去接触传统太极拳。

余功保：过去的竞技运动员，一些专业队的太极拳选手还是比较注重传统的理论和技法的，会主动向传统太极拳老师学习，比如傅钟文先生、冯志强先生、李秉慈先生、沙国政先生、何福生先生都是传统武术家，也都教授过专业太极拳运动员。

吴阿敏：无论如何传统太极拳和竞赛太极拳这两个体系之间一定不能去互相排斥，不能对立，应该是互相学习，相互取长补短。

也就是说，练传统太极拳的不要一味地认为竞技太极拳就是花拳绣腿，竞技太极拳讲求规范，其实规范程度也是科学程度的一个衡量。比方说，杨式太极拳要求立身一定要中正，身体不能倾斜，而吴式太极拳讲究“三尖相照”，这在竞技太极拳中都有严格的检验和表现方法，这就是一个标准，把传统太极拳和竞赛相结合的一个标准。在竞赛场上，我们的身体是要倾斜到什么程度呢？如果你的身体过于立直，那就跟杨式差不多，如果你身体向前倾得过分，鼻尖、膝尖都超出脚尖，三尖没有相对，那你的功架就不标准。所以竞赛的很多要求实际上也就是对传统要求的一个延续。

传统太极拳把每个流派的风格特点、要领都已经展现给我们了，我们不管学哪种流派都要学精准。竞赛太极拳有竞赛规则，是用来规范的，规则是哪来的？规则是从传统的要领里面提炼出来的，是用来对照和使用的标准，有规则更有利于发展。

从一定角度来说，如果没有竞技太极拳，那世界上就没有这么多人，这么快地去认识和了解太极拳。因为通过竞技太极拳的很多表演、展示，世界上很多人观看到这种精彩的表演，才会发生兴趣。但是如果没有传统太极拳的文化底蕴跟内涵，对人身心培养的好处，那别人看了以后，不能真正体验太极拳带来的益处，那也只是看，稍纵即逝，不能真正把人的兴趣留住，太极拳的推广是会受到限制的。

所以我的感觉就是竞技太极拳向外打开了一个窗户，这个展示窗口吸引了很多人进入太极拳的空间，而真正要把人留住，还是要靠传统太极拳。完全靠传统太极拳的群体去推广，很受限制；而完全依靠竞技太极拳，别人也学不来。

余功保： 太极拳对于人的生命状态的改善是由内而外的，除了身体健康，对于培养人的精神气质有重要的作用，你如何看待这一问题？

吴阿敏：太极拳的练习是可以影响一个人的精神气质的，太极拳讲放松（我们讲松是松而不散，精神还要能提得住），长期习练入静、松沉当然能使人去除急躁、心境平和，起到涵养心性的效果。

余功保：身体放松，情绪放松，心情放松，而神气抱团。正确理解太极拳的“松”和“紧”也是一门功夫。

吴阿敏：长期习练太极拳的人，应该具备的一种精神气质就是平和、稳重，太极拳在练习当中就要练稳如泰山的这种“稳”。所以人的气质，首先要不浮躁，心情能够比较自然、平和，应该是比较智慧的，并且也应该是相对有灵气的，我们所谓的稳并不是呆滞、呆板，在稳的同时，要有灵气。这些都跟太极拳的运动形式紧密结合，太极拳练习就是既要沉稳，又要轻灵，表现在个人身上的精神气质是既有稳定性又有灵活性。

余功保：太极拳是一种内敛的激情。练太极拳越练越充满活力，越有激情，但不是外散、张扬、虚浮的，而是内蕴，内蕴让激情更悠远，让活力更长久。

吴阿敏：我记得我小的时候在专业队，我们曾经做过一种神经系统功能测试，通过一种科学的仪器，做一系列的考试题，看反应确定你的神经类型。我觉得通过练太极拳，是能够改变神经类型的，精神气质会有所关联，也会有所改变的。人的形象有

太极拳培养沉着平和的独特气质

很大程度是生来父母给的，但是精神跟气质，包括神经类型，很大程度上是可以通过修炼进行改变的。不管是专业运动员还是传统太极拳传人，太极拳在这方面都有一个比较统一的相似作用。

从竞技方面来说，武术分为南拳、长拳、太极拳几大类，主练不同拳种的运动员气质还是有所不同的，有的时候一眼就能看出来，这一批运动员是练南拳的，这些是练长拳，这些是练太极拳的。

余功保：心理学来说，身体语言是能够反射并作用到心理语言结构的。心理语言结构就会呈现在精神气质上，所谓相由心生。

吴阿敏：总的来说就是平和稳健，动静相间，自然随和，这些都是属于太极拳本身的运动特点，而在长期的习练中养成的这些品格就是一个人的精神气质。

所以我们如果在练拳的时候是围绕和遵循这些要素、运动特点跟要领去学去练、去研习的话，自然而然就会影响到我们做人做事的方法，包括能进能退，能上能下，比较灵活，久而久之，造就一种独特的精神气质。

余功保：对于女性来说，对太极拳的动作和内在的感受更加细腻，现在女性练太极拳，占了很大的比例，你认为女性练太极拳，有哪些优势和特点？有哪些特别应该注意的地方？

吴阿敏：太极拳行云流水般的运动，动静相间，进退开合，变幻莫测，正如柔美似水的女人。天地万物中女性属阴属水，太极拳在众多武术体育运动项目中则是较为轻柔舒缓的一种，即使讲求柔中寓刚，大多拳法招式的外在表现仍以柔顺流畅为主，是最符合女人天性的。所以对于女性来说，太极拳是再适合不过的运动方式了。

余功保：女人跟太极拳有天然的契合。

吴阿敏：而且女人由于生理特性的原因，面对其他运动项目，有些无论是多么喜欢或者多么擅长的运动，往往有一些特殊的原因都不得不暂停或者放弃，练太极拳就几乎没有这个问题。比如游泳、体操、力量训练，包括武术当中的一些相对激烈的和对体能要求较高的外家拳种等，虽然也都是很不错的运动项目，但是对于女性来说难免会碰上生理期时由于体力不佳，身体不适则很难保持最佳状态，保证正常规律的不间断练习。而太极拳基本不受这方面影响，尤其是传统和养生为主要目的的太极拳，在不考虑竞技、比赛等因素的情况下，女人在任何生理状态下，只要是正常状态下的、基本健康的，都不必停止太极拳的修炼。我觉得这方面也是女人和太极拳之间最大的缘分之一。

相反，女人坚持练习太极拳还能对人生中几个特殊时期比如孕期、产后恢复以及平常生理期，起到预防和缓解一些身体不良反应的作用。练太极拳能疏解压力，当孕期忧虑、产后抑郁和经期烦躁等现象出现时，静静地练练太极拳是可以起到缓解和调节作用的。当然如果长期习练太极拳，使得气血循环较好，阴阳平衡，内分泌正常的话也自然会减少身体不良反应的发生率了。

余功保：像瑜伽等运动都发展起专门的产后恢复门类。我知道在国内也有专家在进行妇女孕期前后太极拳健康的研究和教学。去年有的地方还举行过千名孕妇集体练太极的活动。当然这些研究和教学要遵循太极拳的科学规律和妇女的生理健康规律。

吴阿敏：另外，太极拳是全方位的运动，是合乎生命规律的运动。它不激烈，不损害身体，不容易受伤，而且不仅仅是一种运动，到一定程度还具有技击和自我防护的作用。与男性相比，女人是更需要被保护的，也是比较容易受伤害的，所以通过学练太极拳既能有益身心健康，又不损害身体，甚至有可能自我防卫。难怪现代女性很多都加入了太极拳的大家庭，可能是她们都意识到了太极拳这些优势和特点吧。

女性练太极拳需要注意的地方，主要是应当按部就班，顺其自然，持之以恒。不能急于求成，或者三分钟热度，今天学学这个，明天试试那个，过不了多久又放弃或再重学。也不能一味地效仿他人或攀比竞争，要脚踏实地，循序渐进。

吴阿敏演练太极扇

余功保：你是一位非常著名的太极拳教练，在中央电视台曾经教过六年，深受欢迎。现在全国各地的太极拳发展很快，对于教练的需求量也很大。优秀的太极拳教练对于太极拳发展非常重要，你觉得如何当好太极拳的教练，在太极拳的教法上应该注意哪些问题？

吴阿敏：我觉得当好一个太极拳教练首先需要自己本身热爱太极拳，这是最重要的。这样才会有一种自然的自发的热情。同时还要真正具备能力，具备技术水平和教学的能力。我听说过一句话，自己有一桶水的时候，才能够给别人倒出一杯水。这就是说我们自己的技术和知识积累要到了相当程度时才能开始教授别人。在国外跟国内情况有所不同，我发现一个问题，在国外有一些人比较喜爱太极拳，很有热情，他们其实自己的技术水平并没到一定程度，但是很热心，想帮助别人，自己会一点就想去教别人试试，出发点是好的，但是效果不一定理想。

余功保：这种情况在很多国家都是有的。如果自己还不太明白，似是而非地去教别人，学员开始学习打下的底子不太好就麻烦。学拳容易改拳难。

吴阿敏：在我的拳馆里，我就有要求，平常也有几位我指定的助教帮我进行一些教学活动，一定是我明确过的，这个项目你可以帮助教学，有的项目你自己还在学，自己还模棱两可的时候，千万不要去教别人。你自己只有一杯水的程度，就想去再把这一杯水倒给别人就不太现实。要积累自己的知识和技术，到了一定程度，非常严谨、非常透彻掌握了的时候，才可以拿出来与别人分享去传授。

吴阿敏演示太极刀

在教学当中需要注意的问题，首先就是要从学生的角度出发，因为练拳跟教拳完全是两回事，我们自己做学生学拳的时候，跟自己做老师来教拳的时候，是两个完全不同的角色，教学生就要设身处地地为学员着想，想他面临的需求，根据他的程度、他的需求来规划教学方案。而且要有耐心，要勤快，嘴巴要勤快，身体也要勤快，要不停地、不厌其烦地去示范动作，讲解拳理，讲解和示范两方面都不能缺。而且还要有责任心，有技术没有责任心也搞不好教学。

余功保：在教学的方法上，你有什么独特的经验？

吴阿敏：这里介绍一个我常用的技巧性的方法，就是“正反练习法”。我有时候开玩笑跟我的助教们说，检验一个助教、一个教练是否能够达到教学的程度，就是能不能反着练套路。我会把一些简短的套路比如吴式十三式、杨式二十四式等简化套路，要求我的师资团队他们能反着打，这是我多年在教学中发现和体验到的。当我们背对着学员去教动作时，即使你前面有镜子，学生在你后面看到的也是背面，看不见前面手上的动作，看不见正面动作。有的时候他们需要我们转过脸来带着学生做，但转过面来做的时候，我跟学生变成镜面了，左右就是相反的。你动右手，他会跟着动左手，容易做反。于是我就反着练，这样正面对着学生，我做的是反向，学生的左右动作跟我是一样的，跟着做起来就容易些。

这就是一种教学方法，要求我们教练对套路熟练熟练再熟练，闭着眼睛打拳都没问题。这也是一个技巧和窍门。

还有就是教拳和练拳的一个大的区别，教拳是一边说，一边做，这对老师来说是伤气的。你拳练得好还要能讲得好，你讲得好还得愿意讲。有的老师坐在那里讲得头头是道，但一练就不是那么回事也不行，你得把拳理、拳法相结合来教，这样才是好的太极拳老师。

从我多年的教学经验来看，学员们在上课的时候需要从视觉、听觉，包括想象力这几重的综合刺激进行强化印象和记忆。他一边模仿老师的动作，如果又一直听着老师说的一些重点词、一些重点讲解、一些关键词句不停地在他耳边提醒，教学效果就会好。

余功保：你怎么选择走上太极拳这条道路的？练习太极拳对你的人生来说最大的收获是什么？

吴阿敏：我自己一路走下来，选择太极拳这条路，其实也是蛮自然发生的。我的父亲是一个武术爱好者，在我小时候他就带着我练武术，后来把我送到安徽蚌埠的业余体校进行正规的训练。那个时候一直是以练武术基本功为主，后来选拔进了安徽省专业运动队，到了省专业队在分选项目的时候，我的教练张祚川老师根据我的身体特点、性格特征等各方面综合，给我选了太极拳项目。所以在安徽省专业武术队的时候，把重心就放在了太极拳上。

这么多年我一直很感恩也觉得很幸运走上了这条路，这是一个非常适合我的领域和项目，我一直坚持到现在，太极拳一直都是我很乐于从事的事业。

十几岁刚开始接触太极拳的时候，主要以竞赛项目为主，是为了参加比赛，出了成绩之后到了北京体育大学进修，眼界开阔了，接触了更多各种流派的传统太极拳。

所以从竞技太极拳到传统太极拳，一路走下来，总是觉得需要学习、需要挖掘的东西很多。毕业之后做了老师，把重点转到了推广传播上，接触到的人更多，对太极拳的社会价值认识也更深入。

从事太极拳事业让我的人生收获满满，自己从一个普普通通的运动员，到为社会普及推广太极拳的一个老师，从十几年前在国内大范围大面积地传授，到如今在海外向西方社会继续推广，太极拳是人生当中的一个比较重要的有收获的环节。

吴阿敏最早的武术照

自己通过努力为社会贡献了一些正能量的东西，自己作为推广中国优秀传统文化的一员，还是很自豪的。

余功保：刚才讲的是你推广太极拳的收获，如果从练习太极拳的角度来说呢？

吴阿敏：通过我学习太极拳的拳法、理论、心法，自己从十几岁的孩子，到现在的中年人，自己的心路变化，受太极拳的影响很大，最重要的就是关于平衡。这个平衡包括很多方面，失与得的平衡，自身与社会的平衡，朋友之间的平衡等。

余功保：太极拳就是研究阴阳平衡之道，阴、阳元素贯穿在人生、社会、自然的各个方面。

吴阿敏：收获与给与，贡献与得到，这些经常会与太极拳习练的原则相关联。包括当初是否出国推广太极拳，还是留在国内，事业的发展中的很多选择，都在运用我所练的太极拳的思维。当初出国我就考虑到我要放弃在国内的一切基础，到一个陌生的环境去重新开始，将会面临许多困难，但是通过太极拳的训练修养，认识到要把这种困难转化成动力，运转之后，把这种动力再反作用回来。最终我选择了面对困难，去挑战自己。今天回过头来看，我觉得自己还是蛮有收获的，当然付出了很多艰辛，这些付出用太极原理都可以尽量去转化，使自己变得更加自信，面对各种各样的环境也提高了适应能力。

少年时对于武术的憧憬实现了对于社会的价值

余功保：太极拳发展到今天，在国际范围内取得了很大的成就，这些成就的取得，有赖于很多优秀的人才。你认为一个优秀的太极拳传人应该具备哪些方面的素质？

吴阿敏在泰山之巅练太极

吴阿敏：我觉得第一条就是品德修养。无论做哪一方面的工作，不管是哪行哪业，修养肯定都是第一条最重要的。然后就是热情和大爱。我们作为太极拳的传承人，要对太极拳具备特有的热情和执着的大爱。对前辈先师们要尊重和爱戴，对自己的学生跟同辈、同行、友人包括周边的人要有一种温暖的情感。第三是本身技术水平要高，知识理论要精，文武双全也是必须的，需要不断地去研习理论知识，勤学苦练。第四，要无私，能够毫无保留，力求准确地向学生传授。再一个就是始终保持一种信念，一种信心，这种信念和信心也是之前的热情和大爱带来的。最后一条就是毅力和情怀。我相信做人做事，要能持之以恒，坚持下来都需要一定的毅力，那么这个毅力从哪儿来，情怀在背后起到支持作用。

余功保：当今世界是个多元化的信息时代。文化的形态多元化，交流也比以往更加高效和便捷。太极拳在中国和在西方也受到不同文化的竞争和冲击，比如瑜伽、跆拳道等。如何在这种竞争冲击中保持自己的鲜明特色，并且具有充沛的活力，得到更好的发展？

吴阿敏：竞争是好事，冲击在特定意义上也是好事。因为它可以促使我们更好地完善自己，更好地发展自己，使我们更加成熟。太极拳，在当前这种世界形势下，应

在三亚南山世界太极红毯仪式上

该找到自己的独特优势。哈佛大学的迈克尔·波特教授的“竞争优势理论”告诉我们，找到自己的优势，并不断强化这种优势，才是最好的应对之法。太极拳更要围绕优势所在，齐心协力，而不是各自为战，一盘散沙，才会有竞争力。太极拳有深厚的思想文化储备，更有丰富的运动实践，它的优势是不言而喻的，关键是看老中青领袖人物们如何团结合作形成合力，抓住发展机遇，将这种优势发挥出来。我在国内外的教学实践当中，学过瑜伽和跆拳道的学员接触到太极拳以后，发现太极拳简直是个奇迹。所以，太极拳有很大的希望成为全世界最受欢迎的一种运动。

余功保、吴阿敏在三亚南山第二届世界太极文化节开幕式上

余功保： 据我了解，你跟随不少老师学习，并且在竞赛太极拳、传统太极拳、太极推手等方面发展得比较全面。你如何评价自己的太极拳定位与风格？

吴阿敏：我很幸运遇到了很多很好的老师，其中很多都是德艺双馨的武术名家，在国内外拥有很高的声誉。我从安徽武术队到北京体育大学武术系，一直进行专业训练，参加竞技比赛也拿过不少冠军和奖牌，所以在很多人的印象中，我是学院派。其实我对传统武术也是有深厚的感情的。跟老一辈武术家系统学习过传统太极拳、八卦掌等传统武术。我学习太极拳经过武术名家的指点和自己长期的勤学苦练，对于各式太极拳都能够比较熟练地掌握，研习各种流派的太极拳、太极推手以及把各种相关的武术器械与太极技术相结合，不断挖掘创新，逐渐形成了自己的风格、体悟和认知。太极拳，不仅有套路，更有功夫。我觉得我还是比较好地兼顾和融合了竞技和传统两者，可以说是学院派和传统派之间的一座桥梁、一条纽带吧。目前，我以科学精神、健康生活和传统功夫融会贯通为使命和追求，努力成为一名全面、专业、优秀、可信赖的太极传承者。这算是自我定位，更是一种对自己的期待和勉励吧。

吴阿敏演示陈式太极拳

吴阿敏演示杨式太极拳

吴阿敏演示吴式太极拳

吴阿敏演示孙式太极拳

吴阿敏演示武式太极拳

吴阿敏／讲太极

吴阿敏太极讲课录之——

从现代健康视角解读太极拳

——在中国地质图书馆的讲座

大家好。看到这么多人济济一堂，来听太极拳与健康的讲座，我深感荣幸。同时也非常感谢中国地质图书馆太极拳小组的吴西顺邀请我来做这个讲座。

中国地质大学是一个非常美丽的地方。我对这里有着特殊的情感，因为我大学毕业后就是选择在这里做老师，其间留下了很多美好的回忆。地大的师生给过我很多的帮助，地大校园也一直保存着优良的尚武传统。这里的人们长期热爱运动，并对传统及现代的各种健身项目做着积极的推广和发展。

太极是世界上唯一能将气功、武术、体操、哲学、文化、技击、健身等融为一体的运动。太极拳，以中华阴阳五行周易八卦等传统理论为指导，结合中医气血经络等学说，以武术导引、呼吸吐纳为表里，通过内外统一、平衡协调的连贯动作，可以起到防身、健身、防病、治病、康复、修心、技击、养生等功效。

近年来，美国哈佛医学院的一项大型调查报告称，打太极可以改善慢性心脏病人的生活质量，对高血压、骨骼疾病、运动障碍以及心情都有改善作用。而且，太极与其他疗法相比较，费用不高，拥有广阔的前景。

报告认为，太极的益处正被医学界逐渐发现：能减轻压力、焦虑，消除抑郁；改善人体平衡、灵活性，增加肌体劲力；平衡血压、提高心血管机能、缓解慢性病痛；增加精力、忍耐力和幸福感。

然而我们正处在一个非常幸运的时代，世人比过去更加了解我们珍贵的传统文化，这也正是向全世界进一步推广展示的大好时机。因此大批和我类似长期旅居海外，年年来回奔走于祖国与国外的太极推广人士，都在和国内的专家以及爱好者们携手共进，力图更深、更广、更高层面地将我们宝贵的太极拳推向世界大舞台。下面我就分成几部分内容来向大家阐述和我们大家息息相关的太极运动与我们的身心健康。

上善若水，涵养天地，拳掌由心，抱元归一。

一、太极拳运动在美国

首先讲一下我所了解的太极拳在美国的发展历史和现状。

现在国际上，特别是美国非常重视太极拳对于人们健康和疾病康复的作用。事实证明，太极拳对于现代社会的人们的身心健康大有裨益。

美国《医学论坛》文章，鼓励人们去打太极拳。标题是《太极拳能助老人保持灵活》。物理治疗师史提夫·文道夫指出：“太极拳能延长老人的独立能力，并且舒缓他们的不安情绪。它可以促进身体跟思想的相互作用。”美国《关节炎现状》杂志，也刊文说：“太极拳是关节炎病人的理想的运动方式。”

美国国家航空航天局的专家，经过研究，发现太极拳是宇航员适应空间运动最好的运动方式。因为诸如跑步、健行、游泳、自行车、跳绳等所产生的效果，太极拳都具备。为此，他们把太极拳作为宇航员定期训练的项目。

世界卫生组织（WHO）将太极拳列为心脏康复运动项目之一。美国 Bill Douglas 和 Angela Wong 夫妇 1999 年在堪萨斯城发起“世界太极气功日”活动，时间为每年 4 月的最后一个星期六，世界卫生组织已正式承认此活动日。据相关报道，庆祝表演活动已遍及 70 个国家的数百个城市。

二战之后，美国人一度对日本的柔道、空手道很感兴趣，如今终于把目光移到中国的太极拳上来。

美国部分大学把太极拳列入教学课程。如亚利桑那州立大学医学院开设了太极拳课程，探讨太极拳对人体免疫功能与疗疾功能的影响。每打完一套太极拳之后，血液中的白血球和淋巴球的杀菌能力有明显的增加。

波士顿塔夫茨医学中心互补与综合医学部主任王晨晨说，研究结果显示，“太极是一种多元化的中式传统身心锻炼方式，它将身、心、情、灵、动这五大元素相结合，能够从根本上促进身体健康。”

2002 年 7 月，美国《时代》周刊将中国古老的太极拳运动称为“完美运

动”。2010年，哈佛大学报告，称太极运动为“运动式冥想”，并推出“太极疗法”课程。

其实，太极拳传入美国并没有多少年，但是非常具有后发优势。根据文献记载，Choy Hok Peng（蔡鹤朋）先生，系杨澄甫在广州的学生，1939年被华埠侨胞邀请来美，在旧金山、洛杉矶、奥克兰、纽约市等地的中国城教授传统杨式太极拳，但仅限于华人同胞。后来因二战爆发，蔡氏暂留在美国，除教拳外，也在一家制造战机的工场找到工作安身，直到1945年战争结束后才返回广州。

1958年，他的儿子Choy Kam Man（蔡锦文）回到了美国旧金山湾区，继承父志，仍在中国城教拳，开始对一般美国大众传授了传统杨式太极拳及太极剑，在湾区授拳前后共有30多年。据说蔡氏的教拳风格，多以功架演练为主，推手的教学较少。在其数千位学生中，仅授权了38位具有传薪太极拳功架资格的教练。

还有一位Sophia Delza女士，1954年她在纽约成立了第一个吴式太极拳功架班，首先将吴式太极拳带入美国。其因缘际会是1948—1951年随外交官丈夫到上海，因学舞伤了背脊，就地向马岳梁先生学到了吴式太极拳。返回美国后，她立即在电视及杂志上大力宣扬太极拳，先后共写了三本吴式太极拳书和一张教学片专辑。

进一步的普遍传播得力于多位来自中国台湾的杨式太极拳大师们在1960年代和1970年代中的加入及耕耘。美国人对轻慢柔和太极拳的健身兼防身效果才逐渐地由质疑转为着迷。1964年更是一个重要的年度，郑曼青先生抵达美国纽约市，成立了“时中拳社”，除了推广由杨式太极拳简化而成的郑子太极拳功架外，更注重推手的训练。温文尔雅的郑氏，其高超的拳艺让许多高头大马、孔武有力的美国人叹服于以静制动、以柔克刚的拳术。郑氏这种内外兼顾、体用并重的教法，对太极拳弘扬于海外带来了深远的影响。相比之下，其他各流派太极拳则在更晚的时期才陆续传入美国。譬如，陈式太极拳老、新、小架虽在1949年就传至中国台湾，但传播度并不广泛。虽然陈发科先生于1928年走出陈家沟在北京教拳30年，其幼子陈照奎又逐渐地将陈式太极拳从北京推广至其他城市。但当时陈式太极拳在海外仍鲜为人知。直到1983年后，在中国国家体委的协助下开始走向世界舞台，于80年代末期在美国落地生根。现如今，陈、杨、武、吴、孙、赵堡等各家各派太极拳研习站已遍布在美国的许多城镇。

然而，美国在太极拳与医学结合的科学研究领域，可能已经走在中国的前面，这与经济能力、技术水平，社会需求等因素有关，至少美国愿意投入巨额的研究经费。

美国国家卫生研究院(National Institutes of Health)所属的国立补充与替代医学中心(NCCAM)2007年的调查报告显示，当时全美至少已有230万至300万人从事太极拳运动。伊利诺伊大学的估计是500万人。

NCCAM 自 1992 年成立以来，其研究经费预算由最初的每年 200 万美元迅速增至每年 1 亿 3 千万美元，逐年增加了太极拳类的科研经费资助。除了个别科研计划外，该中心在 2007 年委托了加拿大阿尔伯塔（Alberta）大学，依据国际上发表过的 1031 篇科学论文做了总体性评价。

2008 年，NCCAM 又委托美国哈佛大学医学院，对太极拳的科研方法提出了讨论和建议，认为传统式的对照实验、临床评价方法易流于偏差，无法全面捕捉到多元、复杂、丰富的太极拳特性及练拳者的领悟和长期锻炼效果。NCCAM 位于华府近郊。

在美国独立教学医院中，贝斯以色列女执事医疗中心从美国国家卫生研究院所接受的生物医学研究资金名列第三位，一向被列为是美国最好的医院之一，是美国新英格兰地区最大的医院之一，仅次于麻省总医院和布莱根妇女医院（均位于波士顿）。

二、太极拳与健康和疾病康复

1. 太极与心血管病

哈佛大学医学院研究人员格洛里亚•Y. 叶博士、艾伦•P. 麦卡锡博士、彼得•M. 韦恩博士、林恩•W. 史蒂文森博士等组织了一项大型调查，从前文提及的波士顿三家著名医院——贝斯以色列女执事医疗中心、布莱根妇女医院和麻省总医院随机招募了 100 名病人，试图查明太极这种中国传统运动作为辅助标准护理方法对心力衰竭状况的改善作用。

太极组患者由有资质的教练指导为期 12 周、每周 2 次、每次 1 小时的群体课，并鼓励患者在家中练习，每周至少 3 次。

研究人员建议要进一步研究基础科学，包括太极让心血管疾病病人受益的机制，以及如何更好地了解太极拳的动作——深呼吸、有氧运动、认知重建和社会交往，可能影响自主生理学、运动能力或情绪等。

2. 太极与纤维肌痛

波士顿的塔夫茨医学中心（Tufts Medical Center）也举行了为期12周的太极拳研究。中心招募了66名患有纤维肌痛的患者，随机抽取33名进行12周的太极拳训练。

打太极拳的患者，每周上两节课程，每天对着DVD练习20分钟。相比其他那些只做伸展运动和接受健康教育的33名患者来说，打太极拳的患者的疼痛症状、疲劳程度、身体技能、睡眠质量以及压抑情绪均有明显的缓解和改善。

练太极拳的患者中，有三分之一的人不需再进行药疗，而接受伸展运动的患者中六分之一的人不再接受药疗。

这里有个案例：59岁的玛丽·彼得森参与了这项太极疗法实验，她是马萨诸塞州林恩市一家电话公司的退休员工。她试过药疗、理疗、游泳等方法，但疗效甚微。“我对太极一无所知，而且我也不相信太极，这太普通了，能有什么用啊。”几周过后，彼得森开始感觉好转，12周之后“疼痛已经减轻了90%”。她继续练太极拳，体重也减了50磅，每天能够步行5000到1万多米路。她这才“相信这是一种疗法”。

3. 缓解骨质流失

太极拳是一种温和适度的承重运动，对于增加骨密度有好处。

哈佛大学医学院研究人员认为，太极对高血压、骨骼疾病、运动能力受损、人的心情都有改善作用。每天喝4～6杯绿茶或者打太极，能在3～6个月内改善骨骼健康指标。

在2011年4月举行的实验性生物会议上，美国得克萨斯理工大学健康科学中心劳拉·W. 布什妇女卫生研究所的Chwan-Li Shen博士报告了其团队的研究成果，证实绿茶与太极有益于健康，包括提高骨骼强度。她的研究将绿茶和太极结合在了一起，研究这两者对骨骼强度是否有协同效应。研究招募了171名已经绝经但是没有出现骨质疏松症的妇女。研究受试者被分为4组：不打太极只有安慰剂；喝绿茶多酚（500毫克/天）不打太极；打太极也有安慰剂（3次/周）；绿茶多酚和太极。

美国罗切斯特大学医学中心放射肿瘤科研究发现，打太极能缓解患者骨质流失。研究人员招募了16名53岁的乳腺癌患者，她们接受完治疗的时间都在30个月以内，分成太极与运动控制标准治疗对应小组。在12周的试验中，太极组每周都打三次太极拳，每次一个小时。对比发现，太极小组骨质形成上升幅度较大。

什梅尔令医生说，比起其他疗法，太极费用不高。但尽管这样，有些患者拒绝接受这种另类的疗法。有患者会说打太极太慢了，做不来。

4. 改善精神状态和运动状况

谈到为什么打太极，卡罗尔说："因为我想在孙子、孙女奔跑的时候能赶上他们，带他们出门不要让他们走失，身体状况对我非常重要。我们学了很多种太极。"

卡罗尔说："我想这是内在的东西，现在我站得更直了，而且更有重心感。没有太极，我不知道自己的身体已经变成什么样。"

史密斯 1998 年从美国空军退伍，那时他第一次发现有太极这么个项目。"我本来不抱什么希望，却很快发现打太极能改善精神状态，让我心态平和、放松。"在太极班上，同学们聚集在一起喝茶，吃甜点，交流心得。现在，史密斯已经成为一名太极教练。

5. 太极与生命力

真正的太极拳包含吐纳、站桩、导引等中国传统养生文化中最精髓的东西。学习者首先必须练习准确的拳架动作，并通过太极推手检验拳架是否准确。如此才能增强内气，逐渐过渡到内气催外形的阶段，从而切实体会太极拳所带来的按摩五脏六腑、平衡滕理气血、疏通奇经八脉等养生功效。

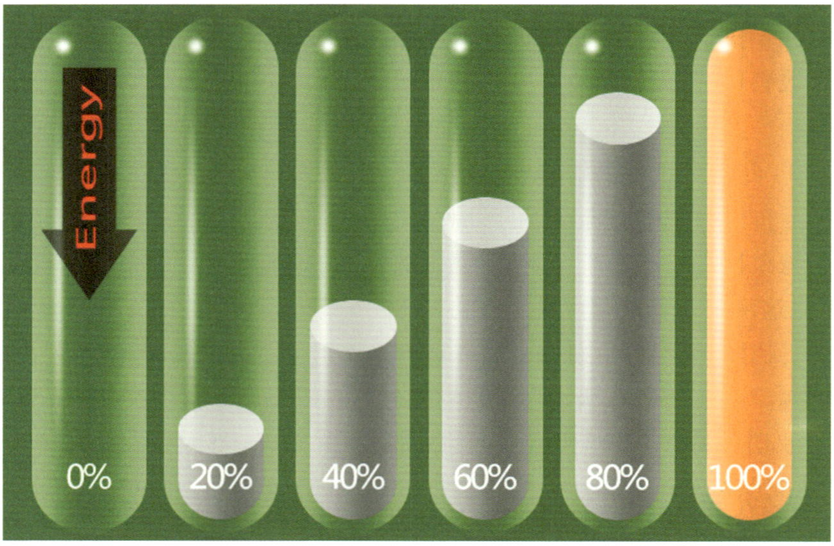

太极拳锻炼不断增强生命力

三、太极养生原理

1. 对神经系统的影响

打拳对思想高度入静，以意导体，使大脑皮层进入保护性抑制状态，对处于高度紧张，尤其是对脑力劳动的人们是一种积极的休息，对当代社会的文明病——大脑过度紧张，肢体缺少运动是有力的治疗。

练习太极拳体舒心静，身心放松，集中精力，排除杂念。太极拳的动作讲究“起于脚，发于腿，主宰于腰，以腰摧肩，以肩摧肘，形于手指”。这对神经系统有良好的训练作用。

2. 对心血管系统和呼吸系统的影响

练习太极拳时，随着机体的运动，加强了血液及淋巴的循环，减少了体内的瘀血现象。练习时要求气沉丹田，呼吸的加深，提高了心脏营养血管的功能，促进了血液循环，加强了心肌的营养。此外，练拳后血中蛋白含量增加，对预防动脉硬化也有良好的作用。

常练太极拳对保持肺组织的弹性、胸膈活动度、肺的通气功能、二氧化碳的代谢功能都有良好的影响。

3. 对肌肉、骨骼和关节的影响

太极拳具有弧形动作，能使全身各部分肌肉群和肌纤维都参加活动，通过反复地缠绕绞转，使肌肉拉长到一般运动所不及的长度，长年累月，一张一弛，使肌肉匀称丰满，柔韧而负有弹性，并增强收缩的能力。

肌肉的收缩牵引骨骼，新陈代谢加强，骨的血液供应得到改善，使骨的形态结构功能都发生良好的变化，骨质也变坚固，这就提高了骨的抗折、抗弯、抗压缩和抗变形等能力，使骨骼不易发生变形和畸形。

练拳时不断地作弧形运动，使关节周围的肌肉，关节囊和关节韧带受到良好的锻炼，增强了关节的稳固性、柔韧性和灵活性。

4. 对消化系统和体内物质的影响

由于神经系统对内脏器官的调节过程，膈肌、腹肌的收缩和舒张，对肝脏、胃肠也起到自我按摩的作用，使肠、胃、肝、肾随之发生适当运动，促进了肝内血液循环，提高了胃肠的张力、蠕动、消化和吸收的能力，增强了肾上腺系统的分泌功能，改善了体内物质代谢。

因此，经常练太极拳，可以增进食欲，减少便秘现象，使血液中胆固醇含量下降。

综上所述，太极拳是一种合乎生理规律的健身运动，它对中枢神经系统起着良好的影响，加强了心血管和呼吸系统的功能，改善了消化作用与新陈代谢的过程。太极拳是一项健身性很强的运动。

四、如何学练太极拳

我总结出学练太极拳的“三四五”法则。

首先，学练好太极拳要具备“三心”：树立信心、秉以恒心和平时用心。树立信心，对于初学者克服畏难心理是很重要的，对于计划学习新技术的人也是很有效的一种自我激励方式。秉以恒心，是说要防止五分钟的热度，要发扬“水滴石穿”的精神，长期坚持不懈努力，才可以练好学精。平时用心，则是说平时要多用心思考，从点点滴滴中去感悟老师教的和自己练的，日积月累才可以上升到一定境界。

同时，学练太极拳可以划分为四个阶段。第一阶段是基础阶段，主要是练好基本功，打下基础并学习套路。掌握要领，动作规范，宜心平气和，忌心浮气躁。第二阶

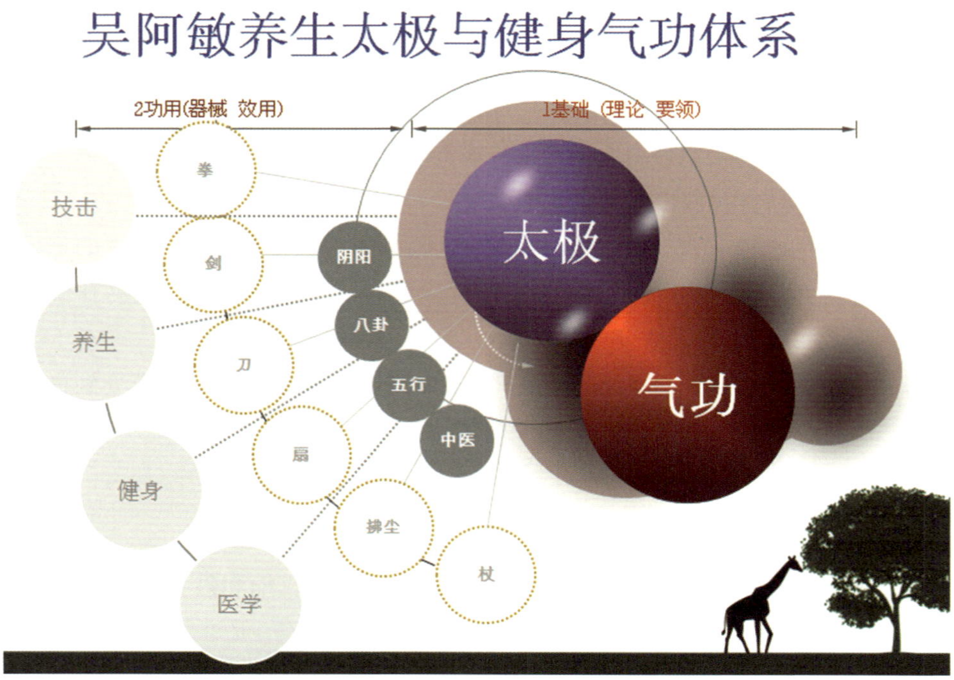

段是熟练阶段，进一步掌握太极拳的技法原理，招势逐渐熟练精准。体现太极拳的运动特点和韵律，理解技击用法，懂得拆招及运用。第三阶段是内化阶段，也就是自身风格形成的阶段。逐步做到处处劲力顺达，开合有度；注意意念、呼吸、眼神等与拳架的有机配合，从而形成规范而又独特的个人风格。第四阶段是神明阶段，重在精气神修养，人练拳，拳也炼人。把太极精神和原理带到日常生活和工作中，从而形成无处不太极的境界。神识明晰，境界斐然。

最后，整个习拳过程还要遵循五大要素。这也是非常重要的。

1. 尊师重道。这是个人品德的问题，也是首要的问题。尊敬师长是一方面，尊重规律和真理是另一方面。古语说，师者所以传道授业解惑也。这说明尊师和重道是辩证统一的。

2. 禀赋天资。有了良好的品德，还要自身具备一定的条件。太极是一门武术和武艺。要想学好它，对于身体条件和悟性是有一定要求的。身体禀赋比较好的，条件比较优秀的，才可以达到较高的水平。

3. 勤学苦练。禀赋和基因是基础条件，基础条件差一些其实也不要紧，因为勤能补拙。通过长期的勤学苦练，也可以达到很高的层次。

4. 理践结合。学习太极拳不是简单的肢体训练，需要把理论和实践结合起来，因为太极拳是一门应用性很强的拳种，有健身，有技击，有文娱，也有康复医疗等多方面的运用。太极拳的理论和实践也是多样化和多方面的。

5. 广泛交流。太极拳也是一门艺术和学问，因此学习中应经常和他人交流，不

各种国际化课程多屏显示

能只顾自己埋头苦练，需要广泛交流，多方面研习。不要限于同门中人，不同的流派甚至拳种之间都应开展交流互动。这样对于提高水平是很有益的。

五、面向国际推广太极拳

我在 2006 年以后，到美国发展和推广太极拳，至今已有十几年了。在这十多年里，我创建了适合社区各界人士参与的养生太极和健身气功运动体系，创办了国际太极文化交流中心，开发出双语太极拳系列教学视频和各种培训班。

我在美国推广太极拳多年，研制出国际化课程，就是针对国外的环境，去想不同的办法解决、适应国外的土壤，逐渐生根发芽，枝繁叶茂。这就需要创新，在不失本质的前提下，发展创新。因此我们任重道远，还得不断努力，在未来会借助高科技信息技术时代的引领，继续在承传文化的基础上发展创新，让太极拳在世界范围内更加广为流传，为人类的健康作出贡献。

健康、幸福与快乐是生命的主旋律，在此希望与大家共勉！

讲座过后，吴阿敏老师又带领大家一起体会了太极站桩，并对一些学员的太极拳问题进行了纠正和指导。

（2016.7.22 北京 中国地质图书馆）

吴阿敏太极讲课录之——

太极拳的种类与习练选择

——在阿里巴巴美国旧金山分部的讲课

大家好。金秋十月，秋高气爽。感谢各位聚在这里等候太极讲座的开始。今天我将重点向大家介绍如何从不同种类的太极拳中选择适合自己习练的太极拳。这也是我在平常教学工作中经常遇到的，总是有学员、拳友们向我询问的一个问题。由于太极拳历史悠久，内容丰富，种类颇多。当很多朋友感兴趣想要开始学练的时候，往往不知该从何入手。所以今天我将向大家展示并介绍不同流派、种类的太极拳，指导您如何去着手选择，找到正确并且适合自己的，可以长久发展研习下去的路径和方向。

一、太极拳的源流与发展

我们大家所看到的太极拳的种类很多，有国家套路，有传统各式；有单人练习，有双人推手，双人对练，以及多人和集体演练；有徒手练习，有长短器械等，但是太极拳的发展脉络基本上是清晰的。

首先，我们要了解一下各流派太极拳的特点，再根据个人的条件和状况去选择适合自己的拳种。

太极拳的源流目前仍有很多争议。但是，有一点是可以肯定的，那就是太极拳的发展可以大致划分为：拳种酝酿期、流派形成期、多样化发展期。

大家的争论主要在拳种酝酿期，真正创始人的问题。目前主要流派的形成与发展脉络是比较明晰，毫无争论的。而改革开放以后，各大流派，各式拳种精彩纷呈，步入了多样化发展期。

这里简要介绍一下各大主要的流派。

陈式太极拳：为各流派中传播历史最悠久的太极拳，由河南温县陈家沟著名拳师陈王廷创始于明末清初。陈式太极拳外观气派，潇洒大方稳健，以沾、粘、连、随

独树一帜，并有窜、蹦、跳、跃、闪、展、腾、挪诸功能，含蓄于内，发放于外，具有螺旋缠绕坚无不摧的弹性爆发劲。主要分为两路。第一路，以柔为主，柔中有刚，以腰为主宰，用螺旋缠丝劲。在练习时，运行柔缓、圆弧、缠丝，虚实分明，左右呼应，前后连贯，快慢相间，内外一致，周身相随，蓄发兼备。在用法上，以掤、捋、挤、按为主，以采、挒、肘、靠为辅。第二路，亦称炮捶，以刚为主，刚中寓柔。练习时，震脚发力，闪展腾挪，窜蹦跳跃，松活弹抖，完整一气，有猛虎下山之气魄，雄狮抖毛之神

威。用法上，以采、挒、肘、靠为主，以掤、捋、挤、按为辅，体现快而刚猛的特色。

杨式太极拳：为河北永年人杨露禅从学于河南温县陈家沟陈长兴，与其子杨健侯、其孙杨澄甫等人在陈式老架太极拳的基础上创编而成。其拳路逐渐删改了陈式老架中原有的纵跳、震足、发劲等动作，由杨健侯修订为中架子，又经杨澄甫一再修订逐渐定为杨式大架子，即现在广为流行的杨式拳架。杨式太极拳拳架舒展简洁，结构严谨，身法中正，动作和顺，刚柔内含，轻松自然，轻灵沉着兼而有之。姿势开展，平正朴实，练法简易，由松入柔，积柔成刚，刚柔相济。正如杨澄甫所说：“太极拳是柔中寓刚，棉里藏针的艺术。”杨式太极拳架势有高、中、低之分。拳势中正舒展，动作均匀柔和，架势幅度大，走弧形，目前流传最为普遍。

吴式太极拳：为全佑之子吴鉴泉创编，吴鉴泉为满族人，本姓乌佳哈拉氏，民国后随汉人习俗取汉姓吴，生于河北大兴县，自幼从其父吴全佑学太极拳。吴全佑早年先从杨露禅学杨式大架，后又学杨班侯初改的小架互相吸收融化。传至吴鉴泉时，又经数十年的融化和发展，遂形成柔化为主的一种紧凑、大小适中的拳术，即吴式太极拳。吴式太极拳以柔化著称，动作轻松自然，连续不断，松静自然，独具静态之妙。拳架虽然小巧，但具有大架功底，又开展而紧凑，在紧凑中自具舒展，不显拘束。端正严密，细腻熨贴，守静而不妄动，以柔化见长。吴式太极拳讲求意到、眼到、身到、手到、步到，说动一齐俱动，说到一齐俱到，内外如一，动静不二。吴式太极拳是十分具有特色的太极拳种。特点是细腻柔和，斜中寓正，动作弧形，幅度适中。

武式太极拳：由清末河北永年人武禹襄发展所创。该拳简洁紧凑，立身中正，朴实无华，动作柔缓，幅度较小，如干枝老梅。武禹襄在杨露禅从陈家沟返乡后，深爱其术，从学于杨陈式老架太极拳，后又从陈清平学赵堡架，经过修改，创造了“武式太极拳”。武式太极拳既不同于陈式老架和新架，亦不同于杨式大架和小架，学而化之，自成一派。其动作简洁紧凑，架势虽小而不局促，动作舒缓平稳，出手不超过足尖，收时不紧贴于身，左右手各管半个身体，不相逾越。胸部、腹部的进退旋转始终保持中正。步法严格，分清虚实，小巧灵活。弓步前腿膝盖不得超过足尖，后腿不挺直高拔。拳势讲究起、承、开、合，动作连贯顺遂，用内功的虚实转换和“内气潜转”来支配外形，以“神宜内敛”，“先在心，后在身”，“以心行气，以气运身，意动身随，意动气随，意到气到，意到力到，意力不分”，达到意、气、形三者合一。

孙式太极拳：为形意拳、八卦掌名师孙禄堂在武式太极拳的基础上于民国初年创编，动作小巧，步法灵活，进退相随，又称活步太极拳。孙禄堂自幼酷爱武术，从师李魁垣学形意拳，继而学于李之师郭云深，又从师程廷华学八卦掌。经多年研练，功夫深厚。后又从师郝为真学武式太极拳，参合八卦、形意、太极三家拳术的精义，在武式太极拳基础上，吸收形意拳进步必跟、退步必撤的步法，八卦掌拧旋敏捷的身法和两门拳术手法，融合一体而创"孙式太极拳"。孙式太极拳的特点是：动作小巧轻灵，架高步活，柔缓圆活，转换轻盈，运动方向变化多。步法进退相随，迈步必跟，退步必撤。动作舒展圆活，敏捷自然，练拳时双足虚实分明，全趟练起如行云流水，绵绵不断。每转身时以"开""合"相接，所以又称"开合活步太极拳"。

二、如何选学不同类型的太极拳

那么在大家观看、了解并亲自体验了各大流派太极拳以后，如何从不同类型的太极拳中来选学，是一个很实际、很个性又很复杂的问题。总体来讲，是要因人而异、因地制宜和因时制宜。比如说，年轻人，身体条件好，活泼好动，腰腿灵活，可以考虑学陈式太极拳。对于追求身体健康或者缓解慢性疾病的人群，可以选择比较柔和缓慢的其他类型太极拳。如果学员的腿脚力量不太好，甚至有关节炎的症状，那么建议选择高架、轻松一点的活步太极拳等。因地制宜也是一个重要的因素。这里的“地”主要讲的是环境。比如说在哪学？跟谁在一起练？在什么环境下学练？这些都是很常见的问题。比如，我们很多社区都有太极拳俱乐部，或者单位工会有太极拳协会。我们一方面可以参观这些团队，考量那里的师资状况及场所条件，以及授课内容等。最好能找到一个地方空气清新，设备卫生整洁，人员友善互助的这么一种适合您长期往来的一个大环境，这将也是您走入太极之门的一个重要、有利条件。当然练拳的场所可以是室外或者室内，只要是空气好，干净、安静，不影响他人的地方就好。不建议在声音嘈杂，空气恶劣，或者气味难闻等场所练拳。比如说刚装修好的密封场馆，无窗、不通风的健身房、地下室等，包括暴晒、大风沙尘和雾霾天在室外的场所，这些都不符合“因地制宜”的要素。现在大家都生活节奏比较快，如果请您长途跋涉，每天去很远的地方学习某种太极拳，可能也不太现实，会耗费太多时间和精力。这种情况下就需要就近寻找老师，如果工作驻地或者住所附近有比较好的太极拳师傅或者组织得体的社区团体，就可以参与进去，这样效果也比较好。当然与此同时最好配合前面所讲的因人而异，最好是找到适合个人学练的拳种，再有比较良好的环境，那将非常理想。

中国古人讲，天时地利人和。其实，时间对于习练太极拳也很重要。这里的时间有多个意思。第一是，平时有多少时间可以练习太极拳。如果每天只能抽出半个小时或者少于一个小时的时间来练习，那么学习有一百多式的很长的太极拳就不太现实。这种情况，应该选择节省时间的短小精悍太极拳套路来学。第二个是，早上练拳，还是下午或者晚间练拳。这就要看您平常的作息时间了，找一个相对固定的时间段，力所能及的情况下保持规律性的习练时间和运动量即可。我不建议堆积式的练拳习惯，每隔一周甚至十天半月练一次，一次练个三四个小时、半天的时间。这样很不科学，应该是每天保持一小时左右的练习，或者一周两至三次，每次一至两小时，才会有稳定的进步和受益。第三个是，人生的不同时间段。现在，国家在讲太极拳进校园、进机关。进中小学的话，这些青少年学生，就是处于人生的早期阶段。进企业，那么企业里边的年轻人占大多数。进机关和社区的话，主要是中老年居多。对于不用年龄阶段的人群，我们也应定制和选择不同的太极拳种类。

第二个方面，就是要了解各种太极拳的特点，根据自己的条件、性格及喜好，知彼知己地来选择。陈式太极拳是历史最悠久的一个流派，从对身体的要求条件上来讲，比较适合中青年。因为陈式太极拳有着很鲜明的风格特点，快慢相间，有缠丝放松的动作，也有一些发劲。当然中老年人也不妨练习陈式，建议专注在缠丝功、桩功等，对于发劲、窜蹦跳跃等招势不必强求。

杨式太极拳，更适合多数人的身体条件，适合各种年龄层和不同体质的各类人群。而且学习起来比较容易上手，也是世界范围内流传最为广泛、学练人数最多的太极拳拳种。

吴式太极拳呢，比较柔化，有人称为“长寿拳”，许多中老年人比较喜欢。它的步幅不必太大，功架也不需要太低，动作非常细腻，具有独特的身型特点、手法运转和步型要求。这么一个拳种，长期练习对于中老年人防止跌倒能够起到一种显著的预防作用，所以目前世界各地喜爱练习吴式太极拳的拳友越来越多，也有另一种说法称吴式太极拳为“防跌太极”。

武式太极拳，目前同其他各式相比，传播习练的人数偏少，但近年来也是在逐步稳健地发展着。人们意识到练习武式太极拳对我们的耐心、内力及底盘功夫和周身整劲的培养都有很好的效果，也很值得推荐。

孙式太极拳，前面大家看见了，也体验了，包括我刚才介绍过，孙式太极拳在国外又称“关节炎太极”。一些康复医院、诊所推荐关节炎病患练习孙式太极拳，来缓解关节疼痛，减少相关药量，并建议非病患人士通过练习孙式太极拳来预防关节炎的发生。所以孙式太极拳也是不错的选择。

关于不同太极拳的选择和习练，初学者确实很容易迷惑，无所适从。基本情况是这样的，当然也不能一概而论。每个人的情况不一样，最重要的是根据自己的身体状况、年龄、性别以及以往病史等各种情况而定，这也和个人的喜爱和偏好有很大关系。而且这也是不断发展变化的，一辈子只学一套拳，还是属于少数人的现象。也不是说，年纪大了就不能练陈式太极拳了。不少人开始时练习杨式和吴式太极拳，后来身体越来越矫健敏捷，陈式太极拳的发劲也做得收放自如了。但是有一点很重要，无论先选哪一个流派或是拳种来入手，一定要先从基本功开始学练，打好基础，待很大程度掌握了该流派的技术要领和风格特点之后也可以慢慢去尝试学习其他流派，并从中摄取各自的精华去融会贯通，使整体拳艺精益求精。

所以，我们要用一种发展变化的观点来看待太极拳的选练问题。不是说，传统太极拳就一定比国家套路要好，或者国家普及拳种就比传统套路更受欢迎。这两大类、两个系列的太极拳都有自己的科学道理。举个例子来说，日本太极拳爱好者大概有 200 多万人。日本的各县、市、区都有体育活动中心，街道有公民馆，到处可以看到有太极拳的教室。日本各地有很多的太极拳组织，国家有武术太极拳联盟，各都道府县（相当于中国的省）也有联盟，还有学生联盟。全日本联盟每年都举行全国性的武术比赛，各县、区也举行比赛。每年还有很多不同形式的太极拳表演交流大会。在日本各式太极拳都有很多人在练，但是还是会练简化 24 式太极拳的人最多。大部分人是为了健身而练，所以在学习的内容上要求并不多，有很多人十几二十几年就练一套 24 式太极拳。我们国家在 1956 年创编了 24 式简化太极拳以后，不仅受到了中国人的赞赏，而且也受到了日本人的喜爱。1990 年北京亚运会中日联合表演的 1400 人，练的也是简化 24 式太极拳。日本的太极拳师资全部来自爱好者，不要求有什么资历，自愿报名申请考段位，考核的内容以简化 24 式太极拳为主。同时，在美国有不少拳馆多年来一直孜孜不倦地在传授着传统太极拳。他们对现代太极拳的模式有所好奇的同时，仍然享受着推广传统太极拳的乐趣。

然而，在我的教学体系中一定是把传统和现代太极相结合，缺一不可。我们力求保持原有风貌的同时适应社会的需求和变化，在继承的基础上求发展。如同我们的高科技和电商领域，今天在场的各位，你们可以说都是职场的佼佼者，商业和科技业的生命力成员。相信你们也是在传统思维和技术领域的基础上不断创新攀升，才成就了今天的崭新高科技业务。太极拳的领域也是同样，希望通过今天的这场示范课讲座，能够使大家对太极拳的认识有所帮助，接下来当您树立信心，下定决心，准备开始加入太极养生大家庭的时候将不再迷惑，能有一个比较清晰的思路来考量如何帮自己和家人选择适合学练的太极拳，并希望通过对太极拳的研习能为您未来的健康人生、品质生活起到正能量的作用。

谢谢大家。

（2017. 10）

太极，是心底一抹灿烂的阳光。

吴阿敏太极讲课录之——

基本功三部曲

第一部：热身运动

练太极拳和做其他运动一样，首先要做热身。这一点非常重要，却经常被很多人忽视。太极拳是一种要求身、心、气合一的，全方位高层次的运动方式，练习时动作和意念高度统一，需要配合呼吸，而且全身上下的轻微旋转和弧线运动使习练者对身体的把控要求比较高，如果练习之前周身内外各方面不做好充分的准备，则很难从运动过程中获得最佳的修炼效果。

热身运动，一方面是从物质层面做好准备，让身体温热舒展。周身的肌肉关节筋骨达到放松、舒适的状态，这是运动前的物质准备。另一方面，从精神状态的角度也要做好准备。对于心境、呼吸的调理也是很重要的环节，当肌肉筋骨甚至皮肤毛发都放松开了这是第一步，然后还要把心情放松、让意识专注，同时做好练拳前的精神准备。

一、伸拉颈部

颈部伸拉共包括四个动作。第一，左右转头，撑拉颈部肌肉。第二，前后竖项。头部前点，再后仰。第三，左右竖向。头部左右侧倾。第四，绕转动作。全身放松，缓慢柔和地绕转头部，分左右两个方向。

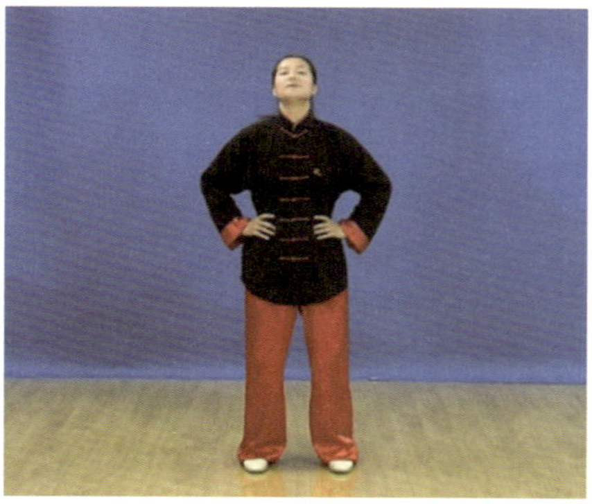

二、松活肩关节

肩关节放松有两个动作。第一个动作是，活动肩关节。双手放于肩上。前后旋转。第二个动作是侧向分展运动。

向外分展

三、松活肘关节

松活肘部关节，主要包括肘关节的展开和闭合以及旋转，便于太极拳运动中上肢动作的顺利完成。

四、松活臂膀

手臂的放松主要是通过旋转手臂来完成。

五、舒展躯干

躯干的放松主要是腰部但不限于腰，活动区域更大。放松动作主要是先前后，再旋转。动作要领是步子略宽一点，两臂展开向上，抬头仰面。躯干放松，双手向下。脚下站稳，身体放松，两臂舒展沿身体中心缓慢绕转。

两臂上展，抬头仰面

躯干放松，双手向下

左右旋转之一

左右旋转之二

六、松活膝关节

双脚并拢，留有一拳左右的间隔。转动双膝，分顺时针和逆时针各转动若干圈。圈数多少根据个人情况酌情掌握。用温暖的双手轻轻按摩揉搓。开合转动。达到舒适灵活的程度。为接下来的运动做好准备。

第二部：基本桩功

基本桩功，是一种筑基功。练拳时身心能不能达到最佳状态，与平时的桩功训练有很大关系。俗话说，练拳不练功，到老一场空。社会上桩功的练习方法有很多种，这里给大家介绍太极拳的基础桩功。

一、无极桩

无极是太极之前的一种状态。是空，一切混沌虚空，无始无终。只是静静地站在这里。

动作要领：两脚并立，但不要并得太紧。放松膝关节。放松整个身体。做深、长、细、匀的自然呼吸。目光平视。可以舌尖上卷，轻抵上颌。下颌微内收。立身中正，集中精神，排除杂念，放松入境。身体和意念都要做到舒适和安逸，做好练拳前的身心双重准备。

二、太极桩

太极之始，从无极分出阴阳。无极生太极，太极生两仪。

慢慢地渐渐分出阴阳，将重心右移，左脚提起，向左轻轻开步，与肩同宽。现在重心在两腿之间。重心微下沉，两肩放松，两臂轻轻内旋缓缓上起（不是举起）。手臂伸直，与肩同高同宽。手心向下，手指向前。

屈膝下蹲，两掌下按，肘部放松，沉肩垂肘，手臂不能僵硬过直，手掌放松，与腹同高。仿佛双手轻按一个充满气体的大球浮于水面，不丢不弃。两手下落，收脚还原。

同时请配合呼吸。提脚时吸气，移动重心落脚时呼气，起手时用鼻子吸气，下落时呼气。

三、升降桩

从太极桩开始，蹬腿缓缓直立，重心徐徐上起，手臂向前向上舒伸。

身体重心慢慢下降，两掌放松下按，即升降桩。

四肢基本动作按照规定完成的同时，还要配合呼吸。配合呼吸的要领是：上升时吸气，下落时呼气。

此桩可以练习多次，可以很好地增强腿部的力量，同时也是一种很好的静心和养神的方式。

四、开合桩

接上一个桩功，手心翻转向内成浑圆抱球。

周身上下浑圆一体，两臂撑圆抱满，脚下生根，想象您正怀抱着一棵大树的树干或者一个充盈的气球。

然后，手臂缓缓向外撑（张）开，蹬腿慢慢起身。

然后，再向里收，重心向下沉，还原到合抱状态。

小结：第三和第四种桩功分别是在纵向和横向上的有氧舒张伸展，是一种培养呼吸配合运动的训练方法，同时也有利于肌肉和骨骼关节的放松。

五、搂气桩

双掌慢慢变掌为拳，握拳向身体丹田处收拢，丹田位于腹部肚脐下一寸。收集气机至丹田处。

再把双手打开，变拳为掌。收手搂气时吸气，外开展掌时呼气。多次重复。保持上体直立，脚趾抓地。手臂放松。注意在手型上拳与掌的变换。

六、虚实桩

双掌慢慢下按，重心移到左腿，右脚向右前方 45 度出步，脚跟着地。两手上起，右臂与右腿对齐，右手在前，左手在后在下，在胸前内侧。手腕与肩同高。大拇指对鼻尖。步型是虚步。后腿是支撑腿，是实的，属于阳。前腿是虚点腿，是虚空的，属于阴。这是右势。

收回右脚，移到另一侧。重心移到右腿，左脚向左前方 45 度出步，脚跟着地。两手上起，左臂与左腿对齐，左手在前，右手在后在下，右掌在左胸前下方。眼神随着手的方向，手腕与肩同高。大拇指对鼻尖。步型是虚步。注意重心，前阴后阳。

重复练习，配合呼吸。吸气起臂，呼气合臂松沉。眼随手转。

七、独立桩

重心慢慢移向左腿，右腿上提。两臂置于体侧，帮助控制平衡。指尖向前。感觉两手仿佛按着两个球浮在水中。眼睛前视，肩部放松，沉肩垂肘。

右脚慢慢下落，脚尖着地。重心右移，左腿上提，重复动作要领。刚开始可以手扶器物或墙壁。

配合呼吸，吸气上起，呼气下落。

八、运球桩

身体慢慢右转，保持直立，两手移动到身体右侧，好像抱着一个球，右手在上，掌心朝下，左手在下，掌心朝上。然后，身体缓缓左转，双手上下互换位置，将球运移到左边。配合呼吸，吸气开始转体运球，呼气抱球完毕。想象身边布满新鲜的空气。充满能量的球在您手中转动。整个身心也融入大自然中。

九、无相桩

虚灵顶劲（下颌微收），立身中正，松腰胯，松膝关节，重量直接放到脚底，脚部做到九实一虚。最后达到随行化影、无形无相、融于生活的境界。

第三部：放松运动

太极和其他运动一样，在您完成相应课程和练习以后，也需要放松缓解和自我按摩等整理过程。练完太极之后，不要马上坐下来休息或者大声说话。就像电脑正在高速运行的时候直接切断电源让它停止运转一样，会不利于保养和健康。最好的办法，是让全部身心包括机体、呼吸和意念逐渐恢复到平稳的状态。因此，在练完太极拳之后，放松整理运动也是非常重要的。

一、头颈放松

首先，做一次深呼吸，两手上举，仍然继续保持与大自然气机相合的意境，收揽有机的能量从头顶沐浴至面部。

再用充满能量的双手来洗礼面部至头部。双手从发际后捋，至头顶，仿佛在阳光下沐浴。

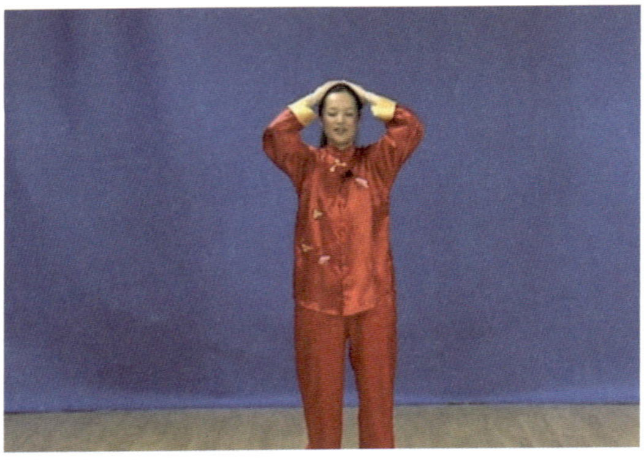

双手顺着发丝滑至颈部。吸气、呼气。然后，轻轻按摩您的颈部。抬头挤压大椎穴。

接下来，按摩揉搓耳部。耳部穴位众多，可以刺激各穴位的微循环，获得周身反馈效应。经常按摩耳部穴位会有益于健康。

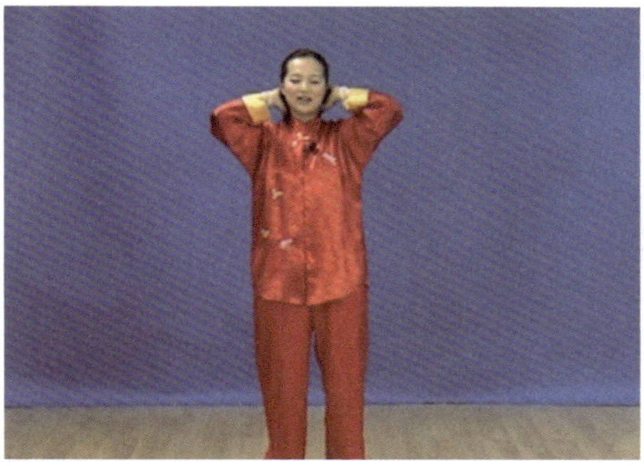

二、躯干放松

两手慢慢移至背部，以打圈的手法按摩背部和腰椎。然后上下揉搓，用松空的拳头轻轻敲打脊柱及两侧的肌肉。

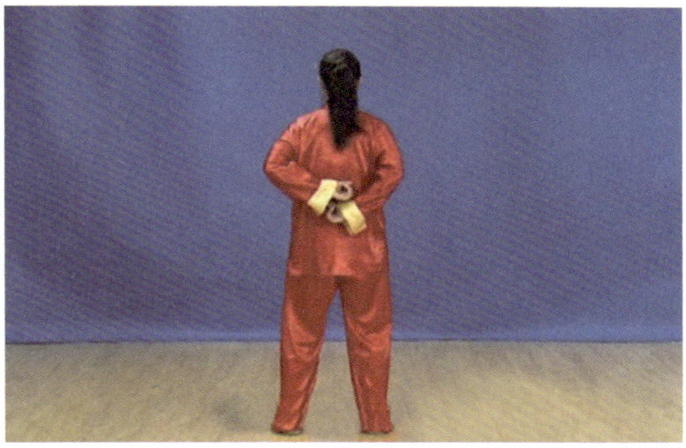

下面放松肩部，使整个肩膀及手臂感觉轻松舒适。手臂展开，一手敲打肩部，一手敲打背部。同时，放松拧转躯干部位，让双手自然甩动起来。

轻柔击拍自己的身体，可以激活皮肤和经络的循环，畅通气血的运行。

三、腿脚放松

不要忘记拍打放松腿部肌肉，特别是大腿的股四头肌。按摩膝部，轻轻敲打膝关节周围。放松小腿肌肉，直到脚腕踝关节。

随后用脚背轻轻后踢小腿后部。如果觉得需要，可以扶着东西做这个动作。

四、手臂放松

还要按摩疏解您的手部，让双手和双臂同样得到放松和照顾。甩一甩手，甩一甩腿，或者抖一抖。这样也可以放松您的肌肉以及韧带。

五、整体放松

再调整呼吸，将气机和能量送回并揽入体内。气沉丹田，呼吸均匀。

以上给大家介绍了吴阿敏老师的基本功三部曲，其中热身运动和放松运动都用来对肢体关节乃至身心呼吸的护理、放松和调整，但是两者又有不同。前者是练功前准备，后者是练功后整理，因而安排了不同的动作。至于桩功则是内家拳的基础功夫，是每一位学练太极拳的人士不应缺少的重要基本功部分。桩字，应为“椿”，从字面上看，本为“春木生发”之意。通过站椿，打通融合涌泉至肩井的内气通道和会阴到百汇的生命通道。打通之后，妙不可言，练者自知。建议大家用来作为参考，坚持练习，逐步受益。

吴阿敏太极讲课录之——

五行与太极

——在美国谷歌公司的讲课

大家好，欢迎再次来到我的太极课堂。在以前的课上我曾多次提到过“平衡”这两个字是太极拳的一大核心要素。那么在习练太极拳的过程中如何做到身体的上下、左右、前后、内外的平衡？通过修炼太极拳如何使我们的身心与大自然接近或保持平衡？以及我们每一位个体如何与他人和环境之间取得平衡呢？这些都是需要我们去探索和通过学练来慢慢发现的。今天，有关这个话题，我将以中国传统文化中的五行理论为基础结合太极拳拳理给大家做进一步的介绍。

谷歌公司是世界顶尖的高科技公司，计算逻辑很重要。中国五行（Five Elements）则是东方逻辑。太极拳是一种非常注重平衡的运动，受五行理论指导，这是东方文化精华的体现。要求身体的上下、左右、内外都要保持平衡，甚至与人、与

心若在，拳就在。

社会、与大自然之间也要力求平衡。

要平衡，首先要根基稳。也就是我们所说所练的太极步法，然后是身法、手法、眼法等综合起来才是完整的太极拳中的平衡。

如何做到呢？就需要以五行指导运动。比如，进和退对应五行的火(Fire)和水(Water)。前进与后退，势如水火，步法要灵活敏捷，急来则急应，缓来则缓应。再如，左顾与右盼对应五行的木(Wood)和金(Metal)，强调身法与步法的协调。

但，万变不离其宗，其核心是“立身中正”，正好对应五行中心位置的土(Earth)。太极拳中有句古话叫“占住中定往开里打”，是说各种步法和身法最后都应及时回到中定的位置，守住中位才能平衡和主动。

太极拳和五行的关系很深奥，也很有趣！

一、五行与太极拳紧密相连

俗话说，稳不稳，看脚跟。太极拳有五种步法，要符合五行。步法，是太极拳的根本。学练太极拳，要以五行理论做指导。那么具体应该如何做呢？

首先整体认识一下太极拳。太极者，无极而生，动静之机，阴阳之母。无极太极，气机动，阴阳分，太极成。天地一气，气生阴阳，阴阳生五行，五行生万物。五行理论对太极拳的指导首先是对步法的指导。

王宗岳先生在《太极拳释名》一文中说：太极拳，一名长拳，又名十三势。长拳者：如长江大河，滔滔不绝也。十三势者：掤、捋、挤、按、采、挒、肘、靠、进、退、顾、盼、定也。掤、捋、挤、按，即坎、离、震、兑四正方也；采、挒、肘、靠，即乾、坤、艮、巽四斜角也，此乃八卦也。进、退、顾、盼、定，即金、木、水、火、土，此乃五行也。合而言之，曰“十三势”。

太极拳是生生不息的，因为五行相生：木生火，火生土，土生金，金生水，水生木。

太极拳是制约平衡的，因为五行相克：金克木，木克土，土克水，水克火，火克金。

用一个简单方法来记忆。木→火→土→金→水→木→火→土→金→水。从左到右，相邻相生，如木生火，中国古代很早就会“钻木取火”。相隔一个就是相克，木克土，火克金，烈火可以融化金属。一下子就记住了全部关系！

五行有三种表达形式，其实也是三个发展阶段：直线五行、圆圈五行和太极五行。直线五行是基础，最简单。五种元素，头尾相接，直线就成了圆圈。圆圈五行是更高级的表达形式。沿着圆圈的弧线是前后相生，链接五个点的弦是相克的。圆圈上的

五个点把其中一个移到中央，仍然是个圆，但是有了核心，这就是太极五行。“土”元素在圆的中央，因为土具有控制功能。太极五行能反映中国人对空间的感知和表达。

五行恰好是五大近地行星，金木水火土五个行星，离地球最近。有人说五大行星的辐射场和引力场影响着地球万物的消长与平衡。

五行可以指五个方位。中国甲骨文中有“四方”的说法。商代崇尚中央，四方加一个中央，就是五方。太极拳是对空间、时机、速度、方向等要素的巧妙运用，方位感很强。

五行也可以指五种运动。水代表润下，火代表炎上，金代表收敛，木代表伸展，土代表中和。多么神奇！而太极拳本身就是全方位的均衡运动，运动就是本体。

二、五行具有严密的逻辑

五行，是东方系统论，有机联系，动态平衡。所以有人说，五行是中国原始的系统论。

五行的逻辑里边还有一种交互（interaction）和反馈（feedback）作用。是东方智慧的升华。

一个是“相制”。“制”是对“克”的反抗。举例子来说。

金能克木，但木能生火以制服金。金属可以切割木头，斧子可以砍断树枝，锯子可以锯断大树。那么树木怎么反制呢？树木可以产生火，火就能把金属融化了。

五种元素都可利用这种关系。火能克金，但金能生水以制服火；水能克火，但火能生土以制服水；土能克水，但水能生木以制服土；木能克土，但土能生金以制服木。

另一个是“相化”。“化”是化解和调和“克”问题。举例子来说。水克火，但水能生木，木能生火。打个比喻，“木”是“水”的儿子，同时“木”又是“火”的爸爸，这个时候爸爸能调解爷爷和孙子的斗争。类似的，其他元素也有这种关系。金克木，但金能生水，水能生木，来化解金与木的对立；木克土，但木能生火，火能生土，火便充当木与土的调解者；火能克金，但火能生土，土能生金，土便化解火金的对立；土能克水，但土能生金，金能生水，故金又化解了土与水之间的矛盾。

用一句话总结一下，我所克者实乃我所生者之子。都有亲缘关系，这样就不再是绝对对立了。

有规律也有例外。“五行”的生克制化四种关系也有例外，就是“乘”和“侮”。用一个流行语，叫“逆袭”。乘，有个成语叫乘虚而入。侮，就是侮辱的意思。

乘，又叫亢乘，一种东西太亢奋太强大，就会反过来受到攻击。打个比喻，父母本来是约束孩子的，但是约束太厉害了，孩子就产生逆反了，甚至还有孩子打父母的。

电影里常有这样的镜头，本来是有人抓小偷，反被小偷打了，被小偷绑起来了，这就是反侮。反侮，就是反方向克制，如土旺木衰，木受土克，不再是木克土了。

三、五行步法如何练

太极拳是讲方位的。所以第一步是定好自己的方位。然后是理解每种步法的属性。第三步是运用五行相互的生克制化关系练习每种步法的攻防。最后，还要从五行理论的乘辱关系了解每种五行步法的局限性。具体的做法可以参考以下步骤。

1. 定好方位，万事俱备

初期学拳，面向南方。即使是在室内，或者有时场所条件不允许面朝南方，那也

要假设自己面朝正南。熟练运用时，则可以不再局限。初学时，南方为火（可理解为南方多炎热），北方为水（可理解为北方多寒冰积雪），西方为金（可理解为西部山区多金属矿产），东方为木（可理解为东部平原树木茂盛），中方为土（可理解为中国中部黄土高原）。配合地理知识这样便于记忆。

2. 步法与方位相合

太极五步，通过金木水火土与人体经络脏腑以及窍穴相关联，是运动的基本原理。

前进、后退、左顾、右盼、中定的五步，要与金、木、水、火、土的固定位置相结合，在练习中脚下的五步，尽可能去走全五行位置。

“进步（火）、退步（水）、左顾（木）、右盼（金）、定中为土”。“夫进退为水火之步，顾盼为金木之步，以中土为枢机之轴，怀藏八卦，脚踏五行；手步八五，其数十三，出于自然”（《清代杨氏传抄老谱》）。

其中，中定的诀窍在于尾闾和夹脊保持中正，要气沉丹田。重心达到中正，整体上保持松而不懈和虚空灵活的境界。

3. 身法与五行相合

太极八法，是八种身法或者八种动作。掤、捋、挤、按属于四正劲，要与四个方位对应，分别是坎（北）、离（南）、震（东）、兑（西）；采、挒、肘、靠的四隅劲，要与四斜角相对应，分别是乾（西北）、坤（西南）、艮（东北）、巽（东南）。

八卦暗藏五行。八种动作与五行的对应关系如下。掤，五行属水，肾经；捋，五行属火，心经；挤，五行属木，肝经；按，五行属金，肺经。采，五行属金，大肠经；挒，五行属土，脾经；肘，五行属土，胃经；靠，五行属木，胆经。

4. 五行与动作心法

前进属火，迈步如猫行，轻灵沉稳矫健。技击时，急火攻其心，扰乱心神和动作判断。但要谨防冒进，根据相生关系，左顾生前进，就是说顾左右，明敌情，方可前进。火生土，前进才能生中定。进攻是最好的防守，进入敌人的空虚地方，则可达到“中定”状态。在敌人顾盼犹豫之际，火速前进，争取有利时机和优势位置，而奇袭制胜。

后退如水，引进落空，敌进我退。在战术上，腾退我之空间，引敌深入，为我所控，具有积极意义。这种积极撤退，有两种意图，一是诱敌深入，一是敌进我退，一个先动，一个后动。目的都是引进对方力量，使其落空。后退不是单纯的后退，可以边退边打，退中求打，边化边打。

左顾属木，避实就虚，如树木生坚硬石壁之缝隙，绕进生长，生生不息。木克土，顾克定。左顾，应注视对方眼神，判断动作意图和虚实方向，同时兼顾自己的左侧身体，随时应敌，虽后发而先至。土为中定，敌人若保持中定，我则左顾绕进以扰之。智取。

右盼属金，锐不可当，右盼中也可绕退，腾挪出足够空间，随时化解对方动作和来势。金克木，右盼能克服左顾的偏面，兼听则明。左右实际是个整体，左顾绕进的同时一般也是右盼绕退，这样做出来的动作才协调。

中定如土，宜固本守中，气沉丹田。下盘稳健，上盘轻灵，方中盘灵活，而重心中定。重心达到中定，宜松腰胯，腰为轴，灵活旋转变换虚实，以应敌之万变。土克水，中定克后退。敌人若后退诱敌，我则保持中定，穷寇莫追。

5. 经络与五行相合

人体经络，是一个动态时空。五行通过五脏对应人体十二经络。太极拳通过柔和运动、气血循环对五脏六腑进行按摩和滋养。

太极拳的运动，棚捋挤按，肘挒采靠，对于阴阳各经，都是很好的锻炼。明阴阳，既是太极拳功夫有成的标志，也是中医达到一定境界的路径。

中医认为，十二经络的运动形式有三个层次：开启、闭合、枢纽。太阳为开，阳明为合，少阳为枢（《素问・阴阳离合论》）。太极拳遵循五行规律，可使经络的三种状态转换更加顺畅。

6. 三重境界：武学与生活

太极拳追求“生与克”的方法，以技术和逻辑取胜。这是太极武学的第一重境界。

高级的太极拳追求“制与化”的方法，以智慧和技巧取胜。这是太极武学的第二重境界。

左顾绕进动作从东木入手进行蓄势，直接内生出前进之火。到底是采用“外生”之火还是采用“内生”之火，应该是根据当时的情形，自身条件和外界环境，多方面因素去考虑。如外界条件允许，可以借用敌人之火，意欲前进，还制彼身，以已之“四两”，借对方的“力”，拨对方的千斤，与常言的“四两拨千斤”有异曲同工之妙。在实际太极拳习练中，区分“内生”和“外生”的概念，对于领悟太极拳之奥妙诀窍不无裨益。

“相化”，是通过相生之物来化解相克之物，在太极拳中乃至武术界应用得非常广泛。本来非打不可的两种力量，就可以通过“制化”实现从“对立”转变到“和谐”，所谓“不战而屈人之兵”。生生化克，是武学的第二种境界。

第三重境界是知彼知己，用之有度。动态制衡，到了一定程度，也有失灵的时候。所以要用之有度，否则“过犹不及”。武术对决中过度使用身体能量或者心神精气意志，时间长了就会亏空虚弱，危险就乘虚侵袭。所以，太极拳的五行对于双方力量消长具有很强的指导意义，但不可恃强凌弱、滥用适度。这也是符合太极拳的基本原理的。

7. 中正安舒，中定为本

练拳者必须随时随地保持中定。

首先要气沉丹田，虚灵顶劲，之后才能达到中正。

古人说，立如平准，支撑八面，中正安舒，不偏不倚。

中定在方法上要蓄劲，技术上头、颈、腰椎在一条直线，关键部位尾闾与夹脊中正对直。

8. 注重武德，修养身心

太极拳属于中国传统文化。在练拳的时候，仪式感和武德是非常重要的一环。在这方面，儒家文化是有优势的。儒家学说，讲“仁义礼智信”五德。

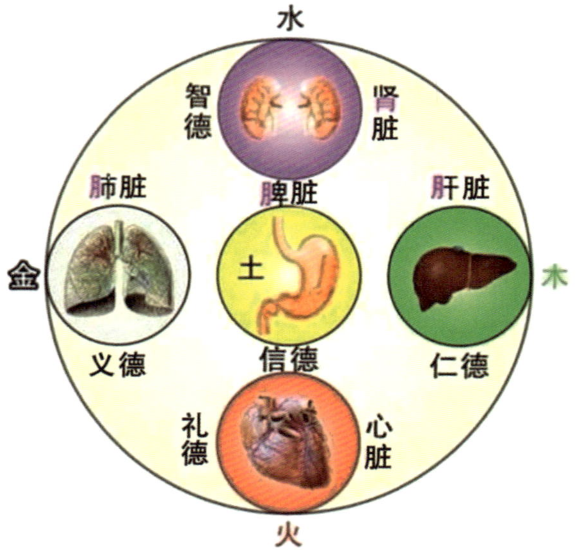

儒学中的“仁义礼智信”与五行有紧密关系。武学中的“武德”要求与此非常一致。五行学说当中的动态平衡关系，也必然暗含了儒家道德要素当中存在着内在必然联系。倘若能深入领会，对于修习武德必然大有裨益。

小结

总之，在太极拳练习过程中可以从五行的角度仔细体会步法、身法、手法甚至眼法对人体各部位、各经络的锻炼修养作用。平时多领会其中含义，内中奥秘非多揣摩不可获得。

比如，前进属火，火速前进，火势凶猛，可以吞噬一切。再如，后退如水，水势可倾江倒海，顷刻间悄然消退，荡然无存。如此等等，不一而足。势如水火，劲如金木，本质不同，而又相互平衡。最后感谢各位的悉心参与，希望这次课程对大家进一步研习太极理论和技术有所帮助，如有问题欢迎下次继续讨论。谢谢！再见！

吴阿敏太极讲课录之——

太极拳的康复和医疗价值

——在美国 Kaiser Permanente 医疗体系的讲课

大家好。首先感谢Kaiser Permanente（凯撒医疗）医师委员会长期以来对我的教学的认可和持久的信任。这么多年来，通过我们的太极拳课程的开展和参与，使在座的各位医师对中国文化、武术和传统养生术等有了一定程度的认识，并且亲自受益，甚至通过交谈我得知有些医生朋友们也对中医产生了兴趣。今天我们将继续太极拳与健康的话题，深入探讨太极拳与中医的气血经络等密切相连的关系，以及太极拳的康复和医疗价值等。

从中国传统养生术和东方医学角度来看，太极拳的保健及康复价值主要在于人体的气血、经络和精神等方面。在美国，许多著名的医学院都在研究这方面，比如哈佛大学医学院、波士顿的许多私立医院。虽然我不是医生但在研修太极的过程中也对中医的基础知识有所了解。其实中西医之间有些方面是有所相通的，当然思考问题的角度确实不同。比如，中医和西医都研究人体血液，西医重视造血的机制是红骨髓，而中医重视造血的原料，西医研究血液的成分如红细胞、白细胞，中医研究血液的养分和能量（气化）。因此，中医和西医，研究角度不同，有不同的侧重和分工。然而实践证明，经络与穴位甚至已经解决了许多西方医学比较棘手的健康疾病，比如治疗慢性疼痛、帮助减肥等。

下面我把习练太极拳和人体健康之间的关系从气血、经络、呼吸、意念、眼神与动作等方面给大家做个简单介绍。

一、气血

中国有句俗话说，补气血使女人美丽。其实男人也需要重视，比如男子要有“英勇气概”，气血一定要充足才有气概。太极拳对于调养气血很管用，因为太极拳注重用意念来引导“气”的运行。

先讲“血”。血液提供和携带我们身体所需的营养，这是能量的源泉。中医认为“血为气之母”或者“血能载气”。实践证明太极拳的运动有利于畅通全身各个部位的血液循环。

脾胃是消化吸收饮食的重要器官，也是血液生成的物质来源，因此中医说“脾生血”，与“骨髓造血”不矛盾。太极拳里“揽雀尾”等舒缓协调的动作对人体内脏有很好的按摩和营养作用，包括我们常练的气功八段锦里有“调理脾胃须单举”等都是补脾养血的不错的动作，大家可以经常练一练。

再说“气”。太极拳要求用意念来运行气。其实“气”可以理解为能量化的东西。气的三个来源，分别是：肺为气主（呼吸气），肾为气之根（体内元气），胃为气之源（谷物气）。太极拳讲深呼吸、均匀呼吸，有助于肺完成与体外空气的交换。比如云手就是很好的宣肺的动作。

太极拳非常重视腰部的训练，把它看成各种动作最重要的“枢纽”。太极拳里的几乎每个动作都需要腰的运转来完成。腰的后部也叫“命门”，就是“生命之门”的意思。肾，就位于腰的后部两侧。肾气不仅与排泄有关，还能滋养骨骼和关节。骨髓的造血就与肾气多少关系很大。胃消化食物之后形成的“谷物之气”，也就是消化食物之后获得的能量，与体内之气融合的过程，中医里有个词叫“气化”，其实就是为血液赋予能量的意思。太极拳以及基础站桩要求饭后半小时再进行就是要完成这个“赋能”过程，再进行运动和调理。当人体血液循环和能量传输得到了改善，其实也就提高了人体的免疫力。太极拳就是使这个过程更加高效。

二、经络

说到能量传输，咱们就需要了解经络。经络是能量传输的通道，所以能止痛，能减肥，能治病。太极拳讲“气”的运行。运行路径就是经络。我的中医朋友告诉我，经络就像交通系统一样，哪个地方、哪个道路堵车了，发生了拥堵，就需要警察来指挥疏通车辆。经络也是这样。经络是人体上传输能量和信号的系统，纵横交错。手臂上有 6 条，腿上有 6 条，前面正中有 1 条（任脉），背后正中有 1 条（督脉），这是最主要的经络。这 14 条大路，再分出越来越细的脉络，掌管身体的各种情况。针灸主要是在穴位上施针，就像警察疏通车辆一样，因此效果比较明显。

太极拳有一个最大的好处就是，一个动作能锻炼到多条经络。比如说，搂膝拗步，能同时锻炼手臂上和腿脚上的经络和穴位，包括身体中枢腰脊部位的轻微旋转，使得周身上下松活贯通。再比如简化太极拳里的白鹤亮翅，左臂外撑下按，意注小指外沿及掌心的劳宫穴，加上右臂上提外掤，力在大指一侧的前臂和右腕处，同时掌心劳宫与右侧太阳穴相合。此动作显著地加强了我们手太阳、手少阳和手阳明3条经络;同时,两胯放松,腰背舒展,左腿前探,左脚轻轻点地,右腿支撑,整个动作对腿部四周经络和神经以及腿关节也有很强的锻炼。

三、呼吸

太极拳的习练非常重视呼吸的问题。前面刚讲过呼吸主要是帮助人体与外界交换氧气。

练太极拳的时候,是不应该说话的。要求口唇轻闭,配合调息。但是多年来从事教学的我常常是一边示范动作,一边说话讲解,这就很耗气力,因为说话本身就耗散很多气息。十几年前,我在中国中央电视台讲解太极拳,有时一天下来要录制数集的节目,长达五六个小时,甚至偶尔自己都会觉得气力受损,但是为了能让更多的人看懂听明白,还是要不惜自己的劳损坚持边说边练。

太极拳存在四种呼吸层次和运气境界:自然呼吸,腹式呼吸,逆势呼吸,自由呼吸。自然呼吸是初级阶段,不必刻意去配合,气息均匀缓慢,做到深、长、细、匀即可。

腹式呼吸,是中级阶段,属于深层次呼吸,气量大,调动内在深层次气血循环和气机能量。腹式呼吸又分为两种。顺腹式呼吸:吸气时凸出下腹,收缩上腹;吐气时收缩下腹,凸出上腹。逆腹式呼吸:吸气时收缩下腹,凸出上腹;吐气时凸出下腹,收缩上腹。

逆式呼吸,是进阶阶段,与逆腹式呼吸不完全一样,强调呼吸与动作的呼应。就像泵的压缩机理,通常对于提高技击效果富有帮助。

自由呼吸,是自然呼吸经过科学训练以后所达到的一种更高境界。在练拳和运气的过程中,能够自由呼吸吐纳,裨益身心。

在初学阶段,我们要求习练者采取自然呼吸方法。待动作熟练后,逐步对呼吸提出要求,习练者可采用练功时的常用方法——腹式呼吸。在掌握呼吸方法后,开始注意同动作进行配合。比如起吸落呼、开吸合呼等,但也不能一味地死板要求,还是要根据每一个动作的变化和运转来配合呼吸。这其中也存在适应和锻炼的过程,不可急于求成。最后,逐渐达到动作、呼吸、意念的有机结合。

动作节节贯穿,立身中正安舒,支撑八面如弓,行气如九曲珠,无微不至而“气遍身躯不少滞”,神清气爽而轻灵稳重机巧。这样形、气、意高度统一的太极拳就真的成为“完美运动”了。

四、意念

太极拳是非常重视意念的修炼的。意念这两个汉字，有一个共同的部分，就是作为基础的“心”，就是基于人的思想活动。太极拳里有一句话，叫“以心行气”，“以意行拳”，这是一种很高级的心法。首先要心静，要专注。练拳时心无杂念，全神贯注，因此很多人体会到练太极拳可以减压，缓解焦虑情绪，减轻精神压力，这就和练拳时意念这方面的成分有很大关系。

练拳时内在思想活动对外在肢体和躯干运动是可以起到支配和主导作用的。意念的专注和对动作的引领对于拳法的施展和顺利行拳非常重要。只有这种内外关系理顺了，打起太极拳来才有条不紊，犹如神来之拳。

这里有一个问题，就是身体对动作的记忆问题。有些人说，在很多时候习练太极拳时发现内心也没怎么想该怎么样，就自然而然地接到了下一个动作和招式。这是什么原因呢？其实这也是内在思想活动在起作用。这在科学里叫做“深层潜意识”，是深层记忆的自然释放，也是长期习练太极拳的结果。

五、眼神

太极拳要想打得好，必须注意眼神的问题。从小的地方说，眼神是引领动作的正确方向，因为视觉要比手脚动作快很多。

眼睛是心灵的窗户，为什么不叫窗口呢，因为眼睛是可以随时闭上的，像个门户。从太极拳基础理论上讲，眼神是以心行气的外在表现。拳法讲眼神的配合，眼观六路，耳听八方。心神宁静，耳聪目明，由内而外，动作才会和谐统一。很多时候，一转眼，就得周身全动。大家可以慢慢体会地去练，可以逐渐做到：意到、眼到、身到、步到，手到、形神合一，要先运用好眼神。

太极拳的眼法，宜自然而有神韵，可神致极远，也可流转顾盼。行拳中多数是平视，有时是俯视、仰视等，还有动态中的扫视；有时是眼领身动，而有时是身动眼随；具体要根据动作的需要。如果是向前平视，一般要透过前面的手指尖向前方望去，虽然关顾到手，但不死盯着手掌或手指。

中医的好处在于，强调身体各器官是相互联系的整体。眼睛是人整体的一部分，眼神与心、肝、血有着密切的关系，“眼为心之苗”，“肝开窍于目”，“目受血而能视”，“久视伤血劳于肝”。适当短时间的“双目圆瞪，炯炯有神”可以起到养肝护胆的养生作用，但是长久紧张怒目则会伤神、耗血、劳肝，对身体反而是不健康的。所以我们要懂得这个“度”，过犹不及，不能为了显示精气神而过度睁大眼睛，或者发力定势而瞪眼怒目这都是不对的。练太极拳时的眼神要求清澈而明亮，所谓“心明眼亮”。内如神光内莹，外如清潭明月，眼法与身法相合，整体协调，科学合理而又泰若自如。

时间过得真快！希望今天以上的话题能使大家对太极拳的了解和学练方面有益。用一句话来概括：太极拳，内外统一，上下相随，平衡协调，行云流水，可以起到防身、健身、防病、治病、康复、修心、技击、养生等功效。希望太极拳在这里发扬光大。谢谢各位，下次再见。

（2013.5）

创新是太极拳国际化的关键

——在世界太极中青年领袖峰会上的发言

太极之魅力，在于文化之深邃，在于功夫之传承，在于时代之创新。如今的太极拳为越来越多的人所喜爱，展现出中国传统文化独特的魅力。

太极拳首先是一种优秀的文化传统遗产，可追古今，可论海内外。中国太极文化由来已久，最能领会阴阳相生、刚柔并济的古老哲理。

太极拳在哲学上首先表现为人与自然的和谐统一。天人合一，是为道。道法自然。所以，人和自然要和谐共存。在自然界中，天地人相互呼应。天有日月，人有父母，山有阴阳。泰山阳刚，黄河阴柔，阴阳相生，刚柔相济。泰山之巅，孔子登临，人与自然是多么和谐。

太极拳，作为一种文化符号，本身就是一种创新。其内涵之丰富，世所少见。这里主要说一下人与自然的和谐互动。具体表现在五个方面。①太极拳学习大自然。向大海，向高山，向仙鹤，向猴子，向树，向水，向蛟龙，模仿其形，学习其动。②太极拳顺应自然，冬练三九，夏练三伏。练劲要求不丢不顶不抗。生活无处不太极。③太极拳凝练大自然精华，应物自然，所以唯美，大美于天地万物。自然孕育太极。④太极拳源于大自然，启发于大自然，又融合于大自然。⑤太极拳的确很奇妙，奇妙之处就在于追求根本。其根本在于，人本自然，自然生万物。观天地而修太极，法自然而炼身心，此景只应天上有！

太极文化产业，已然蔚为壮观，而且具有前景广阔。太极拳的产业化，其出路在于国际化、世界化，在于立足本土，走向世界。全世界每年4月的最后一个周六是“世界太极日”。2000年国际武术联合会将每年5月定为“世界太极拳健身月”。

那么在国际化、世界化的过程中，什么是最关键的呢？在国外推广太极拳的主要困难是，外国人的选择性很宽。比如说美国的文化很多元化，每个人都有健身的意识，全民都有健身的理念，这一点比国内强，国内还没有达到这个程度。运动健身是大多数外国人每天生活中的一部分，必须有健身这么一个事情。可是呢，他们由于多元化的文化，他们的选择面太宽，欧美的、亚洲的，各种类型的运动。我们的太极拳怎么才能够对他们具有“黏连性”，让他们来学习咱们的太极拳，或者即使选择其他运动方式同时仍然能坚持练习太极拳。这就需要吸引力，而且是持久的吸引力。这个是最大的困难，也是我们太极拳在推广过程中最重要的事情。

在实现“黏连式”推广的过程中，遇到的最重要的问题就是太极拳太复杂。24式太极拳是一个里程碑，已经把它简化到一定的程度。但是从我们的实际教学经验来说，对于外国人，一个从来没学过太极拳，不懂得站桩，不懂得轻匀缓慢和慢悠悠地迈猫步的人，教他们24式太极拳还是太难了。因此，我们非常需要摸索出来一个让外国人能够坚持下去，能感觉到太极的趣味性的推广方法。也就是既不能失本质，又不能太难、太复杂、太枯燥。

还有一个问题就是国外流行的效率主义，例如“速食文化”就非常普遍，什么都讲求速度，讲求“立竿见影”的效果。为什么以前外国人很少看中医，不吃中药？它见效太慢！太极拳也是，一般情况，练了半年才能见效果。更有一种说法“十年太极不出门”。太极作为一种武术，许多学员都希望练几天，就能“四两拨千斤”，一下把别人打倒。而很多健身养生的学员，都希望练几天就能“神清气爽”。身心感觉收效快，他们才能够喜欢。所以，在国外推广太极拳，很多情况需要科学化定制课程，

这些问题都是实实在在的，比较接地气的实际问题，也是太极拳国际化推广中最根本的问题。这些根本问题解决了，才能说我们的太极拳推广成功了。

我在美国这么多年推广太极拳，研制国际化课程，就是针对国外的这些根本问题去想办法解决。只有适应国外的土壤，才能生根发芽，枝繁叶茂。这就需要创新，在不失本质的前提下，发展创新。这与在国内教中国人有很大不同。具体地说，就是通过短短的一堂课，就能让来体验尝试的潜在学员感觉到身体轻松，精神轻松，学员就会继续来，持续地学下去，具有很足够的动力和意愿加入课程学习的班级。吴阿敏太极的座右铭就是“太极心闲雅，身体轻松松”。

多年来，我一直在思考一个问题：中国太极拳与世界上其他拳种比如跆拳道、空手道以及健身项目瑜伽、冥想等相比较，究竟有什么优势？

虽然在世界推广方面，由于各种因素，中国太极拳目前还并不太成功，但是要说优势，那还是有的。而且，优势还很多。

首先，太极拳有深厚的文化内涵。1959 年 10 月 1 日，周恩来总理在北京体育学院（今北京体育大学）会见日本友人松村谦三时说：“太极拳是中国的一种优秀的传统文化，内涵十分丰富，充满着哲理，与中国传统医学有着血缘关系。”太极拳的重要思想包括太极、阴阳、五行、八卦、中医、儒释道哲理，等等。太极拳基本功有无极桩、太极桩等。无极而太极。无极太极，气机动，阴阳分，太极成。天地生阴阳，阴阳生五行。在行拳过程中，十分重视阴阳变换、虚实分明。

其次，中国太极拳有着悠久的发展历史。如果自明末清初的陈王廷（1600—1680）

算起，太极拳已经有300多年的历史。如果再往上回溯，戚继光将军的《纪效新书》里也有太极拳的雏形。另外，太极拳讲究文武双全，其价值作用多层次、全方位，功能齐备周全。世界上一般的拳种，多以技击为主要功能，而太极拳除了技击之外，还有健身、养生、娱乐、表演等多项功能。世界上的一般健身项目，多以有氧呼吸为主，例如瑜伽、冥想，多以静为主要基调，静以明心。中国的太极拳综合了技击与健身等功能，体用兼备，文武并重，堪当中国最优秀的传统文化代表之一。

太极是中国的，也是世界的。以弘扬武学为主线，以多元文化创新为内容，打造国际化太极课堂、吸引和汇聚国外太极人群、延展和激发太极文化的国际需求，进行全方位设计，核心式突破，才是太极国际化推广的关键所在。

不创新，无以国际化。太极文化之生命力在于创意创新，在于发扬发展，在于讲求实效。唐代诗人李白写下了著名诗句“长风破浪会有时，直挂云帆济沧海”，我相信，只要我们坚定正确的航向，太极文化的这个中国巨轮必将乘风破浪，不断驶向和平与繁荣的光明彼岸！

（吴阿敏 2017.8 泰山）

太极因女性而美丽

——在三亚南山世界太极文化节圆桌会议上的发言

2017 年 9 月，三亚，最美丽的南海之滨。三亚南山第二届世界太极文化节。这是吴阿敏老师第二次来到这里参加大型太极活动。第一次是在 2001 年参加首届世界太极拳健康大会。

时空跨越整整十六年，再来三亚，已在海外推广太极多年的吴阿敏老师对太极的国际化发展深有感触，先后在第二届三亚南山世界太极文化节圆桌会议和名家见面会上表达了长期以来的“太极心声”。

下面，是吴阿敏老师在世界太极文化节圆桌会议上的发言。

大家好。非常荣幸有这个机会跟各位专家、学者交流一下我多年来对太极拳的思索和体会。

在座的诸位，有不少是我的前辈也是曾经的师长，他们教会我很多技艺，我一直非常感激他们。

今天，我主要想说一下女性在太极拳中的优势以及女性如何习练太极拳？

在这里为什么要特别强调女性在太极拳中的优势呢？

太极者，阴阳平衡。然而，纵观古今，自古习武者，女性偏少，在长达几千年的封建社会中，男尊女卑，男性占据统治地位。历史上，女性的地位比较低下。作为武术中的一个拳种，太极拳的女性习练者就更少了。

古代确有女性习武者，例如开元盛世公孙大娘的剑术就非常有名，而且流传千古。书法家张旭、诗圣杜甫、画圣吴道子都曾观赏公孙大娘舞剑，而且多有作品为证。在南宋时期，有个抗金女将叫杨妙真，自创杨家梨花枪出神入化，后世名将戚继光、俞大猷对她的杨家枪法大加赞扬，并记入书中配以图文。

然而，这些只是个例。不能代表普遍现象。大家都知道，古代女性多数情况下是地位不平等的。封建礼教中，家庭有教养的女子一般不能抛头露面，所谓大家闺秀大门不迈二门不出。试想在这种情况下，女性如何练武？女性如何与男性平等比试武艺？

所幸，社会在发展，时代在进步。在众多女性武术家的影响下，太极界发生了可喜的变化。许多近现代女性都成了杰出的代表，对带动世界女性习练太极拳起到重要推动作用。例如，吴英华就是响当当的吴式太极拳代表人物。孙剑云、孙婉容也是孙式太极拳的重要代表人物。太极拳的世界，需要巾帼女子。女性能够顶起半边天。

在 21 世纪的今天，女性的健康无比重要。而要重视女性健康，一个很重要的途径就是习练太极拳这种柔和圆滑、刚柔并济的运动。其实，在太极拳运动和推广活动中，女性也具有得天独厚的优势，比如太极强调“以柔克刚”，女性更适合展现这种武术风格。国际贸易理论中有一种叫“禀赋理论”，我们女性，也有自己的良好禀赋。

那么女性，应该如何发挥自己的优势呢？

首先，应该端正思想。现在，越来越多的女性，开始重视自己的健康，学练太极拳的女性越来越多，这是非常好的现象。但是，她们受到许多旧思想的影响，具体来说，比如觉得力量劲道方面不如男性等。其实，女性的耐性、柔韧性和持久性都比男性要好很多。在学练太极拳方面，女性的优势简直是太多了。我们女性应该树立自信心，首先要有文化自信。

第二，女性具有伟大的母性，爱心更加无微不至，性格也多温良谦恭。相比之下，不易冲动，不太喜欢争强好胜，心情更容易静下来。不管是西方女性还是东方女性，在性别上似乎可以更好地发挥和体现万物和谐的包容精神。

第三，根据自身条件和喜好，选择适合自己的拳种和风格。每个人的条件不同，

需求也千差万别。比如，有人柔韧性很好，适合表演极柔之美；有人需要治疗慢性病、改善心血管状况；还有人需要改善关节、预防关节炎，等等。

最后，选定方向，持之以恒。虽然女性总体来讲比较有韧性，但是毕竟世界上的选择非常多元化，新事物也层出不穷，有很多女性选择去练习瑜伽、冥想、广场舞、绘画等。太极拳确实可以健身治病，但三天打鱼两天晒网，是没有效果的。许多慢性病，需要慢治。太极拳的很多功效，是需要持之以恒才能显现的。

太极因女性而美丽，女性因太极而幸福。没有女性的太极，是不完整的太极。

在当今物质与文化极大丰富的新时代，喜爱太极拳的女性不但可以和男性太极拳爱好者等量齐观，甚至在不少地区人数已经超过了男性。在这种情景下，女性太极拳教练也就显得更加重要和不可替代了。因此，国家和太极界应该更加重视培养和发展优秀的女性太极拳教练和女性太极拳家。

女性在太极拳中具有独特优势。相信，随着时代的发展和社会的进步，女性在太极拳大发展中的地位和作用会大幅提高。

（吴阿敏 2017.9 三亚南山）

发挥极致优势，成就太极新境界

——在世界太极文化节名家见面会上的发言

名家陈述环节

大家好！《诗经》云:所谓伊人，在水一方。三亚，最美丽的南海之滨。

这是我第二次来三亚参加大型太极活动。上一次是在 2001 年参加首届世界太极拳健康大会。时间隔了整整十六年，再来三亚，深有感触，海南三亚建设得越来越漂亮了。太极拳在三亚的发展真是得天独厚，蜚声海内外。

今天，能够和各位专家老师一起与广大太极拳友们零距离面对面交流，真是很幸运。我昨天在第二届三亚南山世界太极文化节圆桌会议上分享了一些见解，也是我多年在海外推广太极的部分心得和体会。在这里，我主要想谈一下我们太极人如何将太极优势发挥到极致？

在国际经典理论中有“比较优势”与“禀赋理论”的说法。那么我们太极拳，作为优秀的中华传统文化，不但有自己的独特优势，有优秀的先天基因，而且在国际上具有无与伦比的太极优势，我们可以叫做“极致优势”。我们的太极文化产业虽然这几年发展很快，但是仍然十分需要高层次的优秀人才。如果我们“海纳百川”，不拘一格用人才，“各显神通”发挥每人才华到极致，那么才算把太极拳的“极致优势”发挥了出来。只有这样才能将中华太极传统发扬光大，才真正能够抓住机遇，实现源远流长。

太极与瑜伽等运动相比，其实也有很多内在优势，只不过目前还没有完全发挥出来。太极拳，在西方特别是美国被称为“运动中冥想(Meditation in Motion)”，是“动中取静”。太极拳主要是动中取静，它的蓄劲、发劲、招式套路、修炼功法，十分多元化和多样化，让人学习起来，觉得奥妙无穷，妙趣横生。

比较之下，瑜伽则主要是静态的运动多一些，与太极的基本内功有相似之处。有些学过瑜伽的人，后来一学太极拳，就发现太极拳其实很有趣味。当然，瑜伽的商业包装和运营模式远比太极要成熟完善，这在国内也可以感觉到。受众很大，甚至被

不少人认为是高档次健身的项目。这是我们需要学习和借鉴瑜伽的地方。

我们的太极拳要发展，要壮大，要走向世界，需要认真向许多别的世界性体育和健身项目学习很多东西。

发挥出我们太极的"极致优势"，我们才有可能到达太极的"新境界"。

观众互动环节

观众提问：我们很多人都是吴阿敏老师的粉丝。我想向吴阿敏老师提两个问题。一个问题是，如何选择太极拳的种类？因为太极拳的门派和种类越来越多，越来越丰富。第二个问题是，个人在习练太极拳的过程中如何发挥"极致优势"？

阿敏老师：首先谢谢大家的厚爱。关于第一个问题，我想在座的许多专家都很有发言权。我个人觉得在选择太极拳的种类上，应该结合自身的特点、需要和条件，太极拳各门各派种类很多，无所谓优劣好坏，适合自己的就是最好的。一般来讲，中老年打杨式和吴式的比较多。但是，条件好的中老年人也有不少陈式太极拳打得挺好。在国外有一种说法，陈式太极拳全方位提高体能，杨式太极拳整体改善健康状况，吴式太极拳对缓解腰背疼痛和对中老年人防止跌倒有显著作用，孙式太极拳对于改善和预防关节炎有其独到的好处。最后还是一句话，一定要结合自己的情况，最好在老师的指导下，找到最适合自己的太极拳。值得一生托付的太极拳，才是好的太极拳。

第二个问题，关于个人如何发挥优势。我认为个人在太极拳上的发展，无论是自身修炼还是传播推广都应尽可能发挥自身优势，而且要将优势发挥到“极致”。比如，擅长技击的就大力发挥其技击功能，擅长养生的就全力注重太极的养生效果，擅长表演的就尽力展示其舞台美感等，不一而足。但是，前提是，先要学规矩，合规矩，然后才能脱规矩、合规律。太极拳本身也应多元化发展，有容乃大，大乃可观。

观众提问：许多著名的太极拳老师都住在国外。这是一个很现实的问题。作为吴阿敏老师的粉丝，我想向吴阿敏老师提一个问题，就是国内的学员如何才能更好地向国外的老师学习太极拳？

阿敏老师：这确实是一个很重要也很现实的问题。不过，如今科技发展非常快，网络时代信息交流比以前方便多了。互联网让全世界联系得更加紧密了，有个名词叫“地球村”，就是说全世界就像一个村庄一样。今天的网络教学课堂越来越普及，据我所知，世界太极拳网已在全面开发、构建网络太极课堂，不久将实现在线教学，意味着我们这些远在海外的太极人和国内甚至世界上其他地区的太极爱好者们一起交流技艺将不再困难，将不再受到时间和地域的限制。让我们拭目以待。

观众提问：阿敏老师，能不能现场为我们打一段太极拳？我们期待很久了。

在回答完拳友的提问之后，阿敏老师应粉丝们的热烈邀请为大家展示了一段精彩的太极拳，呈现了独特的太极神韵。

（2017.9 三亚南山）

吴阿敏／太极精华

吴阿敏太极扇

太极扇的作用

太极扇是太极器械的一种，是在太极拳的基础上结合扇术基本方法创编而成的具有独特风格的武术健身项目。它的作用主要体现在以下几点：实用性、健身性、观赏性和趣味性。

太极扇非常实用。扇子本身是我们生活中常用的一件物品，随时可见，随处可取，把它用作武术太极运动中的一种器械则更为实用。酷热的夏天，练功休息之时可以把扇打开用来解暑纳凉，遇到意外可以随时拿出扇来保护自己。更重要的是对提高太极拳的功力和水平大有帮助，通过练习太极扇能进一步提高周身的协调性，使手、眼、身、法、步的全面配合得以提升，对学练任何其他太极拳、械都有辅助作用。

太极扇具有很强的健身性。当我们练习时全身的肌肉群和关节都要参与活动，并且需要全神贯注，加以呼吸的配合。这样可以舒解精神压力，使心情愉悦，让全身各系统机能整体得到改善，尤其是平衡性、柔韧性、肌肉力量和对美感的表现力都能得到明显的提升。

太极扇的观赏性和趣味性也是众所周知的。这么一项动静结合、刚柔并举，细腻委婉、连绵不断的运动，充满着飘逸潇洒的美感与武术运动的阳刚威仪。手持开合随意的扇子，演练变化多端的动作。扇的开合之间鼓荡的扇声时而浑厚，时而清脆。扇开时如蝶，展现缤纷多彩之美；扇合则如棒，可见力劈华山之势。这种流动的美具有着独特的魅力，是武术与艺术的完美结合与表现。而且太极扇不仅可以个人习练也适合集体演练，当众多人齐练时气势宏大，整齐划一，更能增添趣味，陶冶情操，对于习练者和观赏者来说都是极大的享受。

太极扇的特点

太极扇融合了太极拳与扇术及其他武术的技法，刚柔并济、可守可攻，适合男女老少。扇子本身便于携带不占空间，套路也短小精悍，无需大面积场地。但内容非常丰富，扇技细腻缠绵，编排严密紧凑，习练起来妙趣横生。吴阿敏太极扇的另外一个特别之处是全套共三十六式，分为四段，每段九式；其中每一段，也就是每一个九式都可以作为一个独立小套单独练习，也可与另外三段连贯相接完整练习。在套路编排上主要选取了陈杨吴孙各式太极拳械中的重点动作，再与扇器巧妙的攻防用法有机结合起来编排而成，布局合理，动作简单易学，攻防用法突出；具有以意导扇、扇身合一、扇势优美、圆转旋翻等特点。而且在编创过程中得到了八卦掌名师赵大元老师的指导，融入赵老师所传授的技术，吸取昆仑扇的巧妙扇法，突出了八卦扇技的阴阳开合与左右交替；展现太极拳轻柔缓慢、动静相间的运动风格，使得演练上刚柔相长，攻防上长短互变，是八卦与太极的完美结合。这套太极扇延续太极运动特殊规律并强调每招每式扇法的运用，表现出巧妙扇技和太极的怡人意境，练习起来左右逢源、上下协调，轻松稳健、宁静祥和。经常习练对增长练习兴趣和了解武术广博内容会有较大帮助。

学练太极扇的注意事项

首先我们要了解扇子的种类，按照材质来看最常见的太极扇有三种：金属扇、竹木扇和塑料扇。金属扇的扇骨和扇把是用不锈钢，扇面是以绸布制成的。这种扇偏重，击打力度较大，开扇声音浑厚，不适合初学者和年长手腕臂力较弱者使用。最为普及的一种是竹木扇，以竹木作为扇骨和扇把的太极扇重量适度，韧度有佳，耐用度高，最适合大众选用。塑料扇的扇骨和扇把部分由塑料所制，重量较轻，不怕阴湿寒潮处存放，较适合需要短期替代时使用。

虽然太极扇是极受大众喜爱的太极运动项目，但是我建议大家要先学一段时间太极拳，把基本功掌握好以后才学太极扇，这样会比较得心应手。而且一定要由一至四段的顺序来学。这个套路是按照先易后难来编的，第一段学起来最简单轻松，接下来二、三、四段动作的幅度和难度会稍稍增大，扇法上开始用到左手，左右互换变化多端，内容会逐步丰富起来。所以一定要耐心，制订一个计划，每次学几个动作，掌握好了再继续，不能急于求成。

太极扇基本功练习

首先要从太极拳的基本功练起，正确掌握所有步型步法（包括弓步、马步、仆步、虚步、歇步、丁步、并步、上步、撤步、点步、叉步、独立步等）和手法身法。经常站桩，能够做到中正安舒、气定神敛。运转起来下肢轻灵稳健，上肢放松自然，能够左右配合、上下协调。基本扇法可以单独提出来练习。比如开扇、合扇、劈扇、挑扇、切扇、摆扇、云扇、转扇、穿扇、挂扇、推扇、架扇、左右手之间的互换等，都要作为基本功常常练习，从而运用到太极扇套路当中。根据个人情况也可增加一些柔韧性练习，压腿、踢腿、压肩、抡臂、转腰等都是基本功练习的一部分，但是要因人而异，循序渐进，不能过度撑拉或者过量练习。

折叠往复，动静玄机

太极扇套路动作名称

第一段

预备势

起势

01　白鹤亮翅

02　力劈华山

03　立马扬鞭

04　灵猫捕鼠

05　大鹏展翅

06　拨云见日

07　苏秦背剑

08　偷步撩阴

09　云燕归巢

第二段

01　顶天立地

02　霸王举旗

03　鱼跃龙门

04　妙手摘星

05　推窗望月

06　白猿献果

07　野马分鬃

08　风摆荷叶

09　落叶归根

第三段

01　坐马观花

02　声东击西

03　苏海韩潮

04　彤云出袖

05　饿虎攒羊

06　定海神针

07　蛟龙卧潭

08　风虎云龙

09　南山献瑞

第四段

01　躬请瑶池

02　鬼王拨扇

03　飞龙在天

04　峰回路转

05　判官摔笔

06　玉龙吐珠

07　童子拜佛

08　天地垂帘

09　旋收天门

收势

太极扇动作图解

第一段

预备势

并步持扇

面向正南，两脚并拢，身体正直，自然站立，左手握住扇首，扇根朝下，手心向内，右臂自然垂于身体右侧，手心向内，目光平视前方。（图1）

要点

周身放松，虚领顶颈，面容端正，意念专注，呼吸自然。

（图1）

起势

step 1 开步持扇

身法不变，重心右移，提起左脚向左侧横开一步，与肩同宽，两臂微内旋，手心向后，目视前方。（图2）

（图2）

step 2 屈蹲接扇

屈膝半蹲，两臂微上举，腹前接扇，右手接握扇根，两手心向下，目视前下方。（图3）

（图3）

01

白鹤亮翅

（图 4）

step 1 收脚抱扇

身体微右转，左手松扇，屈肘抱于胸前；右手持扇，微向右向下划弧收于腹前，两手心上下相对，右脚收提于左脚内侧，目视前方。（图 4）

step 2 撤步分手

右脚后撤一步，重心后移，右手持扇向上向右划弧分手，身体微右转，左掌摆至右胸前，目视右前方。（图 5）

（图 5）

step 3 虚步开扇

身体转正，左脚前点成虚步，右手抖腕侧立开扇，左掌经腹前划弧摆至左胯旁，目视前方。（图 6）

（图 6）

要点

抱扇时两臂抱圆，虚步与开扇要同时完成，扇柄上下竖直，扇沿向内，扇面与身体平行。整式姿态端庄挺拔，臂膀的划弧分摆要如同仙鹤展亮翅膀般轻松柔美，舒展大方。

02 力劈华山

step 1 撤脚合扇

左脚回撤横向开步，重心在右腿，右手合扇右斜上举，左手摆至右肘下方，目视扇子。（图 7）

（图 7）

step 2 虚步击扇

重心微左移，右脚内扣，然后左脚外摆，同时两手经体前划弧立圆运摆；身体左转，右脚前点成虚步，右手持扇下击，左手上架，目视扇子。（图 8、图 9）

（图 8）

（图 9）

step 3 收脚举扇

右脚收回左脚内侧，右手持扇上举至头上，左手收于左腰间，目随扇子。（图 10）

（图 10）

step 4 仆步穿扇

右脚后撤，左腿屈蹲成仆步，右手持扇向后穿扇，力达扇首，左臂打开，目视扇首。（图 11）

（图 11）

（图 12）

step 5 转体举扇

向右后转体 180 度，左脚扣步，重心上起，右手持扇上举至头顶，左掌收于右肩前。（图 12）

要点

合扇要紧，摆扇下击和摆脚上步要协调，以腰带臂。仆步穿扇，手心向后，手臂旋拧。下劈倒立开扇，要有力劈华山之势，力点准确，弓步要稳；扇柄水平，腕与扇平；左臂上架时不要抬肩，手臂也不能过于僵直。

step 6 弓步劈扇

右脚迈步重心前移成弓步，右手由上向前下劈开扇，左手划弧上架，力达扇沿，目视前方。（图 13）

（图 13）

03 立马扬鞭

step 1 转体挂扇

向左转体 45 度，右脚内扣重心移至左腿，右手持扇下落前挂，左手合至右肩。（图 14）

（图 14）

（图 15）

step 2 提膝举扇

重心后移，右腿支撑独立，左腿提膝，右臂向上挑扇举起，左手推掌，胸向右斜前 45 度方向，扇沿向前，扇柄竖直，目视左掌前方。（图 15）

要点

独立站稳，脚趾抓地，提膝腿小腿微内扣，不可外展，挂扇上挑时，力达扇柄。此独立势要有威风凛凛、高瞻远瞩之意，气势庞大，稳健而自信。

灵猫捕鼠 04

step 1 上步翻扇

左脚落步，双手外旋下落，右手再向右向外翻扇收提至右侧胸前，同时，右脚继续斜前上步，左手合于右腕处。（图 16、图 17）

（图 16）

（图 17）

step 2 歇步刺扇

左脚后插，屈膝下蹲成歇步，双手合力斜下刺扇，力达扇沿，目视前下方。（图 18）

（图 18）

要点

上步翻压，云扇、刺扇方位斜前，身法前倾，扇面斜置。可轻微跳步，表现轻灵之意，好像灵猫捕鼠那样准确无误，易如反掌。

05 大鹏展翅

step 1 转体穿扇

重心上起，以左脚掌为轴向左后转体，起势朝南，转向西南角，右手穿扇合于左臂下方，两臂撑圆，扇沿向内，扇面端平。（图 19）

（图 19）

step 2 展臂合扇

身体转正（朝西），两臂平展，右手抖腕合扇，左手心向上，同时右脚前点成虚步，目视前方。（图 20）

（图 20）

要点

一合一开，收放自如，虚实相间；合扇要紧，力达扇柄；定势动作含胸溜臂，沉肩立颈，两臂呈弧线打开，如同大鹏展翅般豪放舒展。

06 拨云见日

step 1 撤步格扇

右脚后撤半步，微躬身前俯，右手持扇前合，格于体前，左手轻扶扇柄。（图 21）

（图 21）

step 2 仰面推扇

前脚轻提活步，抬头仰面，向上推扇外拨。（图 22）

（图 22）

step 3 歇步开扇

左脚前落外摆成歇步，右手持扇向后划弧，再向前正立开扇，扇沿向上，扇柄前后端平，左手收于右肩下，目视前方。（图 23）

（图 23）

要点

格推时，意识放远，划弧外拨，歇步下蹲要轻巧，动作犹如拨开乌云又见红日，略有欣喜之感。身法的前俯和后仰配合不可过度，开扇要脆，将扇端平，肘部微屈。

07 苏秦背剑

step 1 马步平摆

重心上起右后转体，两脚辗转，右脚轻提落成马步（胸向正前），同时，两臂平展，右手摆扇，扇面向上，扇沿向前，左掌平摆手心向上，目视扇子。（图24）

（图24）

step 2 转腰抡扇

重心微右移，右手持扇向右后平抡，再左移经左侧抡至体前，抡扇时左手收于右肩内侧，从左侧抡回体前成马步时左手合于右腕。（图25）

（图25）

step 3 点步背扇

起身直立，右脚前点成高点步，两手经体侧划弧收于体后背扇，扇面向后，扇沿向上，目视前方。（图26、图27）

（图26）

（图27 附图：背面）

要点

转体摆扇，以脚掌为轴碾动，身体为轴，扇走外弧，抡扇时尽量伸展腰腹和肩臂，重心左右移动不可上起，定势背扇要把扇子背在体后，不可外露。提顶立身，高起挺拔，但不能挺胸塌腰。

08 偷步撩阴

step 1 弓步合扇

右脚横向迈步，移重心成右弓步，右手持扇经体前划弧，顺弓步方向合扇前击，左手经体侧打开后划弧，收于右臂内侧，目视前方。（图 28）

（图 28）

要点

开扇要脆，收扇要紧，一开即收要有撩击之力，力达扇柄；左手的划弧摆掌要起到引导的作用。偷步就是倒叉步的意思，叉步要拧身转体，后胯松沉，不可突臀，左脚跟要离地。

step 2 叉步开合

左手打开向左划弧收于左侧腰间，右臂上举，同时微扣右脚；左脚向后叉步，右手经下向后开扇即合，左手穿掌上架，目随扇走。（图 29、图 30）

（图 29）

（图 30）

09 云燕归巢

step 1 转身缠头

右脚内扣向左后转体，左脚收点成丁步；右手握扇，扇柄沿头部左侧向后缠绕，扇首向下，左手下落收于右肩前，目视左侧。（图 31、图 32）

（图 31）

（图 32 附图：背面）

step 2 搂手开扇

左脚斜前迈出成弓步，胸向西北，左手向外划弧搂出成勾手至体后，勾尖向上，同时右手向前平摆开扇，扇柄前后，扇沿向左，目视前方。（图 33）

step 3 提膝下击

左掌划弧右摆，同时，内扣左脚，向右后转体；提起右腿转向右前（西南方向），右手伸腕合扇下击，力达扇柄，左臂打开置于斜后，目视斜前下方。（图 34、图 35）

（图 33）

（图 34）

（图 35）

step 4 弓步裹脑

右脚斜前落成弓步（朝西南方向），右手持扇手臂外旋，沿右肩经头后向前缠裹，扇首斜向下，左手收于右肩，目视左前下方。（图36）

（图36）

要点

缠扇、裹扇取自刀法，扇要纵握合紧，运转贴身，力达扇柄，平圆开扇要端平有力；整个动作，平圆立圆纵横交错，犹如云燕飞回到巢前盘旋之后飞回巢内的场景。做到上下协调，步法转扣清晰，方位要明确，注意重心的转换和周身的配合。

段落小结

第一段中的前三式动作轻柔缓慢，动静相间，主要表现三种不同扇法：侧立开扇、下劈倒立开扇和上挑举扇。初学要遵循太极拳身法、步法的要求，同时认真掌握扇法技术。

四到六式动作轻灵巧妙、意境优美、刚柔相济、扇势多变。练习时身法意识表现要充分，做到收放自如，开合相间，力点清晰，方法明确；熟练之后可略加节奏的处理。

第三个组合进入高潮，大幅度的转体要注重方位的把握；脚下步法的拧转一定要干净、准确，注意重心的转换和平衡的把握。整个第一段动作轻盈洒脱、典雅古朴，练习下来周身轻松，精神焕发。

01 顶天立地

第二段

step 1 虚步刺扇

接上势，右手持扇，双手向外划弧收于腹前，再向前平刺扇，左手在下托捧右手，力在扇首，同时上左步，脚跟落地成虚步，重心在右，胸向正前，目视前方。（图 37）

（图 37）

step 2 屈蹲压扇

身体微右转，两臂外旋向后绕摆，经上方向前下压扇按掌，同时右脚跟进，并步半蹲，双手按于身体两侧，力在扇柄和掌心。（图 38）

（图 38）

step 3 起身撑按

重心上起，左掌经体前上托后翻掌上撑于头顶，手心向上；右臂舒伸将扇柄继续向下按压，目视前方。（图 39）

（图 39）

要点

双手刺扇时，握扇要紧，力在扇首，展臂抡扇，两肩松活，目随扇走，蹲步和起身时上体中正竖直，不可弓腰突臀。定势动作上撑下压，要有向上无限高和向下无限深的劲力，表现顶天立地之感，通过这种上顶下踩也可对称阴阳互助，舒展筋骨。

02 霸王举旗

step 1 虚步下击

重心微落，右手沿体侧向上，划弧摆举后经体前，向右斜下击扇，同时，左掌下落收于右臂内侧，左腿屈膝，右脚侧移前点成虚步，力达扇柄前端，目随扇走。（图 40）

（图 40）

要点

以意领动，旋臂运摆，斜下击扇与膝同高，眼随手动，周身相随。此势象形取意，侧立开扇高高上举，要有手举旗帜英姿飒爽的自信。扇面要平不可歪斜，也不要遮挡住头部和面部。

step 2 歇步亮扇

身体左转，右手合扇经面前向左云摆，左手经腹前向左划弧摆掌，同时右脚微内扣活步；重心右移，左脚向后插步屈蹲成歇步，右手向右打开上举抖腕亮扇，扇沿向左，扇柄上下竖直，左手收于右肩前，目视左侧。（图 41、图 42）

（图 41）

（图 42）

03 鱼跃龙门

（图 43）

step 1 起身收扇

重心微上起，右后转体，伸腕收扇，回头看扇，左手不变。（图 43）

step 2 震脚摆臂

右手持扇下落于体前，两臂交叉，前后打开立圆摆臂，左脚前迈一步，随即右脚跟进在左脚后方，踩踏震脚，左脚再迈开一步，脚跟落地。（图 44、图 45）

（图 44）

（图 45）

step 3 踢腿撩扇

重心继续前移，左腿支撑，右脚前踢，右手持扇由下向前上撩起，左手合于右臂内侧，身体微后仰。（图 46）

（图 46）

要点

扇法、步法、腿法、身法、眼法要整体化一，摆臂撩扇时立圆摆动，上步震脚要轻灵稳健，蹬脚力在脚跟，不必过高，身体可以微微后仰。仆步定势时高低和步幅因人而异，上体正直，开扇要脆，力达扇沿。这个动作步法轻快，跟步震脚和换步时的小节奏配合扇臂摆动的立圆轨迹，好似鲤鱼腾跃龙门之景。此势经典实用，妙趣横生，对提高柔韧、平衡、力量和协调性等身体素质都有明显效用。

step 4 仆步切扇

收腿轻跳落脚成左仆步，右手开扇下切，扇沿向下，左手合于右腕，目视扇沿。（图 47）

（图 47）

04 妙手摘星

step 1 弓步换手

重心微上起右移成弓步，左手翻转合压扇柄将扇合拢，握住扇根准备换手接扇，两手心相对。（图 48）

（图 48）

step 2 歇步开扇

左手握扇微内旋抖腕，扇面由右向左下划弧打开，同时右脚向斜后插步屈蹲，右手收于腰间，成歇步左手开扇，目视扇子（朝东北方向）。（图 49）

（图 49）

step 3 仰身合扇

重心上起，双腿交叉，微仰身侧倾，左臂外旋翻腕，朝左斜上方合扇上击，右手不变，目视扇子。（图 50）

（图 50）

step 4 弓步抹扇

右脚支撑，轻提左脚向前落步，脚跟着地，同时左手持扇翻腕云压；重心前移成弓步，左手持扇在体前划弧平抹，右手向前合于左腕，目视前方。（图 51、图 52）

（图 51）

（图 52）

要点

左手接扇要自然顺达，合压和开扇走上、下弧线，力达扇柄，仰身反击和弓步抹扇要注意身法、腰颈的配合，左手控制扇子，力在扇柄，周身一气。从斜上方弧线划落之势比若仙人从夜空巧摘明星，表现出流畅巧妙的扇法和身法。

05 推窗望月

step 1 合抱换手

身体右转，重心右移，收点左脚成丁步，左手抱扇，右手相接握住扇根，两手心向内，抱于胸前。（图 53）

（图 53）

step 2 搂膝推扇

左脚开步，身体左转成弓步，同时，左掌向前划弧搂至膝外，右手持扇前推，扇柄朝前，扇首向上，目视前方。（图 54）

（图 54）

step 3 收脚前指

重心后移，左脚收点，右腕舒伸将扇前指，扇首朝前，左手收至右臂下方。（图 55）

（图 55）

step 4 推掌拉扇

左脚开步微扣脚右转成马步，同时，右手拇指、食指捏住扇柄，松开其余三指，并屈膝拉扇，左手向左斜前立掌前推，目视左掌。（图 56）

（图 56）

要点

抱扇换手，两臂抱圆。这里突出两个推字，一个是推扇，推扇时扇要竖直，力达扇柄；另一个是推掌，左手推掌，右手持扇拉开，要有推窗望月的意境。定势动作立身中正，沉肩垂肘，扇沿向左，扇柄上下垂直。

06 白猿献果

step 1 合手切扇

重心压向左腿，左脚尖内扣微向右转体，同时，双手腹前相合成虚步切扇。（图 57）

（图 57）

step 2 收扇前击

右脚迈出前移成弓步，右臂外旋伸腕合扇前击，力达扇柄，左手收于右肘下方。（图 58）

（图 58）

step 3 撤步摆臂

左掌前推，右臂下落后摆，随后，右脚后撤一步，两臂继续右前左后平圆划弧摆动。（图 59、图 60）

（图 59）

（图 60）

要点

切扇、收扇、推掌、摆臂的过渡动作要交代清楚，方法准确，整个动作掌法、扇法、拳法交替出现，退中有进，阴中有阳；定势时，提顶含胸，意在拳面，背向后倚。这一动作扇藏体侧，单手进捶仿佛机敏猿猴伸手献果之势。

step 4 藏扇进捶

重心继续后移，左脚跟落地成虚步，右手向后抽扇藏于体后，左手握拳经腰间向前冲出，拳心向上，力达拳面，目视前方。（图 61）

（图 61）

07 野马分鬃

step 1 收脚抱球

前脚外摆，重心前移，右脚收于左脚内侧；身体微左转，右手持扇前合，两臂抱于体前，手心相对成抱球状。（图 62）

step 2 弓步削扇

右脚迈出成弓步，右手持扇向前划弧分手削扇，膀与肩平，左手落于左胯旁，目视扇子。（图 63）

（图 62）

（图 63）

要点

抱球两臂撑圆，不可夹肘，欲右先左，转腰蹬腿劲力节节贯穿，削扇力达扇柄前段，松肩沉肘。此势来源于太极拳的野马分鬃，左掌的下採和右手持扇向右前上方削击要形成一种分裂之劲。

风摆荷叶 08

step 1 独立开扇

右脚微内扣向左转体，右扇下落左摆，左手收于右肩前；然后，右手经左向上摆臂至右侧倒立开扇，扇沿向下，同时重心右移独立支撑，左腿后撩屈膝收腿，左掌架于头上，目视右侧前方。（图 64、图 65）

（图 64）

（图 65）

step 2 转身平摆

左掌下落至右肩前，左脚后叉落地，右脚内扣，左后转体，右臂微内旋将扇面平置，随转体摆臂至体前。（图 66、图 67）

（图 66）

（图 67）

step 3 仰面云扇

重心微后移仰面，前脚外撇，右手旋腕云扇，左手微打开再合于体前，扇沿向前。（图 68）

（图 68）

step 4 弓步平刺

右脚前迈成弓步，右手托扇向前平刺，扇面端平，腕与胸高，左掌横向收于右臂下面，目视前方。（图 69）

（图 69）

要点

独立开扇时拧身立转保持平衡，开扇要脆，力达扇沿，转体时右脚内扣，左脚辗转交代清楚，云扇手腕旋转，持扇松活，平扇刺出与弓步一致，力在扇沿，扇面要平。此势把大幅度的转体和扇的云摆比喻成美丽的荷叶在随风摆动，但是我们脚下的跟仍然要稳，上肢动作要舒展流畅。

09 落叶归根

step 1 收扇前刺

重心后坐，扬脚尖，右手持扇回收同时，左手前伸轻抚扇柄助力合扇；右手合扇再经腰间向前平刺，左掌回收至肩前。（图 70、图 71）

（图 70）

（图 71）

step 2 歇步开扇

右手微上举经面前划弧至右前下方斜击开扇，同时，重心前移，左脚外摆斜前上步，两腿交叉屈蹲成歇步，左臂划弧上架于头上，胸向西南 30 度角。（图 72）

（图 72）

step 3 合扇圈旋

步法身型不变，右手外旋翻腕合扇；再内旋手臂以扇首向下圈扇，扇柄竖直，手心向后，目视扇子。（图 73、图 74）

（图 73）

（图 74）

要点

后坐收扇时，左手助力要自然，两手一前一后，协调顺达，合扇要紧，弓步刺扇力达扇首。歇步开扇要脆，一次打开；扇沿斜向前，摆脚上步有踩踏之意，这个低势盘蹲的动作的意识是在斜下方，力点达到扇沿，合扇圈旋握扇要紧，舒臂活腕，扇首有向地下钻拧入土归根之意。

段落小结

本段的第一式顶天立地，动作上撑下压、阴阳对称，能够舒展筋骨、调理气血；霸王举旗讲求周身相随，以意领动，表现英雄盎然的威武形象；鱼跃龙门的腿法、扇法、身法、手法整体划一，有助培养协调性。第二组动作四至六式基本由吴式太极剑和吴式太极拳演变而来，出现了左手扇法，动作新颖、扇势多变。练习时注意左右手的衔接转换要自然顺达，开扇力达扇沿，合扇意注扇柄。接下来野马分鬃取自杨式的拳势，拧腰蹬腿力在扇柄；风摆荷叶大幅度转体，动作轻柔，扇法突出；最后一势收扇旋钻，犹如落叶飘零，归入根土之中，对应了《道德经》的“万物芸芸，各归其根”之说。

01 坐马观花

第三段

step 1 半蹲横扇

接上式，右脚侧移，两脚平行与肩宽，屈膝半蹲，右手屈腕横扇置腹前，左手轻扶扇首。（图 75）

（图 75）

step 2 收脚抱球

重心左移收提右脚，右手翻转抱扇于腹前，两手心相对呈抱球状。（图 76）

（图 76）

（图 77）

step 3 擦步击扇

右脚横擦出步，重心微右移，左手下落至胯旁，右手划弧向右斜前击扇。（图 77）

step 4 马步开扇

重心回坐成马步，同时抖腕开扇，上架左掌，扇面斜向对着右肩，扇沿向上，目视扇子。（图 78）

（图 78）

要点

抱扇时两臂撑圆，松肩垂肘，腋下虚空；擦步以脚跟内侧着地；马步定势提顶立腰，神气外放，膝关节不可内扣或外展，要四平八稳好象端坐于马背之上，身体轻灵微转、气定神闭，扇子一打即开，犹如鲜花绽放。

声东击西 02

step 1 右移合扇

重心右移，伸腕合扇，扇首指向右前，左手下落合于右臂。（图 79）

（图 79）

step 2 扣转拦接

身体左转，右脚内扣，右扇经右向左横向拦截，左手接握扇柄上端，左脚收回点至右脚内侧。（图 80）

step 3 弓步开扇

左手握住扇柄上部的前端，抖腕平开扇，扇面向上，扇沿向右，同时，左脚前迈成弓步，右掌侧撑，目视扇子。（图 81）

（图 80）

（图 81）

要点

两手交接要顺达巧妙，手不离扇，扣转圈收时有拦截之意，开扇放长击远，表现出开合相间、左右逢源的扇技特点。“声东击西”一词出自《孙子兵法》，意指虚张声势于此，实则集中精力于彼，采用出奇制胜的计策战胜敌人。用于此处来表现太极扇指东打西的精妙战术和长短互变的招法特点。

03 苏海韩潮

step 1 上步接扇

左脚外撇，左臂外旋立扇，右脚上步，右手经腰间前穿接扇，握住扇根。（图 82、图 83）

（图 82）

（图 83）

step 2 仆步穿扇

重心左移收右脚，两臂经头上划弧左摆，左手穿掌，右手内旋向后穿扇，右脚横开成右仆步，回头看扇，扇沿向上。（图 84、图 85）

要点

仆步全蹲要松胯立腰，脚下摆扣清晰准确，独立时脚趾抓地保持平衡，反手穿扇，力在扇柄前端，压扇要力达扇面，整个动作高低起伏，舒展灵活，仿佛大海波澜，汹涌澎湃。

（图 84）

（图 85）

step 3 提膝压扇

重心右移碾脚，左脚上步内扣，提起右膝成独立，右手外翻经头顶向下压扇至右膝前，力达扇面，扇沿斜向下，左掌划弧架于头上，目视扇子。（图 86、图 87）

（图 86）

（图 87）

04 彤云出袖

step 1 落步合扇

右脚斜前落步，右手微内旋，将扇斜前伸出后，左手下落前伸轻扶扇柄下部将扇合收（图 88）

（图 88）

step 2 跟步滑把

重心前移，左脚跟进半步，同时右手心空出，松开扇根向前滑把，握住扇柄上部的前端，左手扶住扇柄下部，两手收于右侧腹前。（图 89）

要点

步法左右斜前行进，步幅稍宽不宜过长；滑把时，手不离扇，反手弹开扇要丹田运转，拧腰蹬腿，力在扇柄下部的前端，弹击之力，放长击远，表现折叠弹抖、收放自如的特点。攻防意识上这里是隐蔽的招式，扇子忽然从臂下弹开，好像一片红云从袖底翻转而出，招式凶猛犀利，使敌防不胜防。

（图 89）

（图 90）

step 3 反弹开扇

左脚斜前迈出成弓步，同时转腰蹬腿，右前臂内收屈腕弹抖反手开扇，右手捏握扇柄上部前端，扇沿经右后向前展开，扇沿向右，左手上架，目视扇子。（图 90）

05 饿虎攒羊

step 1 接扇翻转

右手持扇前伸，将扇沿转向正前，左手轻扶扇柄下部，重心微右坐，前脚尖扬起，随后重心前移，右脚收提，同时双手控制扇柄两端，将扇面由外向内翻转，扇沿向下，收于体前。（图 91、图 92）

（图 91）

（图 92）

step 2 弓步切扇

右脚斜前落地成弓步，双手持扇，以扇沿向斜前下方切出，胸向西北，力达扇沿。（图 93）

（图 93）

要点

整个动作注重扇子各部位不同的用意，卷压翻扇力在扇面，意在防守拦挡；斜下切刺力达扇沿；收扇外拨力在扇柄，拨挡化解；定势戳扇，力达扇根；整式动作较长，重心的移动和上下的配合要协调统一。可以想象饥饿的老虎向羊群猛扑过去的动作形态，因此动作要轻盈灵便，步步进逼。

step 3 卷收外拨

重心微后坐，双手持扇右臂回收，左臂前伸，两手相合收扇；左手松开变掌，右手滑握扇把；同时右脚收回半步支持重心，左脚轻提，右手外旋向外拨扇，力在扇柄，目随扇子。（图 94、图 95）

（图 94）

（图 95）

step 4 搂膝戳把

左脚前迈成弓步，左手向前划弧外搂至胯旁，右手以扇根向前戳出，扇首向后，力达扇根，目视前方。（图 96）

（图 96）

06 定海神针

step 1 十字合手

重心微后坐，两臂体前交叉后左右划弧分展；右脚收点成丁步，两臂向前十字合手。（图 97、图 98）

（图 97）

（图 98）

step 2 拍脚分扇

左腿支撑踢摆右脚，左手前伸击拍右脚面，同时，右臂向右侧平展分扇，目视前方。（图 99）

（图 99）

step 3 进步刺扇

右脚屈膝收回向前落步，随之两脚连续向前上步，右脚上第三步时，左脚随即跟至右脚后侧，两腿屈膝半蹲，重心偏于右腿，左脚跟离地，上步同时，双手经腰间向前刺扇合掌，扇首向前（西），与膝同高，左手合于右臂内侧，目视扇子。（图 100、图 101、图 102）

（图 100）

（图 101）

（图 102）

要点

拍脚时，左手经内侧划弧拌拍，脚面崩平；连续上步轻灵稳健，略有节奏，步幅不要过大。前下刺扇力达扇首，力点准确，如一枚神针深入海底。

07 蛟龙卧潭

step 1 开步摆扇

重心后移，右脚内扣身体左转；左脚横向开步脚跟落步，两臂在胸前交叉合手再左右划弧摆开；重心在右腿，胸向正南。（图 103、图 104）

（图 103）

（图 104）

step 2 歇步平开

右脚后插两腿屈膝成歇步，右手经右向左前平摆开扇，左手上架，向左拧身，胸向东南，扇面平置，扇沿朝东南，目视扇子。（图 105）

（图 105）

要点

全蹲拧身开扇要充分旋腰转背，动作舒展，扇沿向前打开要清脆，步法、扇法、手法同时完成，力在扇沿。整式动作深蹲而下如蛟龙盘卧潭底，非常形象，比喻以守代攻，蓄势待发的攻防含义。

08 风虎云龙

step 1 合扇转把

起身合扇，左脚内扣右后转体；右手心空出，手指捏握扇根平摆扇身，扇首由外向内平转半圆，收于胸前，左臂下落，胸向正北。（图 106）

（图 106）

step 2 弓步平开

右脚前迈成弓步，右手握住扇根抖腕将扇面由左至前打开，扇沿向左侧，扇柄前后和手臂平行，左掌撑于体侧，目视前方。（图 107）

要点

转把时，扇要在手中转动自如，旋于掌心，重在熟练；收转开合要小巧灵捷，表现出阴阳开合之巧，开扇力在扇柄上部前端，向前放长击远，让人意想不到，转体时，脚下碾扣清晰，重心平稳。风虎云龙，此名称出自《周易》，正所谓虎啸生风，龙起生云，形容我们的动作气势磅礴，相互呼应，节节贯穿。

（图 107）

09 南山献瑞

step 1 上步翻扇

右脚外摆，左脚上步内扣，同时右手旋腕翻扇前压，左手前伸托住扇根。（图 108）

（图 108）

step 2 虚步滑扇

右手握住扇根向右转体，扇由上至下从右侧滑切，同时，右脚点地成虚步，左掌上架在头顶，扇沿向西，力在扇沿，目视扇子。（图 109）

（图 109）

要点

左手托扇右手握把的环节，衔接要紧密巧妙，两手不可脱节，要自然顺达，象征着传递祥瑞。滑扇时扇沿向外如刀刃，有滑割之意。

段落小结

本段的前三式，第一招气定神闲、悠然自得，紧接着左右逢源、变化突然，第三式则是姿势舒展、上下起伏、气势豪迈、汹涌澎湃。要在完成正确动作的基础上，体会这些动作的特点与意境。第二个组合彤云出袖需体会反手弹开扇时的转腰抖劲，饿虎攒羊强调扇子各个部位不同的用法，定海神针表现主动进攻，抓住机会，直击要害。这三式要注意步法轻灵和虚实分明的处理。后一组动作比较简单，轻松稳健、宁静祥和；重点是第八式龙虎风云的单手转扇要注重掌握，轻灵小巧的开合扇技给人以无比巧妙的灵活感觉。

第四段

躬请瑶池 01

step 1 弓步击扇

右脚前迈成弓步，右手伸腕合扇前击，扇首向西，左掌下落至右臂内侧。（图 110）

（图 110）

step 2 转身换握

内扣右脚，向左转体转向正前（正南）成半蹲开立步，右手持扇平摆至体前横扇，左手接握扇首，右手心空出。（图 111）

（图 111）

step 3 歇步双按

左脚向左斜前开步，右脚随之后插，屈膝下蹲成歇步，同时，左手持扇两臂由前向左平圆运转再双手向左斜前下按，右掌助力按压扇根，胸向东南，目视斜下方。（图 112、图 113）

要点

两手交接自然和顺不可停顿，平摆时以腰带臂，转体按扇身体松活，不可僵硬。低势躬身按扇的动作力达扇柄，注意不能低头猫腰，眼神注视扇柄前下方。

（图 112）

（图 113）

02 鬼王拨扇

step 1 接扇平开

重心上起，右手接扇向右后转体，胸向西北，两臂向右平摆，左脚向左侧横开成弓步，右手抖腕向左侧平开扇，扇沿向西，扇面端平，胸向正西。（图 114、图 115、图 116）

（图 114）

（图 115 附图：背面）

（图 116）

step 2 虚步拨扇

身体右转内扣左脚，右手收扇左掌下落，两臂体前相合；右脚点地成虚步，同时，右手持扇外拨，扇首指向正东与膝同高，胸向东北，左掌上架，目视扇子。（图 117、图 118、图 119）

（图 117）

（图 118 附图：侧面）

（图 119）

要点

弓步开扇扇要端正，外拨击扇，力达扇身前部，肩膀放松，肘部微屈。鬼王拨扇这个词来自民间传说，“鬼王”的名字叫方魁，他手中拿一把扇子。此扇既是他的法宝，也是他的兵器，使得妖魔鬼怪，闻扇而逃，胆颤心惊。用在这里形容此势扇技细腻精妙，整个动作刚柔互变，开合相间。

03 飞龙在天

step 1 转扇换手

右脚外摆，重心前移，右手心空出，手指控制扇根将扇身向内旋转半圆，扇柄贴靠手臂；左脚并步身体右转（向南），右臂外旋上举过头，左手接握扇首将扇向上钻拧，右手松开下落至左肩前。（图 120、图 121）

（图 120）

（图 121）

step 2 仆步穿掌

右脚横向落步，左腿屈蹲右腿平仆成仆步，同时，左臂上举，右手经右肋向右侧（正西方向）内旋穿掌，目视右手。（图 122）

（图 122）

step 3 收掌开扇

蹬腿起身，右脚稍外碾，左脚收步；微向右转体，两臂叠折抱于胸前；然后，左脚迈出成弓步（向西），右掌沿左臂下回收，左手持扇柄上部的前端，抖腕平开扇，扇柄下端由内侧向前打开，扇沿向左，目视前方（西面）。（图 123、图 124）

（图 123）

（图 124）

要点

注意左右交接和高起低落的特点，周身一气开合收放，吞吐自如，转扇接手两臂内旋，定势开扇时扇沿平圆打开，力达扇柄下部的前端，有脆弹的劲力。这式动作高低起伏、曲折盘旋，形象地比喻出龙在空中游走的姿态，此意境也是对身法意识的要求。

04 峰回路转

step 1 上步接扇

左脚外撇，左臂外旋将扇立起，右脚上步重心前移，右手沿左臂下前穿接握扇根，扇沿向上（图 125）

（图 125）

（图 126）

step 2 合扇回身

身体左转右脚内扣，右手扣腕将扇收合经胸前回身穿出（朝东），左手脱开变掌收于右肩。（图 126）

step 3 蹬脚架扇

重心右移，左脚前蹬（朝东）同时，右手持扇架于头顶，左掌前推，目视前方。（图 127）

（图 127）

要点

接扇回身后先向前穿，再划弧上架；独立蹬脚要力达脚跟，脚尖勾紧；蹬脚、推掌和架扇一致完成。峰回路转是《封神演义》中，姜子牙讨伐纣王时借定风珠破风火阵的典故。此式表现出以退为进，突然转身起腿，攻其不备的攻防寓意。

05 判官捽笔

step 1 震脚摆臂

重心微降，左脚落地，两臂向后摆动；右脚向前跟进震脚，左脚再上一步，同时，左臂前摆，右手持扇继续下落。（图 128、图 129）

（图 128）

（图 129）

step 2 虚步开扇

右脚前点成虚步，右臂前撩屈腕开扇，扇沿向后扇柄竖直；左手收于右肩前，目视右后方向。（图 130）

（图 130）

要点

两臂的摆动要走立圆，扇子贴身划弧向后立扇打开，略有后仰之意，力点在扇沿，上步震脚轻灵稳健，前摆时注意向前撩击，最后开扇又有后抛之意，整个动作瞻前顾后，开合相间。

06 玉龙吐珠

step 1 弓腿合扇

右脚向斜前活步，弓腿前移重心，右臂下落，伸腕合扇前击，左手前伸，轻扶下部扇柄助力将扇合拢，胸朝右斜前 45 度方向。（图 131）

（图 131）

step 2 换步圈扇

右脚收回支撑重心，左脚跟提起收点在右脚内侧，右手腕微内旋，左掌心沿右手虎口一侧的扇柄根部前捋，捏住上部扇柄的前端，随后左臂微回收，右臂微前伸。（图 132）

（图 132）

step 3 上步开扇

左脚前迈成弓步，同时，右手心空出松开扇根，拇指和食指滑捋扇柄，捏住扇柄前端抖腕将扇面由左前打开，左手松开变掌撑于体侧，弓步朝前，胸向和眼神朝右斜前 45 度方向。（图 133）

（图 133）

要点

合扇卷收如吞，放扇打开似吐，收放折叠，开合相间，步法、手法要密切配合，定势开扇弹抖清脆，力在扇柄前端。两臂的分摆犹如一条栩栩如生的玉龙，扇叶的开展则比喻玉龙口中伸吐的明珠，因此整式完美贴切的形象要靠身法和扇法给表现出来。

07 童子拜佛

step 1 翻转挂扇

左脚外摆向左转体，右脚跟提起成拧身叉步，同时右臂内旋翻扇，以扇柄向前挂起，左掌撑于体侧。（图 134）

要点

挂扇时要走立圆，力在扇柄；不可触地，合扇滑把要手不离扇，接换自然。“童子拜佛”一词出自《西游记》当中红孩儿被降伏后般诚地朝拜佛祖的形象。这里的虚步躬身开扇，加上左手合十之势犹如拜见佛祖，生动形象。但定势时要注意上身略含，不可过分弓腰凸臂，右臂微屈，要肘膝相对。

（图 134）

step 2 活步合扇

右脚横向侧移，右臂划弧前摆，左手以虎口迎合扇柄将扇合拢，右手五指抓握扇根上举过头；接着左脚向前活步脚跟着地，右臂后摆，左掌下落至右肩前，转身回头目视后方。（图 135、图 136）

（图 135）

（图 136）

（图 137）

step 3 虚步开扇

左脚外摆踏实，右脚前迈脚跟落地成虚步，同时，右臂前撩屈腕开扇，扇沿斜向上，左手收于右臂内侧，略前倾扣腰，目视扇子。（图 137）

08 天地垂帘

step 1 上步翻扇

右脚向前活步外摆，重心前移左脚再迈步，同时，右手持扇向腹前翻压卷收后，手臂内旋将扇前伸，左掌助力前推扶住扇面。（图 138、图 139）

（图 138）

（图 139）

step 2 收脚云挑

重心微后移，左脚外撇再收提右脚，同时，右手持扇由右至左仰面云扇平圆一周，左掌根捋按扇柄将扇合拢；右手握住扇根屈腕将扇首卷收由下向上钻挑立起。（图 140）

step 3 弓步开扇

右脚向前落步前移成弓步，右手拇指、食指控制扇根其余三指松开，将扇打开，扇沿向前，扇柄竖直，左掌收于右臂内侧，目视前方。（图 141）

（图 140）

（图 141）

要点

上步卷收翻扇时略含胸收腹，云扇应当松活手腕扇走平圆，并且，仰面抬头，整个动作扇法、步法、身法密切配合，最后开扇，扇柄向下，有下击的力点，扇沿向前有如刃前割的劲力。在古代皇上退朝时要垂下御帘用来阻断内外，动作中由上向下的开扇也正如同放下垂帘，不留缝隙，表示攻中有防的技击含义。

09 旋收天门

step 1 歇步托扇

右脚提起后叉屈膝下蹲成歇步，右手外旋经头上云扇后将扇托于腹前，扇面向前，扇沿向上，左手同时经下划弧打开后架于头上，目视前方。（图 142）

（图 142）

（图 143）

step 2 虚步平摆

重心微上起，右脚辗转左脚内扣向右后转体，右脚前点成虚步，同时，两臂打开，右手持扇平摆，扇面端平，力达扇柄前端，左掌在左侧平展，手心向下，胸向正东，目视扇子。（图 143）

step 3 弓步收扇

右脚回收后向右转体朝正前（南）迈出成弓步，右臂内旋翻扇下挂经体前划弧上摆后，向前外旋伸腕收扇，扇身合拢，扇首向前（胸向正南），左掌收于右臂内侧，目视前方。（图 144）

（图 144）

要点

向后旋转时平圆摆扇，两臂端平，重心微起，以脚为轴，最后收扇欲向右向前收扇前击，要先向左转腰挂扇上起，这是立圆路线，收扇要合拢干脆，力在扇首。这里的旋收是指动作中身体的旋转与扇子的卷收，天门是传说中的南天门，在这里指的是身体的正前方也就是假设的正南方向。整式动作上下左右转动的幅度较大，气势磅礴，力道饱满。

收势

要点

自然放松，调理还原，原地平稳呼吸数次后再走动离开。

step 1 上步横扇

左脚向前上步成开立步半蹲，右手收扇横于腹前，左手轻按扇首。（图 145）

step 2 接扇起身

右手松开下落，左手接握扇首，重心上起成开步站立。（图 146）

step 3 收脚还原

两臂自然垂于体侧，左手持扇，扇首向下，重心右移，收脚并步，目视前方。（图 147）

（图 145）

（图 146）

（图 147）

段落小结

全段的第一式屈蹲拧身可以补肾壮腰、调和气血，接下来扇子平开和下击表现阴阳开合巧妙的多种用途，重点是第三式交接顺达、周身一气，可以舒筋壮骨。

四至六式整体来讲偏重于阳，以刚为主，突出攻势和主动，与前一组的婉柔形成了一定对比烘托出非凡效果。

最后三式松紧结合，细腻缠绵，又着重翻旋拧钻的微妙扇法，整体下来如行云流水一般无孔不入；练习起来要注意手腕和臂膀的旋转，使动作流畅顺达。

套路小结

养生太极扇共三十六式，分为四段，每段九式；每一个九式可以作为一个独立小套单独练习，也可与另外三段连贯相接完整练习。本套路由吴阿敏老师精心创编，第一、二段主要选取了陈杨吴孙各式太极拳械中的重点动作，再与扇器巧妙的攻防用法有机结合起来编排而成，内容丰富，布局合理，动作简单易学，攻防用法突出，具有以意导扇、扇身合一、扇势优美、圆转旋翻等特点，极具健身性、实用性、观赏性和艺术性。

到了第三段就在前两套的基础上稍加难度有所创新，融入了八卦名师赵大元老师所传授的技术，吸取了昆仑扇的巧妙扇法，延续太极运动的特殊规律并强调每招每式扇法的运用。表现出八卦的巧妙扇技和太极的怡人意境，练习起来左右逢源、上下协调，轻松稳健、宁静祥和。

第四段的扇法特点更加突出了八卦扇技的阴阳开合与左右交替，同时表现太极拳轻柔缓慢、动静相间的运动风格，使得演练上刚柔互变，攻防上长短互变，是八卦与太极的完美结合。整个套路短小精悍，但内容非常丰富，扇技细腻缠绵，编排严密紧凑，经常练习对提高水平、增长练习兴趣和了解武术广博内容会有较大帮助。

二十四式简化太极拳

简化二十四式太极拳简介

“简化太极拳”又称“杨式二十四式太极拳”，是当今在全球范围内习练人数最多、传播最为广泛的一套精简实用的太极拳入门套路。其是中国国家体委（现国家体育总局）运动司武术科于 1956 年组织多名太极拳专家共同编排，以杨式太极拳为基础，去繁取精，集中了传统套路中的主要结构和技术系统再加以改编而成的一套以推进全民体育健身活动为用途的太极拳普及套路。全套分为 4 段，包括“起势”“收势”共 24 式。练习者可连贯练习，也可根据身体情况选择单式或分组分段练习，练习一遍约 5 至 6 分钟。尽管它只有 24 个动作，但充分汲取了杨式太极拳的精华，集中体现出太极拳的运动特点，只是其内容更显精练，动作更显规范，所以倍受群众喜爱。

简化太极拳的出现对于在国内外推广和普及太极拳，让世界上更多人认识太极拳可以说发挥了巨大的里程碑式的作用。在现代社会生活中，经济高速发展，生活讲效率，做事快节奏，简化太极拳运动可以克服人们的畏难情绪，对于养成良好的生活习惯，增强自信，增进健康，缓解各种压力，建立良好的人际关系，提升生活和生命质量，具有重要社会价值。

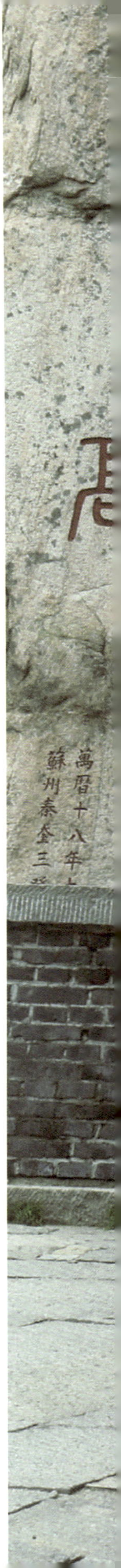

天地同攸

文武衍道，天地立心

简化太极拳的特点

首先，简化太极拳具备杨式太极拳身法中正、舒展圆活、优美大气、平正朴实等普遍特点，同时有它的独有特色。在套路编排上遵循了由简到繁、先易后难的原则，布局合理，循序渐进，便于掌握，易学易练。套路结构均匀对称，动作衔接自然连贯，运动量均衡适度，不需较大场地和较多时间，便于习练。

详细来讲简化二十四式太极拳保留了杨式太极拳大架的传统风格，突出杨式太极拳的基本技法，删去了部分传统套路中的重复动作，使得初学者能够轻松记忆，从而增大学练兴趣。

简化太极拳中的基本技法包括了太极拳运动的主要步型、手型、手法，以及进、退、顾、盼、转等步法和身法，是学习太极拳过程中启发入门的重要环节。在套路编排上，每一段都有其突出的锻炼目的。第一段主要是训练弓步（顺弓步和拗弓步）和虚步（脚尖点地的虚步和脚跟着地的虚步）这两个基本步型和向前行进的步法，还有抱球、分靠、挑、托、搂、推等手法。第二段加强向后行进的步法，练习手臂走弧划圆，旋翻屈伸的协调性和掤、捋、挤、按四正手法，并练习到左右两侧。到了第三段难度逐渐增大，开始学习横向移动的侧行步和对协调性要求较高的云手、单鞭等动作以及蹬脚为主的基本腿法。第四段，由低势到独立，从四正到四隅，连环变化的手法和大幅度转体等动作，进一步锻炼平衡、柔韧、力量等身体素质，以及手、眼、身、法、步的统一配合能力。

因此，简化太极拳的“简”并不是简单或者不重要，而是精简，去繁从简，简明扼要。“化”是化难为易，为了更便于教和学。简化二十四式太极拳是一套训练五功八法的基础套路。它的宗旨是保留传统太极拳之精华，精简与提炼出其重要的代表性招式和技法。进行系统性和科学的练习，对于掌握基本功，增强练习兴趣有极大帮助，能为进一步学练太极拳打下良好基础。

翩翩若松琴　平沙起云鹤

简化太极拳练习原则与要领

简化二十四式太极拳是以杨式大架为蓝本创编的，所以练习原则主要是遵循杨式太极拳的技术标准和理论规范，现总结出以下练习要领。

1. 心静体松，不用拙力

练拳时要求排除一切杂念，不受外界干扰。我们不希望在心情烦躁或者不专心的状态下练习。首先把心静下来，做到思想清净，意识专注。所谓"体松"，是身体要放松，避免紧张。但又不能过度松懈、疲塌无力。尽可能让全身关节、肌肉以及内脏等部位达到最佳程度的放松状态。学动作时不能用拙力和僵劲，整个身体要舒展自如地活动，这样才能达到式式连贯、处处圆活、不僵不拘、周身协调。

2. 身型中正，连绵不断

在身体能够放松的同时，身型要中正安舒，不偏不倚。首先身型周正了，再配合走弧划圆的步法手法等才能形成太极拳流畅圆润的运动风格。另外在学练时要注意尽量避免机械式的运动，减少停顿感和速度上的突变。要均匀缓慢地动，连绵不断地动。初学时可以先找到每个动作过程的衔接点，但是当每个分动能够交代清楚并稍加熟练之后就要避免运动中停顿的现象了，每一式的结束都要是下一式的开始，这样才能绵绵不断，一气呵成。

3. 上下相随，内外相合

太极拳是一种全身性的运动。我们常说打拳时周身"一动无有不动"、力起于足行于腰形于手，完整一气，上下相随。所以说练拳时身体的上下肢、左右侧、从根节到中轴到梢节，全都要紧密配合，犹如有一条无形的线绳在贯穿着周身动作运行一样。那么内外相合则指从外在肢体动作到内在呼吸配合以及意识引领等缺一不可的联系。练太极拳时要求做到"内三合与外三合"相互协调，心与意合，意与气合，气与力合。肩与髋（胯）合，肘与膝合，手与足合。外形与内气的相合除了表现在拳架和定势以外，动作运转过程中的屈伸、进退、起落等劲力始终都需与内在呼吸开合吐纳鼓荡之间进行配合。而且意念要贯穿始终，做到内运外动，也就是意念引领，由意到形，由形合意，循环往复。

4. 虚实分明，轻灵稳健

在简化太极拳套路的学练过程中，把握重心的稳定和虚实转换也是重要原则之一。我们动作之间的连接，位置方向的改变，以及与身法手法的配合都贯穿着步法的变换和重心的转移。不论由虚到实，还是由实到虚，既要重心平稳，又要衔接连贯。所谓“迈步如猫行，运动如抽丝”，就是对太极拳脚步轻盈稳健和手法身法均匀协调运动的描述。一般来说，下肢以主要支撑体重的腿为实，辅助支撑或移动换步的腿为虚；上肢手法中的主动手一侧为实，辅助配合的一边则为虚。总之虚实不但要互相渗透，还需在意识指导下灵活变化。

5. 呼吸自然，意领神随

简化太极拳的动作讲求均匀缓慢，圆活连贯，同时呼吸也要自然顺畅，徐徐吞吐，不能憋闷、停滞或者急促。初学者可以先采用自然呼吸，随着动作的逐步熟练和协调呼吸要渐渐做到深、长、细、匀，同时与动作自然配合。当动作进一步松沉平稳的时候，气息也应能落到腹腔深处，做到气沉丹田。在整个过程中意念的引领也非常重要，意与气合，气与力合，做到意动身随，神形兼备。尽量用意念引导动作，用心意来理解内劲，把注意力贯注到动作自然收发中，从而使呼吸开合也更加自然顺畅。

唯精唯诚，安之如怡

如何练好简化太极拳

怎样才能练好简化太极拳呢？根据我多年的习拳经历和教学经验，现总结出以下体会。

一、要从太极拳的基本功开始练起。所谓基本功也就是桩功、步法、手法等。桩功分为定步桩和活步桩。我建议大家先练定步桩，也就是无极桩、太极桩、浑圆桩等。当站定步桩站到腿部力量有所增长，脚下有了深根之感，便逐步进入活步桩练习，也就是虚实桩、独立桩和前进、后退、左右侧行等步法练习。这个时候脚底下不仅需要稳定还开始要能划分虚实，能协调地移动重心。练习桩功时有一个重要提示是先从高势开始，注意身型要正，不能前倾或后仰，背要直要放松。一开始不要蹲太低，确定是大腿股四头肌在持重，上身肩、背、腰等部位都感到轻松舒适才对。只有这样，通过桩功和步法的练习，使脚下既有根又能灵活移动，接下来学套路的时候上身才不会紧张僵硬，动作才能放松圆活。对于学太极拳来说，练站桩和基本功的过程相当于建房子时打地基的环节，所以说非常重要，不应忽略。

二、设定学练计划，从单式到组合，到分段，逐步完成整套的学练。要按部就班，循序渐进，持之以恒。有些初学者开始学套路时无论怎样努力，某些动作还是做不到协调自如，往往感到力不从心。这种情况下可以先练习单个动作。也就是说把基础的单式提出来反复磨练，直到熟练再增加到组合动作。也可以把手法和步法分开来练习，先分练再完整配合。这样积少成多，当学会和掌握了足够的单式和组合动作时衔接在一起就是套路。比如我们可以把搂膝拗步、倒卷肱、揽雀尾、云手、穿梭、下势等这几组动作加强练习，一定要反复练，熟能生巧，巧能生妙。当这些主要动作都能轻松规范掌握之后再进行套路练习。学练简化太极拳的整个过程又可以分为三个阶段。第一阶段是从不会到会，先把每一个动作学得正确、到位，从步法、手法、身法、眼法到过渡势和定势都要尽可能标准。第二阶段是由生到熟，在掌握动作的同时要注重要领及运动规律，逐渐做到协调连贯，圆活自如。第三阶段则是由熟到巧。这时需要体会每势劲力的运用，意念、呼吸等配合，追求周身的完整统一、内外相合等境界。

三、练基本功站桩时如何做到松腰坐胯，避免上体前倾和挺胯跪膝等常见错误。刚开始练站桩时可以把后背轻轻靠在垂直的墙或树上，具体做法是：两脚平行站立与肩同宽，脚跟离墙有一拳左右的距离，然后屈膝坐胯把重心稍下落，让后背与身后的墙轻轻有所接触，但不要完全靠上。这样既能养成上体正直不前倾的习惯，又能避免跪膝。那么当重心过分向前，体重压到前脚掌甚至脚趾时后背是靠不到墙上的，还会出现跪膝提胯、腰部紧张等现象，这样也锻炼不到大腿肌肉力量。通过屈膝坐胯使后背能碰到墙，这样上身会是直的，当重心落到脚心和脚跟之间的涌泉处，大腿承担体重时腰也就能放松了，膝关节也自然得到了保护。所以先采用这个办法练习一段时间后，待身型固定养成良好习惯，不会挺胯跪膝，上体不会前倾时就不必再靠墙站桩了。

四、如何避免弓步时步幅过窄或过宽。一个很常见的问题是初学者在做弓步时两脚左右间距有时太窄，踩在一条线上，成走独木桥现象，有时过宽，超出支撑面。有个办法可以尝试，在地上画上线，以自己的两脚外沿同胯宽的宽度来画上格子，中间有一条线。当迈步时支撑脚踩到一边的线上，另一脚出步争取踩到外面那条线上或者中线和外线之间的位置。如果踩到中线以里甚至踩到支撑脚前面的同一条线上说明步子太窄，走成了独木桥，若踩到外线以外则说明步子太宽，需要缩小。通过这个方法反复磨练把步幅调整到标准适当之后就不需要总看着地上的格子和线来走步了，渐渐地要养成目光自然平视和随视的习惯。

五、如何做到眼神和动作的有机配合。“眼为心之苗”，任何时候一个人的眼神都能够起到传达心意的作用，练太极拳也不例外。习拳时眼神贯注了，才会使意识集中，心神不乱，更能提高运动效果。练太极拳时要求眼随手动，手眼相随。手眼身法协调配合才可谓神形兼备。在一个动作中两手通常分为主动手和辅动手，或者一手进攻一手防守，一虚一实，一阴一阳，循环往复。我们的眼神通常跟随主动手或者是进攻手，或者引领动作运行方向的手。在练拳时眼神不能散乱，也不能呆滞。目光应当自然含蓄，但又要生动饱满有气韵。眼睛不要刻意睁大，不必瞪眼。在练静功站桩时可以半睁或半闭，甚至闭上眼睛，这样达到修养精神的目的，容易让自己静下来，但是练动功、步法和套路时则不建议闭眼或半闭眼行拳。

六、呼吸方法。有关太极拳的呼吸方法有腹式呼吸、丹田呼吸和自由呼吸等。最常用和刚开始最需要掌握的则是自然呼吸，所谓自然呼吸如同一开始练站桩时要把身体放松下来，那么呼吸也要放松，要做到深、长、细、匀这四个字。只有先做到这四个字，随着太极拳轻柔缓慢的动作，当呼吸节奏比日常生活中不练拳的时候能稍慢一点，每一次呼吸能更长更满，气息的吐纳交换很均匀细滑的时候，才能随着拳势的发展，当意念能与动作相配合而做到徐徐吞吐，通透流畅，这就基本上达到了自然呼吸的要求。最好整体气息能从在胸腔运转的状态松沉到小腹处，达到气沉丹田。然而一开始在动作没熟练，套路还记不住的时候很难能谈到呼吸，只有在能轻松熟练地掌握每招每式动作时才能注意到去配合呼吸。所以需要一步一步来。那么具体如何将呼吸吐纳与一招一式来配合呢？可以遵循以下几个原则：起吸落呼，开吸合呼，蓄吸放呼，启吸定呼，鼻吸口呼等。在太极拳招势的衔接运转中当动作以及劲力向上走和向外开时，基本上是吸气的，当重心下沉动作向内走合劲的时候大多是呼气。在蓄劲待发时应当吸气，内劲发放时则是呼气。还有就是通常每一个单式的启动时为吸气，定势时应当为呼气。在做组合动作分段练习和整套练习时，如果某个环节未能配合好呼吸也不要紧张，不要憋气，稍做调整从下一个动作的起始时再去找回呼吸的节奏。练拳时还应当面部自然，口唇轻闭，最好用鼻吸气，用口呼气，鼻吸鼻呼未尝不可，但是不建议口吸鼻呼的方法。

七、如何提高柔韧性。我们的健康水平和太极拳水平的高低都与柔韧性息息相关。通过练习太极拳可以提高整体柔韧水平，然而柔韧性的好坏又直接影响太极水平的进展，所以我建议大家时时记得拉筋练柔韧。最好是在平常练拳做热身的时候轻微活动，暖身拉筋，然后再练拳。当练完以后周身温暖，气血通畅之时再花点时间做深度拉筋和放松整理，这样效果更好。尤其是夏天身体容易出汗，筋骨这时较为柔软，易于舒展撑拉，是提高柔韧性的好时机。当然冬天更要坚持撑筋拔骨，才能保持较好的柔韧性。

八、如何选择练习时间和环境。在一天中什么时间最适合练拳，在哪里练效果最好？这个问题我的经验是因人而异。根据自己的生活习惯和工作时间来选择一个相对固定的时间练拳。建议不必太过早起练拳或者太晚在深夜练拳。最好在能保证充足睡眠和良好作息习惯的情况下来安排时间，也可随着季节变化调整，比如选择清晨练拳的话夏天可以早一点乘烈日高温到来之前完成练习。冬天则应稍晚一点待日出天亮，阳光出来时练拳。无论室内还是室外，只要选择空气清新，安静无干扰，地面平坦，卫生环境好的场地即可。建议不要在过饱或过饿时练拳，吃完饭要休息半小时以上才开始运动，当完全空腹饥饿时也不适合练拳。

九、运动量的控制。每次练习的运动量也是因人而异的，根据习练者年龄、体质和水平的高低不同，运动量也不尽相同。比如初学者、长者或者在疾病康复期间的人群练习时间设定在半个小时左右。当基本功掌握到一定程度，体力有所增长时练习时间可以增加到 45 分钟至 1 小时。对于业余爱好者来说在学会了整个简化太极拳套路以后，包括热身、练基本功、练套路、放松整理的整个时间能达到一小时至一个半小时之间均为适宜。每次练完之后达到手脚温热身体微汗最佳。尽量保持每天练习，如果时间不允许，至少每周能练两至三次。

十、合理着装。练太极拳时应当选择宽松舒适的服装，即使是夏天也最好穿长袖上衣和长裤练拳。不建议穿过于紧身瘦小的衣裤和含化学成分高的不环保材质的服装。鞋子应当选用平底、软底、低帮、全包脚稳定性好的太极鞋。不易选太重、鞋底很硬的鞋子，一些带有气垫的厚底运动鞋并不适合练太极拳穿。另外练太极拳时不适合紧系腰带和穿戴过于烦琐的手镯项链等饰物，更不要把手机装在身上，最好把手机关掉或者静音放在一旁，轻装上阵来练拳。

走向太极，一路阳光

二十四式简化太极拳动作名称

预备势

第一式　起 势

第二式　左右野马分鬃

第三式　白鹤亮翅

第四式　左右搂膝拗步

第五式　手挥琵琶

第六式　左右倒卷肱

第七式　左揽雀尾

第八式　右揽雀尾

第九式　单 鞭

第十式　云 手

第十一式　单 鞭

第十二式　高探马

第十三式　右蹬脚

第十四式　双峰贯耳

第十五式　转身左蹬脚

第十六式　左下势独立

第十七式　右下势独立

第十八式　左右穿梭

第十九式　海底针

第二十式　闪通臂

第二十一式　转身搬拦捶

第二十二式　如封似闭

第二十三式　十字手

第二十四式　收 势

二十四式简化太极拳套路讲解

预备势

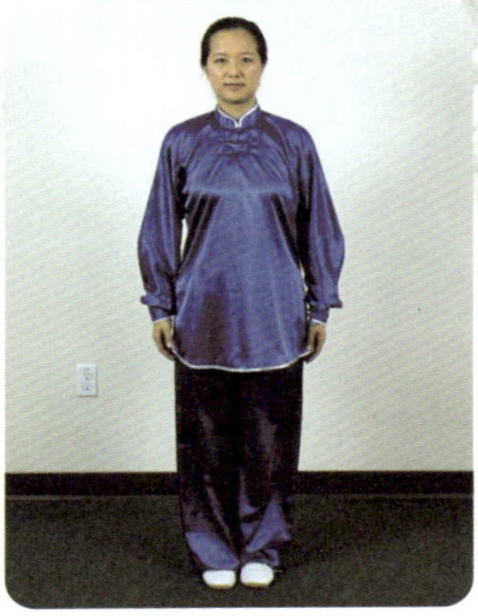

（图 1）

假设面朝正南自然站立，两脚并拢；头颈正直，胸腹放松；两手自然垂于大腿外侧，手心向内；目视前方。（图 1）

要点 预备势也是无极势。无极是在太极之前的状态，此时是空、是静。我们要身体放松，呼吸自然，精神集中，排除杂念，调息入静。

第一式 起 势

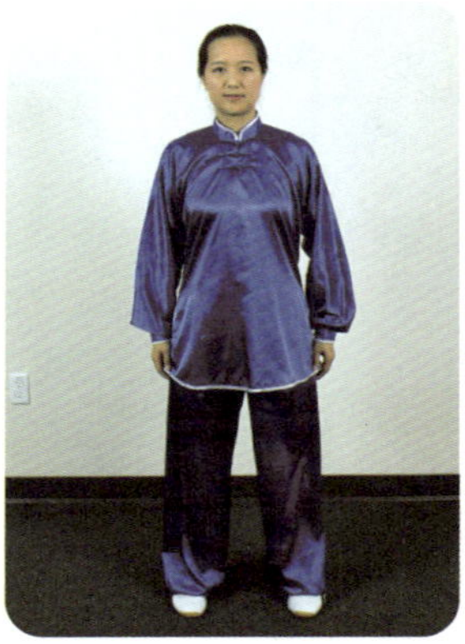

（图 2）

（图 3）

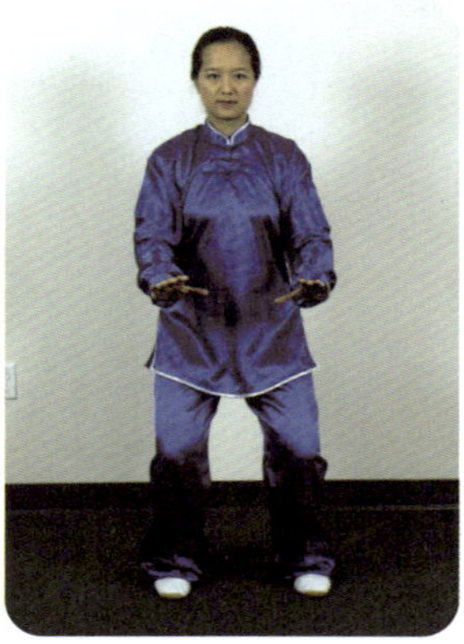

（图 4）

1. 左脚开立： 左脚向左横开半步，与肩同宽，膝关节放松微曲，脚尖向前，成开立步；上体保持不动。（图 2）

2. 两臂前举：两臂慢慢向前平举，与肩同高、同宽，手臂自然伸直，肘关节松沉微屈；两掌心向下，指尖向前。（图 3）

3. 屈腿按掌：慢慢屈膝半蹲，重心落于两腿之间，同时两掌轻轻下按至腹前，上体保持正直，两肘下垂与膝相对；两眼平视前方。（图 4）

要点 起左脚开步时要先提脚跟，高不过踝。落脚时由脚掌开始缓缓落地，做到轻起轻落。两臂上举时要微内旋，不能耸肩。屈蹲时要松腰敛臀，上体保持正直，不可前俯后仰；两掌下按时沉肩坠肘臂微外旋，手指舒展不能折腕。

第二式　左右野马分鬃

1. 左野马分鬃

（图 5）

（图 6）

（图 7）

（1）收脚抱球：上体微右转，随即重心移至右腿；右臂屈抱于右胸前，肘略低于手，手心向下，左臂屈抱于腹前，手心向上，两手心相对成抱球状；左脚收到右脚内侧，脚尖点地成丁步。（图 5）

（2）转体上步：上体左转；左脚向左（正东方向）迈出一步，脚跟轻轻着地，重心仍在右腿；两手微微运球有分拶之势。（图 6）

（3）弓步分手：上体继续左转；重心前移，左脚踏实，左腿屈膝前弓；右腿自然蹬直，右脚跟外展，成左弓步。转体同时两手前后分开，左手向左上方分至体前，腕同肩高，手心斜向上。右手向右下方採至右胯旁，手心向下，指尖向前；两臂微屈；目随左手转视。（图 7）

要点 抱球时不能夹肘，要把球抱圆；上手高不过胸，下手低不过腹。迈步要轻，重心缓慢前移，弓步时后脚略有蹬碾，但脚跟不能拔起。分掌和弓步要同时完成，两臂保持自然弧形，后胯要松沉。通过微微转腰拧身，两手有上下左右分捌之意，动作外形犹如奔腾中的骏马头顶鬃毛斜前分飞之势。

2. 右野马分鬃

（图 8）

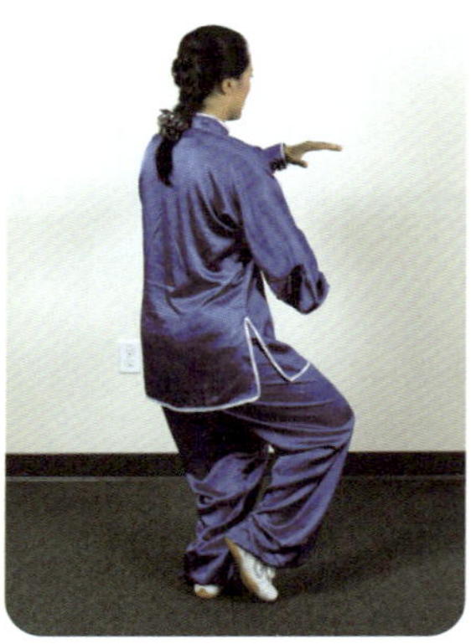
（图 9）

（图 10）

（图 11）

（1）转体撇脚：重心稍后坐，左脚尖翘起外撇；上体稍左转；两手准备翻转"抱球"；眼仍看左手方向。（图 8）

（2）收脚抱球：上体继续左转，左手翻转成手心向下，在胸前屈抱。右手划弧翻转向前，手臂外旋，在腹前屈抱掌心向上，两手上下相对，成左抱球；左脚踏实，重心移至左腿，右脚收至左脚内侧，脚尖点地；目视左手。（图 9）

（3）转体上步：上体稍右转；右脚向右（正东方向）迈出一步，脚跟轻轻着地，重心在后腿，两手微微分展。（图 10）

（4）弓步分手：上体继续右转；重心前移，右脚踏实，右腿屈膝前弓。同时左腿自然蹬直，左脚跟外展成右弓步；转体同时两手前后分开，右手向右上方分至体前，腕同肩高，手心斜向上。左手向左下方採至左胯旁，手心向下，指尖向前；两臂微屈；目随右手转视。（图 11）

要点 后坐转体时，上体保持正直，不要前俯后仰。撇脚要先屈后腿微后坐再撇，同时两臂要随之自旋。收脚跟步时前腿保持弯曲，身体重心不要有起伏。出步落脚要轻，步幅不要过大或过窄，重心不要急于前移，随上肢动作协调同步，分掌动作要和转体配合，做到以腰带手。其余同左野马分鬃。

3. 左野马分鬃

（图 12）

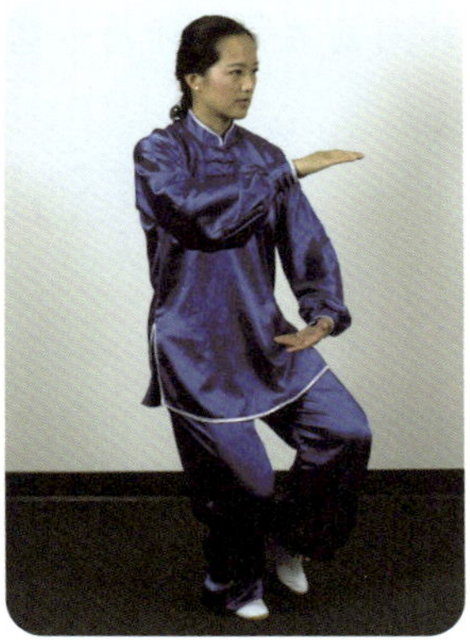

（图 13）

（1）转体撇脚：重心稍后坐，右脚尖翘起外撇；上体稍右转；两手准备翻转“抱球”。（图 12）

（2）收脚抱球：上体继续右转，右手翻转成手心向下，在胸前屈抱。左手划弧翻转向前，手臂外旋，在腹前屈抱掌心向上，两手上下相对，成右抱球；右脚踏实，重心移至右腿，左脚收至右脚内侧，脚尖点地；目视右手。（图 13）

（图 14）

（图 15）

（3）转体上步：上体稍左转；左脚向左（正东方向）迈出一步，脚跟轻轻着地，重心在后腿，两手微微分展。（图 14）

（4）弓步分手：上体继续左转；重心前移，左脚踏实，左腿屈膝前弓。同时右腿自然蹬直，右脚跟外展成左弓步；转体同时两手前后分开，左手向左上方分至体前，腕同肩高，手心斜向上。右手向右下方採至右胯旁，手心向下，指尖向前；两臂微屈；目随左手转视。（图 15）

要点 同前左、右野马分鬃。

第三式　白鹤亮翅

（图 16）

（图 17）

（图 18）

（1）**跟步抱球**：上体微向左转，右脚跟进半步；前脚掌轻轻落地，与左脚跟相距约一脚长；同时两手翻转相对，在体前抱球，左手在上，手心向下，右手在下，手心向上；目视左手。（图 16）

（2）**后坐转体**：重心后移，右脚踏实；同时上体后坐微向右转；随转体右手向右上方挑掌，左手微下落；目视右手。（图 17）

（3）**虚步分手**：上体转正；左脚稍向前移动，前脚掌点地成左虚步；同时右手继续向右上方分至右额前，掌心向内；左手划弧下按至左胯旁，掌心向下，指尖向前；面朝正东，目视前方。（图 18）

要点 跟步抱球时重心应在前腿，球要抱圆；后坐挑掌时上体右转不能超过 45 度，左脚前点与两手上下分展要同时到位。步法要虚实分明，定势时重心落到后腿，前脚脚尖着地，脚跟提起。这里也表示随时做好起腿踢击的准备，所以前脚为虚，后腿为实。白鹤亮翅是一个非常舒展优美的动作，通过模仿动物形态来体会与大自然相结合的意境。以高势的虚步，加以外展的上肢动作，看起来好像仙鹤展翅一般。在中国文化中白鹤代表长寿和吉祥，又称仙鹤，此势具有美好的寓意，象征健康长寿、吉祥如意。

第四式　左右搂膝拗步

1. 左搂膝拗步

（图 19）

（图 20）

（1）收脚托掌：重心保持不变，右手经体前下落再向右斜后方摆臂托掌，手心斜向上；左手向上、经面前、向右下后方划弧至右胸前，手心向下；同时上体先微向左再向右转；左脚收至右脚内侧，脚尖点地；面朝西南方向，目视右手。（图 19、图 20）

（图 21）

（图 22）

（2）上步屈肘：上体稍左转；左脚向前（正东）迈出一步，脚跟轻轻落地；右臂屈肘，右手收至肩前，同时左手下落至腹前，手心向下，肘部微屈；头转看前方。（图 21）

（3）弓步搂推：上体继续左转；重心前移，左脚踏实，左腿屈弓，右腿自然蹬直成左弓步；左手向外搂膝至左腿外侧，掌心向下；指尖向前。右掌经耳侧向前推出，掌心向前，腕同肩高；右臂自然伸直，肘部微屈；目视右手前方。（图 22）

2. 右搂膝拗步

（图 23）

（图 24）

（图 25）

（图 26）

（1）转体撇脚：重心稍后坐，左脚尖翘起外撇，上体左转；左手外旋掌心翻转向上，右手开始向左摆动。（图 23）

（2）摆臂收脚：上体继续左转；重心前移，左脚踏实，右脚收至左脚内侧，脚尖点地；右手经面前划弧摆至左胸前，掌心向下。左手向左后方划弧上托，腕同肩高，肘部微屈，掌心斜向上；面朝西北方向，目光随视左手。（图 24）

（3）上步屈肘：上体稍右转；右脚向前（正东）迈出一步，脚跟轻轻落地；左臂屈肘，左手收至肩前，同时右手下落至腹前，手心向下，肘部微屈；头转看前方。（图 25）

（4）弓步搂推：上体继续右转；重心前移，右脚踏实，右腿屈弓，左腿自然蹬直成右弓步；右手向外搂膝至右腿外侧，掌心向下，指尖向前；左掌经耳侧向前推出，掌心向前，腕同肩高；左臂自然伸直，肘部微屈；目视左手前方。（图 26）

3. 左搂膝拗步

（图 27）

（图 28）

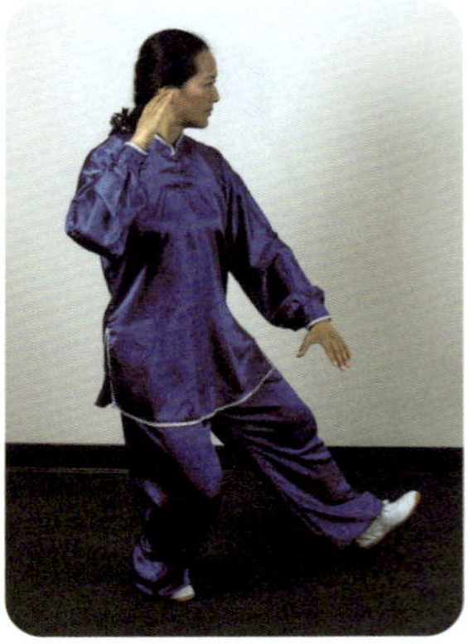

（图 29）

（图 30）

（1）转体撇脚：重心稍后坐，右脚尖翘起外撇，上体右转；右手外旋掌心翻转向上，左手开始向左摆动。（图 27）

（2）摆臂收脚：上体继续右转；重心前移，右脚踏实，左脚收至右脚内侧，脚尖点地；左手经面前划弧摆至右胸前，掌心向下。右手向右后方划弧上托，腕同肩高，肘部微屈， 掌心斜向上；面朝西南方向，目光随视右手。（图 28）

（3）上步屈肘：上体稍左转；左脚向前（正东）迈出一步，脚跟轻轻落地；右臂屈肘，右手收至肩前，同时左手下落至腹前，手心向下，肘部微屈；头转看前方。（图 29）

（4）弓步搂推：上体继续左转；重心前移，左脚踏实，左腿屈弓，右腿自然蹬直成左弓步；左手向外搂膝至左腿外侧，掌心向下，指尖向前；右掌经耳侧向前推出，掌心向前，腕同肩高；右臂自然伸直，肘部微屈；目视右手前方。（图 30）

要点

三个搂膝拗步都是朝正前方行进，搂手、推掌和弓步要协调一致，左右平衡。弓步注意后胯要松沉，上身不能前倾，推掌时不要顺肩，手臂微屈，舒指坐腕。过程动作收脚托掌时，不要过分后转，斜后方向 45 度即可，两肩要端平，不能左右倾斜。“拗步”是指弓步时一腿在前，另一侧的手在前时所形成的步法。当同侧手脚在前时称“顺步”，比如野马分鬃就是顺弓步的动作，那么对侧手脚在前就称“拗步”。搂膝拗步是典型的锻炼对侧手脚协调配合的动作，两手的一防一攻意图表现也很明显。

第五式　手挥琵琶

（图 31）

（图 32）

（图 33）

1. 跟步展臂

重心随弓步推掌动作继续前移，右脚向前跟进半步，脚前掌轻落于左脚后，与左脚相距约一脚长；右臂稍向前伸展，腕关节放松。（图 31）

2. 后坐引手

重心后移，右脚踏实，上体右转约 30 度，左脚轻提准备前移；同时左手向上划弧挑举至体前，掌心斜向下；右手屈臂后引，收至胸前，掌心斜向下；眼随左手。（图 32）

3. 虚步合手

上体向左回转，左脚稍向前移，脚跟着地，脚尖翘起，膝关节微屈，成左虚步；两臂微外旋，屈肘合抱，两手前后交错，侧掌合于体前。左手与鼻相对，掌心向右。右手合于左臂肘部里侧，掌心向左。面朝正东，胸向朝东南 30 至 45 度，目视左手前方。（图 33）

要点　此势重心坐于后腿，两臂前后相错，左右相合，犹如怀抱琵琶之势。做这个动作时腰要松，步要稳；合臂时沉肩垂肘，腋下虚空。力点在两掌，要有合手撅臂、反关节擒拿之意。

第六式　左右倒卷肱

1. 右倒卷肱

（图 34）

（图 35）

（图 36）

（1）转体撤手：上体右转，两臂外旋打开，右手经腰侧由下向后上方划弧打开，掌心向上，腕同肩高；臂微屈，左手翻转为掌心向上停留在体前；步子保持不变，头随身体转动，目视右手（西南方向）。（图 34）

（2）退步卷肱：上体稍左转；左脚提收向后退一步，脚前掌轻轻落地；右臂卷屈，右手收至肩上耳侧，左臂微屈准备后收。（图 35）

（3）虚步推掌：上体继续左转；重心后移，左脚踏实，右脚以脚掌为轴转正，脚跟离地，右膝微屈成右虚步；右手推至体前，腕与肩同高，掌心向前。左臂屈肘回收，向后、向下划弧至左腰侧，手心向上；面朝正东，目视右手方向。（图 36）

2. 左倒卷肱

（图 37）

（图 38）

（图 39）

（1）转体撤手：上体左转，左手向左后上方划弧外展，臂微屈，右手外旋翻转为掌心向上停留在体前；步子保持不变，头随身体转动，目视左手（西北方向）。（图 37）

（2）退步卷肱：上体稍右转；右脚提收向后退一步，脚前掌轻轻落地；左臂卷屈，左手收至肩上耳侧，右臂微屈准备后收。（图 38）

（3）虚步推掌：上体继续右转；重心后移，右脚踏实，左脚以脚掌为轴转正，脚跟离地，左膝微屈成左虚步；左手推至体前，腕与肩同高，掌心向前。右臂屈肘回收，向后、向下划弧至右腰侧，手心向上；面朝正东，目视左手前方。（图 39）

3. 右倒卷肱

（图 40）

（图 41）

（图 42）

（1）转体撤手：上体稍右转；右手随转体向斜后（西南角）划弧打开举至肩高，手心向上；左手外旋翻转停于体前；头随身体转动；目视右手。（图 40）

（2）退步卷肱：上体稍左转；左脚提收向后退一步，脚前掌轻轻落地；右臂卷屈，右手收至肩上耳侧，左臂微屈准备后收。（图 41）

（3）虚步推掌：上体继续左转；重心后移，左脚踏实，右脚以脚掌为轴转正，脚跟离地，右膝微屈成右虚步；右手推至体前，腕与肩同高，掌心向前。左臂屈肘回收，向后、向下划弧至左腰侧，手心向上；面朝正东，目视右手方向。（图 42）

4. 左倒卷肱

（1）转体撤手：上体左转，左手向左后上方划弧外展，臂微屈，右手外旋翻转为掌心向上停留在体前；步子保持不变，头随身体转动，目视左手（西北方向）。

（图 43）

（2）退步卷肱：上体稍右转；右脚提收向后退一步，脚前掌轻轻落地；左臂卷屈，左手收至肩上耳侧，右臂微屈准备后收。（图 44）

（3）虚步推掌：上体继续右转；重心后移，右脚踏实，左脚以脚掌为轴转正，脚跟离地，左膝微屈成左虚步；左手推至体前，腕与肩同高，掌心向前。右臂屈肘回收，向后、向下划弧至右腰侧，手心向上；面朝正东，目视左手前方。（图 45）

（图 43）

（图 44）

（图 45）

要点

左右倒卷肱这个动作主要练习向后退步的步法和旋臂、卷肱、收推的手法，还有前进后退劲力的互动。两手之间一推一收，上肢与下肢之间一进一退，表现阴阳的互换和平衡。攻防意识上是退中有进，守中有攻。练习时注意转体幅度不要太大，用腰带臂，走弧形路线；臂膀要放松，做到沉肩垂肘，手臂不能僵直；推掌的手和回抽的手在体前交错再划分。步法上要注意退步时避免两脚踩到前后的同一直线上，支撑腿要保持弯曲，使重心平稳移动，不要有起伏。连续四次动作要流畅连贯，匀速缓慢，中间不要有停顿。

第七式　左揽雀尾

（图 46）

（图 47）

（图 48）

1. 收脚抱球

上体微右转;右手由腰侧向右上方划弧，左手在体前放松微下落;随即右臂内旋，屈臂抱于胸前，掌心翻转向下，左手划弧内收，抱于腹前，掌心转向上，两手上下相对如抱球状，左脚收至右脚内侧，脚尖点地;目视右手。（图 46）

2. 转体出步

上体微左转，左脚向左前方（正东）迈出一步，脚跟轻轻落地;两臂抱球欲做掤势。（图 47）

3. 弓步掤臂

上体继续左转;重心前移，左脚踏实，左腿屈膝前弓，右腿自然蹬直，成左弓步;两手前后划分，左臂半屈向体前掤出，腕与肩同高，掌心向内。右手向下划弧落于右胯旁，掌心向下，指尖向前;目视左臂前方。（图 48）

4. 旋臂转体

上体稍左转;左手向左前方伸出，手臂内旋，掌心转向下。同时右臂外旋，右手经腹前向上、向前伸至左前臂内侧，掌心向上;目视左手。（图 49）

（图 49）

（图 50）

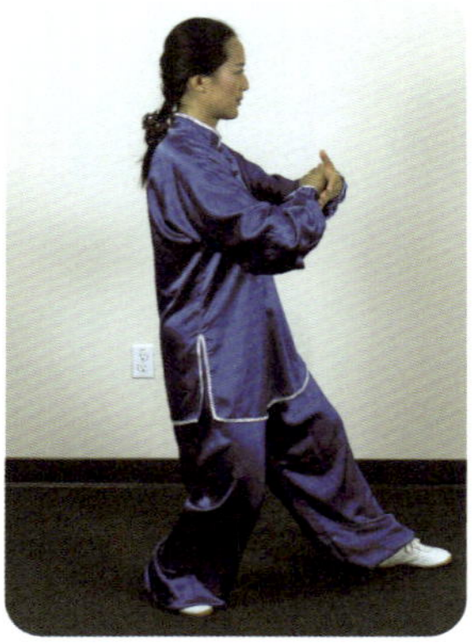
（图 51）

5. 转体后捋

上体右转；两手同时经腹前向右后方划弧后捋，右手捋至身体侧后方（西南角），掌心向外。左臂平屈于胸前，掌心向内；重心后移，身体后坐，右腿屈膝，左腿自然伸直；目视右手。（图 50）

6. 转体搭手

上体左转，正对前方（正东）；右臂屈肘，右手收至胸前，搭于左腕内侧，掌心向前。左臂仍屈收于胸前，掌心向内，指尖向右；目视前方。（图 51）

（图 52）

（图 53）

（图 54）

7. 弓步前挤

重心前移，左腿屈弓，右腿自然蹬直成左弓步；右手搭于左腕处向前挤出，与肩同高，两臂撑圆；目视前方。（图 52）

8. 后坐引手

右腿屈膝，重心后坐，左腿自然伸直，左脚尖翘起；左手内旋翻转，右手经左腕上方划弧外分，两手左右分开至与肩同宽，掌心均向下；随即两臂屈收，两手后引，经胸前收到腹前，手心斜向下。（图 53）

9. 弓步前按

重心前移，左脚踏实，左腿屈弓，右腿自然蹬直成左弓步；两手沿弧线推按至体前，两腕与肩同高、同宽，两掌心向前，指尖向上；胸向正东，目视前方。（图 54）

要点 揽雀尾包括了太极拳中最基本的掤、捋、挤、按四正手法。掤的时候意在前臂，好似在自己身体前筑起一道防线，接住对方来势，并能以应其变。手臂要自然弯曲，配合胸微微内含，以及弓步的支撑，整体形成一种圆弧形的掤劲。捋的含义是引进落空，要以腰带手，不可直臂、折腕，身体重心要移到后腿，不能留在两腿之间。挤和按都是进攻的手法，要通过后腿的蹬伸，腰背的传送，肩肘的放松，劲力才能达到手腕和掌根处。这四个巧妙的太极技法运转起来柔顺协调，好似两手轻轻揽捋燕雀的尾羽，注意体会那种自然细腻的美妙情境。在衔接上要做到势势相连，不要有停顿的痕迹；虚实转换中身体重心保持在相同的高度，不要上下起伏；注意区别两次重心后坐时的脚尖动作，“捋”时前脚全脚掌着地，脚尖不上翘，“按”时前脚脚尖翘起。

第八式　右揽雀尾

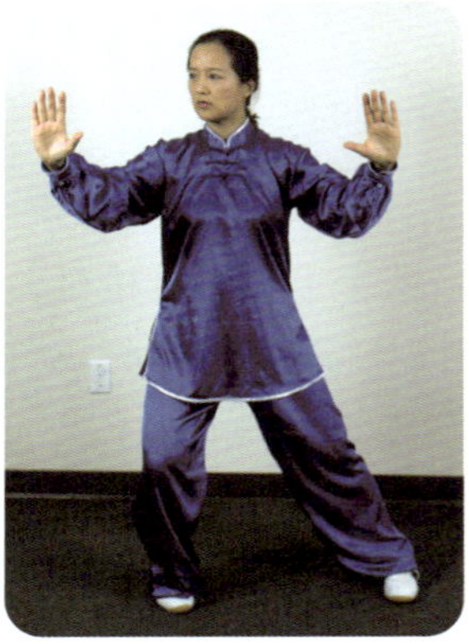
（图 55）

（图 56）

（图 57）

1. 转体分手

重心后移，上体右转，左脚尖内扣；右手经面前划弧右摆，掌心向外，两手平举于身体两侧；头及目光随右手移转。（图 55）

2. 抱手收脚

左腿屈膝，重心左移，右脚收至左脚内侧，脚尖点地；左手屈抱于胸前，手心向下。右手屈抱于腹前，手心向上，两手上下相对，在体前抱球；目视左手。（图 56）

3. 转体出步

上体微右转，右脚向右前方（正西）迈出一步，脚跟轻轻落地；两臂抱球欲做掤势。（图 57）

4. 弓步掤臂

上体继续右转；重心前移，右脚踏实，右腿屈膝前弓，左腿自然蹬直，成右弓步；两手前后划分，右臂半屈向体前掤出，腕与肩同高，掌心向内。左手向下划弧落于左胯旁，掌心向下，指尖向前；目视右臂前方。（图 58）

5. 旋臂转体

上体稍右转；右手向右前方伸出，手臂内旋，掌心转向下。同时左臂外旋，左手经腹

前向上、向前伸至右前臂内侧，掌心向上；目视右手。（图 59）

6. 转体后捋

上体左转；两手同时向经腹前向左后方划弧后捋，左手捋至身体侧后方（东南角），掌心向外。右臂平屈于胸前，掌心向内；重心后移，身体后坐，左腿屈膝，右腿自然伸直；目视左手。（图 60）

（图 58）

（图 59）

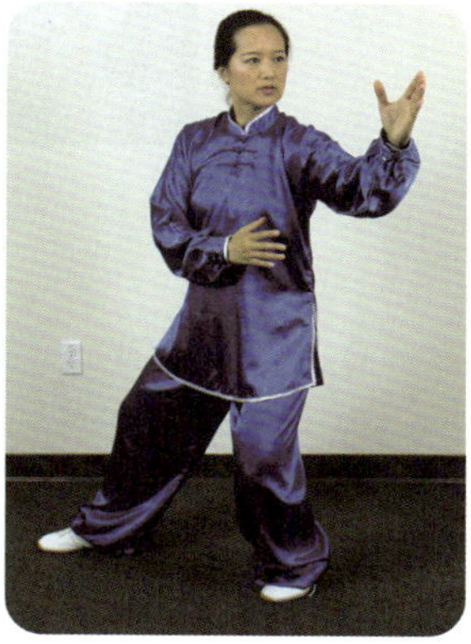
（图 60）

7. 转体搭手

上体右转，正对前方（正西）；左臂屈肘，左手收至胸前，搭于右腕内侧，掌心向前。右臂仍屈收于胸前，掌心向内，指尖向左；目视前方。（图 61）

8. 弓步前挤

重心前移，右腿屈弓，左腿自然蹬直成右弓步；左手搭于右腕处向前挤出，与肩同高，两臂撑圆；目视前方。（图 62）

（图 61）

（图 62）

（图 63）

（图 64）

9. 后坐引手

左腿屈膝，重心后坐，右腿自然伸直，右脚尖翘起；右手内旋翻转，左手经右腕上方划弧外分，两手左右分开至与肩同宽，掌心均向下；随即两臂屈收，两手后引，经胸前收到腹前，手心斜向下。（图 63）

10. 弓步前按

重心前移，右脚踏实，右腿屈弓，左腿自然蹬直成右弓步；两手沿弧线推按至体前，两腕与肩同高、同宽，两掌心向前，指尖向上；胸向正西，目视前方。（图 64）

要点 由左势向右势转化时左脚尽量内扣，重心移动过程要做到虚实分明，不要有明显起伏，上体保持正直，避免摆动。双掌分开后，两臂不要伸太直，应当保持自然弯曲。其他要点同左揽雀尾，唯左右相反。

第九式　单　鞭

1. 转体运臂

重心左移，上体左转，右脚尖内扣；两臂交叉运转。左手经面前向左划弧至身体左侧，掌心向外。右手经腹前向左划弧至左肋前，掌心斜向内；视线随左手运转。（图 65）

（图 65）

（图 66）

2. 勾手收脚

上体右转，重心右移，右腿屈膝，左脚收至右脚内侧，脚尖点地；右手向上向右划弧，掌心向内，经面前至身体右前方变成勾手，勾尖向下，腕略高于肩。左手向下、向右划弧，经腹前至右肩前，掌心转向内；视线随右手移转。（图 66）

（图 67）

（图 68）

3. 转体上步

上体稍左转；左脚向左前方（正东）迈出一步，脚跟落地；左手经面前向左划弧，掌心向内；眼看左手。（图 67）

4. 弓步推掌

上体继续左转，重心前移，左脚踏实，左腿屈弓，右腿自然蹬直，脚跟外展，成左

弓步；左手经面前翻转向前推出，腕与肩同高，左肘与左膝上下相对；面向正东，目视左手前方。（图 68）

要点 向左转体时扣脚要充分，重心移动平稳，摆掌运臂走弧划圆，眼随手动。勾手时右臂不要过直，推掌时通过上体转动，弓腿，翻掌前推。弓步后腿自然蹬直，后胯要松沉。练习起来要有单手扬鞭的英姿气概。

第十式　云　手

（图 69）

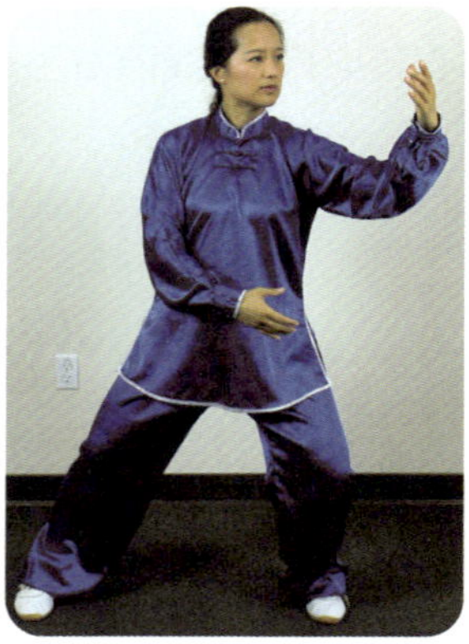

（图 70）

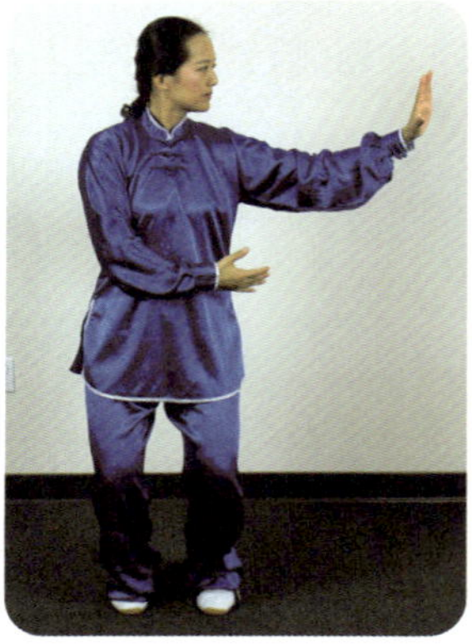

（图 71）

1. 转体松勾

重心后移，上体右转，左脚尖内扣，右腿弯曲；左手向右划弧，经腹前至右肋前，掌心向内。右勾手松开变掌，掌心向外；目光随转体转向右手。（图 69）

2. 左云并步

上体左转，重心左移；右脚向左脚方向跟步，脚前掌先着地，随之全脚踏实，两腿屈膝半蹲，两脚平行，脚尖向前，两脚相距约半脚距离；左手向上经面前向左划弧云转，掌心惭渐翻转向外。右手向下经腹前同时向左划弧云转，掌心渐渐翻转向内。左掌停于身体左侧，高与肩平，右手停于左肋前；视线随左手转移。（图 70、图 71）

3. 右云开步

上体右转，重心右移；左脚向左横开一步，脚前掌先着地，随之全脚踏实，脚尖向前；右手向上经面前向右划弧云转，掌心逐渐翻转向外。左手向下经腹前同时向右划弧云转，掌心逐渐翻转向内。右掌停于身体右侧，高与肩平，左掌停于右肋前；视线随右手转移。（图 72、图 73）

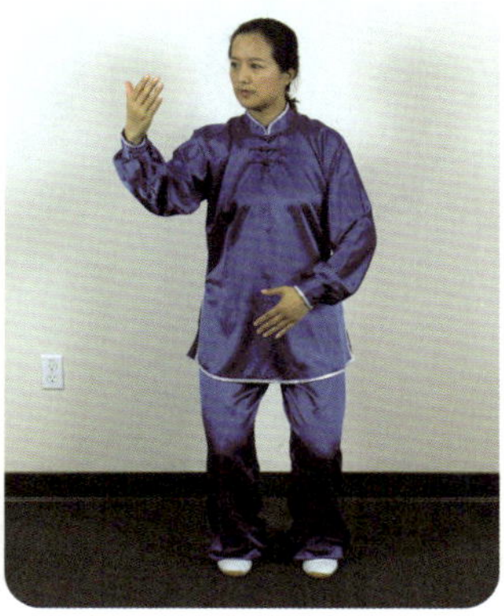

（图 72）

（图 73）

4. 左云并步

上体左转，重心左移；右脚向左脚方向跟步，脚前掌先着地，随之全脚踏实，两腿屈膝半蹲，两脚平行，脚尖向前，两脚相距约半脚距离；左手向上经面前向左划弧云转，掌心渐渐翻转向外。右手向下经腹前同时向左划弧云转，掌心渐渐翻转向内。左掌停于身体左侧，高与肩平，右掌停于左肋前；视线随左手转移。（图 74、图 75）

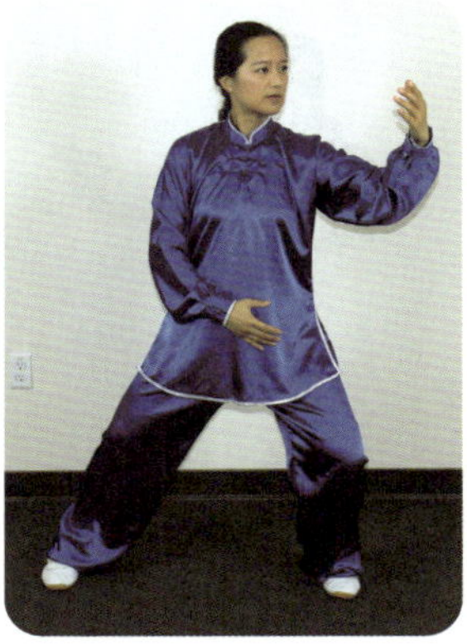

（图 74）

（图 75）

5. 右云开步

上体右转，重心右移；左脚向左横开一步，脚前掌先着地，随之全脚踏实，脚尖向前；右手向上经面前向右划弧云转，掌心渐渐翻转向外。左手向下经腹前同时向右划弧云转，掌心渐渐翻转向内。右掌停于身体右侧，高与肩平，左掌停于右肋前；视线随右手转移。（图 76、图 77）

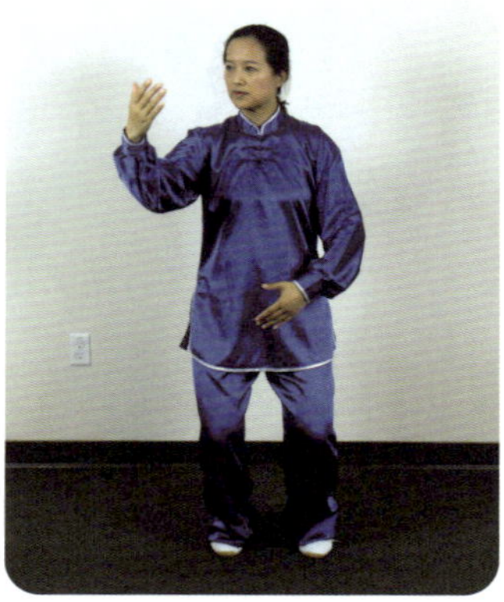
（图 76）

（图 77）

6. 左云并步

上体左转，重心左移；右脚向左脚方向跟步，脚前掌先着地，随之全脚踏实，两腿屈膝半蹲，两脚平行，脚尖向前，两脚相距约半脚距离；左手向上经面前向左划弧云转，掌心渐渐翻转向外。右手向下经腹前同时向左划弧云转，掌心渐渐翻转向内。左掌停于身体左侧，高与肩平，右掌停于左肋前；视线随左手转移。（图 78、图 79）

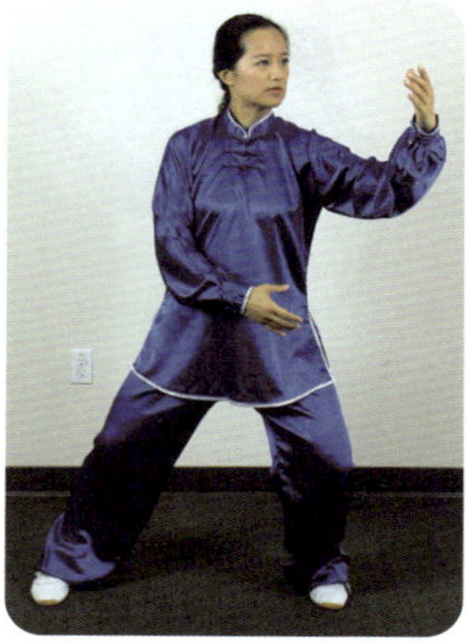
（图 78）

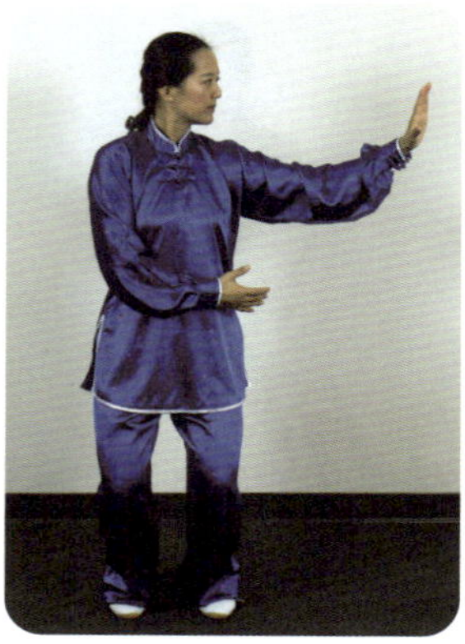
（图 79）

要点 云手动作特别能体现太极拳的腰为主宰、上下相随、内外合一的特征。主要练习横向行进的步法和以腰为轴、转腰带手交叉划圆的手法；充分锻炼周身上下、左右、内外配合的协调性。注意重心平移，保持同一高度，不可起伏，上下肢密切配合不可脱节。两臂运转要自然圆活，速度均匀缓慢，不要停顿；要有行云飞空的连贯流畅之感。右手沿顺时针方向，左手沿逆时针方向，当手运行至面部前时为最高点，掌心向面部，手指斜向上，与眼同高，当手运行至腹前时为最低点，双手肘关节保持自然弯曲，不可僵直。

第十一式　单　鞭

（图 80）

（图 81）

（图 82）

1. 转体勾手

上体右转，重心移向右腿，左脚跟提起；右手经面前向右划弧，至右前方掌心翻转变勾手。左手向下经腹前向右划弧云转至右肩前，掌心转向内；目光随视右手。（图 80）

2. 转体上步

上体稍左转；左脚向左前方（正东）上步，脚跟落地；左手经面前向左划弧，掌心向内；眼随左手。（图 81）

3. 弓步推掌

上体继续左转；重心前移，左脚踏实，左腿屈弓，右腿自然蹬直，脚跟外展，成左弓步；右手经面前翻转向前推出，腕与肩平，左肘与左膝上下相对；面朝正东，目视左手前方。（图 82）

要点 基本同第九式单鞭。

第十二式 高探马

（图 83）

（图 84）

（图 85）

1. 跟步翻手

后脚向前收拢半步，脚前掌着地，距前脚约一脚长；右勾手松开，两手翻转向上，两臂前后微外展，肘关节微屈；左臂仍在体前，右臂指向右斜后方（西南角）；转头眼看右手。（图 83）

2. 后坐卷肱

上体稍右转；重心后移，右脚踏实，右腿屈坐，左脚跟提起；右臂屈肘，右手卷收至耳侧，掌心斜向下。（图 84）

3. 虚步推掌

上体左转，右手经耳侧向前推出，腕与肩同高，手心向前。左臂屈收，左手收至

腹前，掌心向上；面朝正东，目视右手前方。（图 85）

要点 这一式左臂外旋回收是在滚压对手的前臂，并顺势向下向回引带，右手乘势直击其面。两手之间一虚一实，一守一攻。注意跟步时不要跟得太近，两脚间要有一定距离；推掌和虚步要同时完成。虚步上体要正直，前脚不要有太多重心。这里的推掌也叫“探掌”，力点只到掌指至指根处，带有探听虚实之意。从动作外形和名称上也可以理解为一手持握马的缰绳，一手轻抚马头，正在眺望远方探听走势的情景。

第十三式　右蹬脚

（图 86）

（图 87）

1. 穿手上步

上体左转；左脚提收后再向左前方迈出，脚跟着地；右手稍向后收，左手经右手背向右前方穿出，两手交叉，腕关节相交，左掌心向内，右掌心向外；眼看左手。（图 86）

2. 分手弓腿

重心前移，左脚踏实，左腿屈弓，右腿自然蹬直；两手同时向左右分开，两臂外

撑；眼随右手。（图 87）

3. 抱手收脚

右脚收至左脚内侧，脚尖点地；两手向腹前划弧相交合抱于胸前，右手在外，两掌心皆向内；眼看右前方。（图 88）

4. 分手蹬脚

左腿支撑，右腿屈膝上提，右脚脚尖上勾，脚跟用力慢慢向右前上方蹬出。左腿微屈，右腿伸直；两掌向外撑开，两臂展于身体两侧，肘关节微屈，两腕与肩平。右腿与右臂上下相对，方向为右前方（东南）约 30 度；眼随右手。（图 89）

（图 88）

（图 89）

要点 左脚向左前方迈步时脚离地不要太高，步幅要小，落脚时以脚跟先着地，然后慢慢踏实；两手外分时肘关节保持适当的弯曲度；双手向下划弧时身体不要前俯，收腿动作要慢。重心升高后，上体要直立，不可为了右腿抬高而后仰身体。蹬腿高度因人而异，最高过腰即可，重点是要能够保持直立和平衡。勾脚蹬腿要力达脚跟处，使蹬伸腿的后群肌肉韧带得以拉伸。支撑腿不要站得过直，膝关节也不能明显弯曲，脚趾抓地，上顶下踩。两手分掌不要做成直线，应向前向外划分，保持圆弧状态，右手与右脚方向一致，做到上下呼应。

第十四式　双峰贯耳

（图 90）

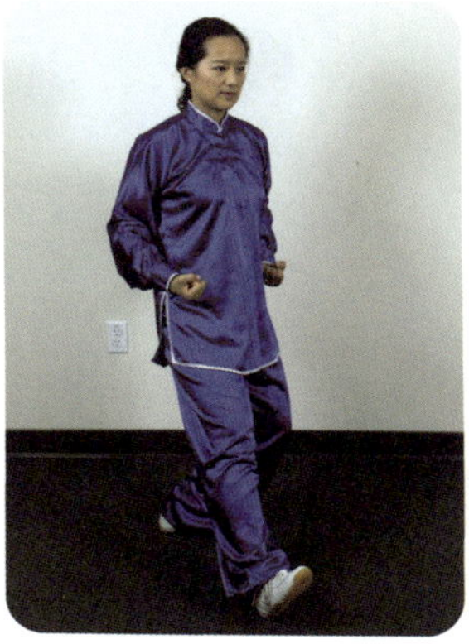
（图 91）

（图 92）

1. 屈膝并手

右腿屈膝回收，脚尖自然下垂；左手经体侧向前划弧，与右手并行落于右膝上方，掌心皆向上，指尖向前；眼看前方。（图 90）

2. 上步落手

右腿向右斜前方约 30 度上步，脚跟落地，脚尖上翘；两掌变拳收至两腰侧，拳心向上。（图 91）

3. 弓步贯拳

重心前移，右腿踏实，右腿屈弓，左腿自然蹬直，成右弓步；两手握拳从两侧向上、向前划弧贯拳至头前。两臂微屈成弧线，两拳相对成钳形，高于耳齐，相距同头宽，前臂内旋，拳眼斜向下；面朝东南 30 至 45 度，目视两手之间。（图 92）

要点　双峰贯耳是双臂绕环夹击贯打的一种拳法。两拳自腰间同时向前上方划弧摆打，意想横击对方太阳穴。落步的方向与右蹬脚几乎一致，弓步贯拳时肘关节下垂，上体正直，不要俯身突臀。

第十五式　转身左蹬脚

（图 93）

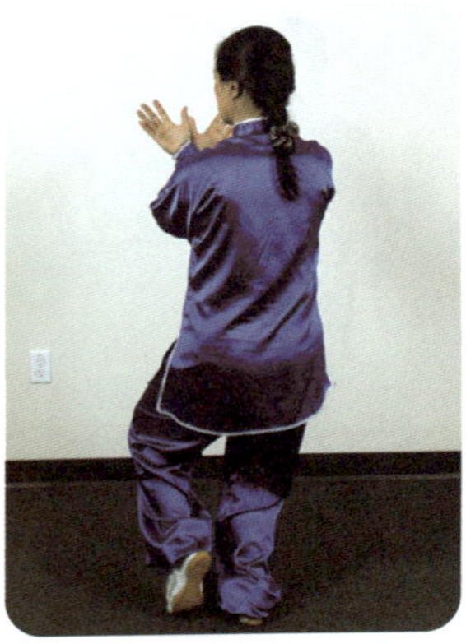

（图 94）

（图 95）

1. 转体分手

重心后移，上体左转，左腿屈膝后坐，右脚尖内扣；两拳松开，左手引领向左后划弧，两臂微屈撑于体侧，掌心均向外；眼随左手。（图 93）

2. 收脚合抱

重心右移，右腿屈膝后坐，左脚收至右脚内侧，脚尖点地；两手向下划弧，于腹前交叉合抱，举至胸前，左手在外，两手心皆向内。（图 94）

3. 分手蹬脚

右腿支撑，左腿屈膝上提，勾起脚尖，脚跟用力向左前上方慢慢蹬出；两臂内旋，两掌心转向外，左前右后划弧分展，两臂微屈举于身体两侧；左腿蹬直，与左臂上下相对；面朝西北约 30 度角，目视左手前方。（图 95）

要点　转身时充分扣脚，上体转动要大于 90°，最后蹬脚方向与右蹬脚相对称，夹角约 180°。连贯练习时重心移动要虚实分明，上体保持正直，不可低头弯腰。收腿动作不要太早太快，当重心完全控制在右腿上时再提膝收腿，以保持平稳。蹬脚方面其他要点同右蹬脚。

第十六式　左下势独立

（图 96）

（图 97）

（图 98）

1. 收脚勾手

左腿屈收，左脚点地收于右脚内侧；上体右转；右臂稍内合，右手变勾手。左手经头前划弧拦掌至右肩前，掌心向右，指尖向上；目光随左手转至右勾手。（图 96）

2. 屈蹲开步

右腿屈膝半蹲，左脚脚前掌落地，沿地面向左侧伸出，随即全脚踏实，左腿伸直；左手微下落。（图 97）

3. 仆步穿掌

右腿屈膝全蹲，上体左转成左仆步；左手经腹前沿左腿内侧向左穿出，掌心向外，指尖向左；胸朝正北，眼随左手。（图 98）

4. 弓腿起身

重心移向左腿；左脚尖外撇，左腿屈膝前弓。右脚尖内扣，右腿自然蹬伸。重心恢复至弓步高度；左手继续前穿并向上挑起。右勾手内旋，背于身后，勾尖朝上；胸向转朝正西，眼随左手。（图 99）

5. 独立挑掌

上体微左转，重心前移；右腿屈膝前提，脚尖自然下垂，左腿微屈独立支撑，成左独立步；左手下落按于左胯旁。右勾手变掌，经体侧向前挑起，掌心向左，指尖向上，高与眼平。右臂半屈成弧，肘关节与右膝上下相对；面朝正西，目视前方。（图 100）

（图 99）

（图 100）

要点 这是一个能够充分调动能量，促使周身气血循环的动作。从低势的仆步到单腿平衡站立，要求一定程度的柔韧性、平衡性和腿部力量。刚开始可以先降低难度来练习，步子不用很大，完全可以小一点，只要意识上和重心是向下走的，而且腿部得到微微的撑拉就可以了。逐步地移动重心，从左腿经过中间，再到右腿，要逐步完成阴和阳之间的过渡和转移。并且，如果觉得从弓步直接到独立太难，距离太远，可以在中途加一个点地，稍微支撑一下，然后再站起来；升高站起和提膝动作要在重心完全移至左腿后再做，以便控制平衡。慢慢的，等柔韧性、腿部力量以及平衡性提高了，自然能够蹲得低一点，也渐渐可以一步完成独立，到时就不用再加一个点地的支撑了。所以做仆步时左脚出步不要太远，以便能把重心控制在右腿上再移动；穿掌时上体不可前倾。由仆步转换独立步时，一定要充分做好两脚的外撇和内扣。独立挑掌时前手肘与膝相对，提膝和挑掌动作也要配合重心上升同步完成。下按的手则与支撑腿下踩的劲力相合。同时上体要正直，不能歪斜，提膝腿小腿微内收，髋关节放松不能外翻。整个动作中间没有定势，各步骤要连贯完成。

第十七式　右下势独立

（图 101）

（图 102）

（图 103）

1. 落脚勾手

右脚落于左脚右前方，脚前掌着地；上体左转，左脚以脚掌为轴随之扭转；左手变勾手提举于身体左侧，高与眼平。右手经面前拦掌至左肩前，掌心向左；面朝东南，眼看左手。（图 101）

2. 屈蹲开步

右脚微提收，然后以脚前掌落地，沿地面向右伸出，随即右腿伸直，右脚全脚踏实；右手微下落。（图 102）

3. 仆步穿掌

左腿屈膝全蹲，上体右转成右仆步；右手经腹前沿右腿内侧向右穿出，掌心向外，胸朝正南，眼随右手。（图 103）

4. 弓腿起身

重心移向右腿；右脚尖外撇，右腿屈膝前弓。左脚尖内扣，左腿自然蹬直。重心恢复至弓步高度；右手继续前穿并向上挑起；左勾手内旋，背于身后，勾尖向上；胸向转朝正西，眼随右手。（图 104）

5. 独立挑掌

上体微右转，重心前移；左腿屈膝前提，脚尖自然下垂，右腿微屈独立支撑，成右独立步；右手下落按于右胯旁，左勾手变掌，经体侧向体前挑起，掌心向右，指尖向上，高与眼平；左臂半屈成弧，肘关节与左膝相对；面朝正西，目视前方。（图 105）

（图 104）

（图 105）

要点 左独立过后右脚落地时注意不要落得离左脚太近，至少要有半脚的距离。提右脚侧向出步时不要提太高，轻提即可，不要超过脚踝高度。其余要点同左下势独立，唯左右相反。

第十八式　左右穿梭

1. 右穿梭

（1）落步抱手：左脚向左前方落步，上体微左转；左手翻转向下，右手翻转向上，两手在体前上下相抱；眼看左手。（图 106）

（2）上步错手：上体右转；右脚提收经左脚内侧向斜前方（西北角）上步，脚跟着地；右手由下向前上方划弧；左手由上向后下方划弧，两手交错；眼随右手。（图 107）

（3）弓步架推：上体继续右转；重心前移，右脚踏实，右腿屈膝前弓，成右弓步；右掌翻转上举，架于右额前上方，掌心斜向上。左掌由肋前推至体前，高与鼻平；面朝西北，目视左手前方。（图 108）

（图 106）

（图 107）

（图 108）

2. 左穿梭

（1）转体翘脚：重心稍后移，右脚尖上翘；右手微下落，左手稍向左划弧，落至腹前，准备“抱球”。（图 109）

（2）抱手收脚：右脚踏实，重心移至右腿；两手在体前上下相抱；左脚收至右脚内侧。（图 110）

（图 109）

（图 110）

（3）上步错手：上体左转；左脚向左斜前方（西南角）上步，脚跟着地；左手由下向前上方划弧，右手由上向后下方划弧，两手交错；眼随左手。（图 111）

（4）弓步架推：上体继续左转；重心前移，左脚踏实，左腿屈膝前弓，成左弓步；左掌翻转上举，架于左额前上方，掌心斜向上。右掌由肋前推至体前，高与鼻平；面朝西南，目视右手前方。（图 112）

（图 111）

（图 112）

要点 这个动作充分表现了杨式太极拳自然圆活、舒展大方的特点。在做架掌的时候要注意，是旋臂滚动上架，肩部不能上起，要松沉，劲力达到前臂接近手腕处。推掌的手要充满劲力，手指舒展，手心松空；臂不要推得过直，肘关节微屈，肘尖自然下垂。推掌完成时，上体不要前倾和侧倾，两肩保持相同高度。上架和前推的动作速度也要与重心前移协调一致，做到手脚同时到达；不要先完成弓步再架推。整式以弓步架、推为主体，体现出太极拳连消带打、寓攻于守的技击特征。左右斜前方上步是锻炼向隅角方位的运行，上架的手法是横向的，推掌的手法是纵向的，一纵一横，穿梭交错，所以叫左右穿梭。

第十九式　海底针

1. 跟步提手

右脚向前跟进半步，脚前掌落地，距前脚约一脚长。随后重心后移，右腿屈坐，上体右转，左脚跟提起；右手下落经体侧屈臂抽提至耳旁，掌心向左，指尖向前。左手向右划弧下落至腹前，掌心向下，指尖斜向右。（图 113）

2. 虚步插掌

上体微左转，略向前俯身；右手从耳侧向前下方斜插，掌心向左，指尖斜向下。

左手经左膝前划弧搂过，按于大腿外侧；左脚稍前移，脚前掌着地成左虚步；面朝正西，目视右手。（图 114）

（图 113）

（图 114）

要点　跟步后坐时右手在体侧要走立圆上提，不要横向摆动。插掌时上体不能过度前倾，避免低头弯腰和凸臀。上下肢动作要协调同步。定势时气机向下松沉，有深入海底的感觉；插掌时松肩、屈肘、松腕，劲力贯注到指尖处，犹如海底投针。

第二十式　闪通臂

（图 115）

（图 116）

1. 提手收脚

上体恢复正直，右腿屈膝支撑，左脚回收，以脚尖点地落至右脚内侧，右掌微上挑至身前，指尖朝前，掌心向左。左手屈臂内收，指尖贴近右腕内侧；目视前方。（图 115）

2. 弓步推撑

左脚前迈一步成左弓步；左掌推至体前，大指与鼻尖对齐。右手撑于头侧上方，掌心斜向上，两手前后分展；面朝正西，眼随左手方向。（图 116）

要点 此处是顺弓步的动作，左手左腿在前，上下相对；右肩和右胯要注意松沉，右脚跟不能拔起。两手先微微上提再分开，左手前推，右手上撑向后引拉，腰、腿、臂同时发力。这里的“闪”形容招势运用起来可以快如闪电，“通臂”是指劲力通达于两臂或肩背，全身形成一个整体。此式又称“扇通背”，前后撑展的动作外形，好比打开一把巨扇一样舒展饱满。注意拔背，后腿蹬地，劲力通过腿，经腰背，达到手臂，体会这打开的过程，劲力的传达，如同开扇般充满张力。

第二十一式　转身搬拦捶

1. 转身扣脚

重心后移，右腿屈坐，左脚尖内扣，身体右转；两手向右侧摆动，右手摆至身体右侧，左手摆至头侧，两掌心均向外；胸朝正北，回头眼看右手。（图 117）

2. 坐腿握拳

重心左移，左腿屈坐，右脚以脚掌为轴碾转；右手握拳向下、向左划弧再提收，拳心向下。左手撑举于左肩前上方；目光向右平视。（图 118）

3. 摆步搬拳

右脚提收至左脚踝关节内侧，再向前迈出，脚跟着地，脚尖外撇；右拳经胸前向前搬压，拳心向上，高与胸平，肘部微屈。左手微下落，撑于身体左侧；胸朝正东，目

视右拳。(图 119)

(图 117)

(图 118)

(图 119)

4. 上步拦掌

上体右转，重心前移，左脚向前上步，脚跟着地；右臂内旋，右拳向右划弧翻转收至腰间，拳心向上；左臂外旋，左掌拦至体前，高与肩平，掌心向右，指尖斜向上；目视左掌。(图 120)

5. 弓步打拳

上体微左转；重心前移，左腿屈弓，左脚踏实，右腿自然蹬直，成左弓步；右拳向胸前打出，肘微屈，拳心转向左，拳眼向上。左手微收，掌指附于右前臂内侧掌心向右；面朝正东，目视右拳前方。(图 121)

(图 120)

(图 121)

要点 回身右转时左脚尽量充分内扣，搬拳和拦掌之间的连续上步也叫“垫步”，注意垫步时提右脚出步勿抬脚过高，要轻提轻落，迈步即撇脚，重心不要前移以后再撇脚。握拳不能太紧，拳心微空。这个由防到攻的动作表现着太极阴阳互换的拳理。搬、拦、捶三个手法与身法、步法、眼法要统一配合，搬拳的时候出右步，拦掌时左步上前，冲拳时完成弓步，要协调到位，连贯流畅。

第二十二式　如封似闭

（图 122）

（图 123）

（图 124）

1. 穿手翻掌

左手翻转向上，从右前臂下向前穿出。同时右拳变掌，也翻转向上，两腕交叉合于体前；目视前方。（图 122）

2. 后坐引收

重心后移，右腿屈坐，左脚尖翘起；两臂屈收，两手边分边后引，分至与肩同宽，收至腹前，掌心斜向前。（图 123）

3. 弓步按掌

重心前移，左腿屈弓，左脚踏实，右腿自然蹬直成左弓步；两掌经腹前向上、向

前推出，与肩同宽，腕高与肩平，掌心向前；指尖向上；胸朝正东，目视前方。（图 124）

要点 后坐收掌时上体保持正直，不可后仰，收掌和推掌都不能走直线来回，要弧线回收下落，再由下向上、向前推按。通过后腿的蹬力，经腰胯将劲力传达到手掌。这里的后坐引手为引进落空，弓步按掌则是乘势追击，先分手化解对方攻势使其落空，当对方欲后退摆脱时随即前按。过程中还有先外开再向内合的劲力表现，先外分，再内合，蓄力发放，有封门闭户之势。体会运用欲前先后、开之即合、以守待攻等阴阳哲理。

第二十三式　十字手

（图 125）

（图 126）

1. 转体扣脚

上体右转，重心右移，右腿屈坐，左脚尖内扣；右手经面前向右摆掌；胸转向正南，眼随右手。（图 125）

2. 弓腿分手

上体继续右转，右脚尖外撇，右腿屈弓，左腿自然伸直，成右侧弓步；右手继续向右划弧，摆至身体右侧，左臂随身体右转撑于身体左侧，两掌心皆向外；眼随右

手。（图 126）

3. 交叉搭手

上体左转，重心左移，左腿屈弓，右脚尖内扣；两手划弧下落，在腹前相合，目视双手。（图 127）

4. 收脚合抱

重心微上起；右脚提起向左收回半步，脚前掌落地，随之全脚踏实，体重平均放于两腿，两脚平行向前，与肩同宽，成开立步；两手交叉合抱于胸前，右手在外，掌心皆向内。两臂撑圆，两腕交叉成斜向的十字，高与肩平；面朝正南，目视前方。（图 128）

（图 127）

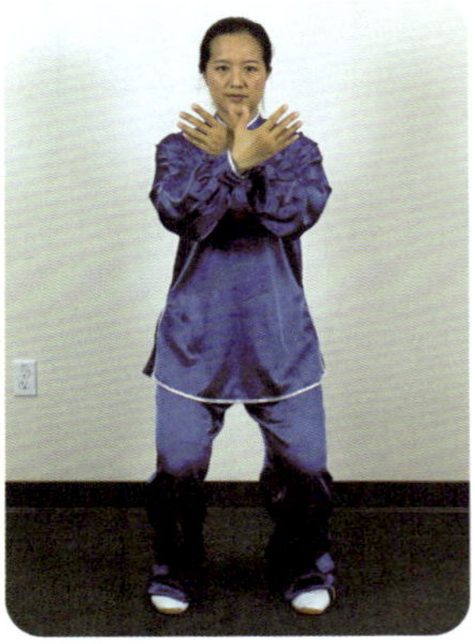

（图 128）

要点 右手平摆动作要用身体右转带动，做到以腰带手；重心平移，不要有起伏。侧弓步时两臂不能过度外展，不要超过腿的支撑面，应当沿着两腿的方向形成流畅的弧线，上下相对做到外三合。两手划弧下落时上体保持正直，不可弯腰低头；双手合抱应圆满舒适，沉肩垂肘，提顶立身，胸微内含。收步与抱手也要同时到位，一气呵成。可谓十字相交，阴阳合抱，合二为一。

第二十四式　收　势

1. 翻掌分手

重心微上起，两臂内旋，两手翻转向下左右分开，与肩同宽；目视两手前方。（图 129）

2. 垂臂落手

重心继续上起，两臂外旋徐徐下落，两手垂于大腿外侧；目视前方。（图 130）

3. 并步还原

左脚轻轻提起与右脚并拢，脚前掌先着地，随之全脚踏实，恢复成预备姿势；面朝正南，目视前方。（图 131）

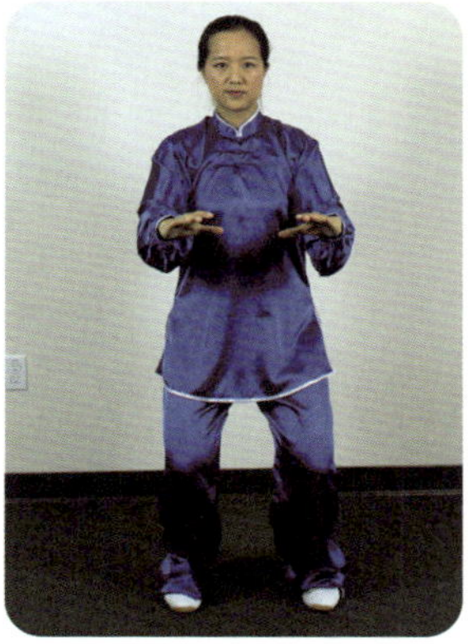

（图 129）

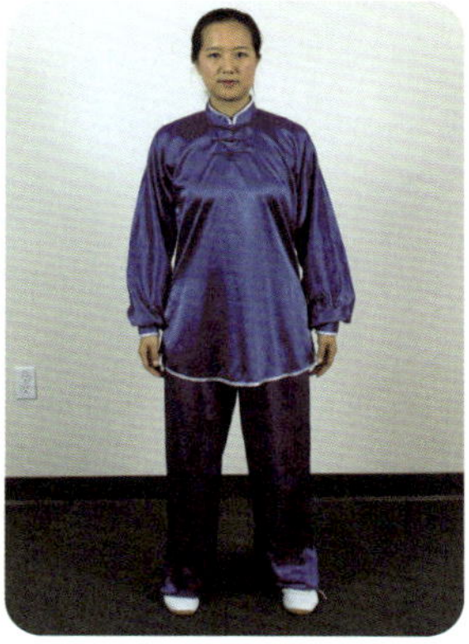

（图 130）

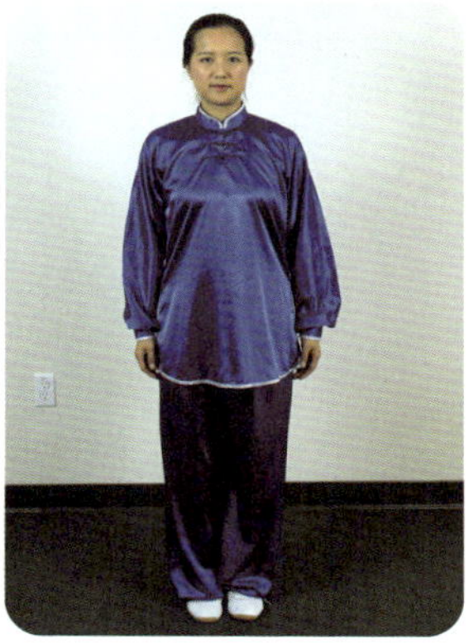

（图 131）

要点　翻掌分手时左手在上，经右手上方平抹，不要屈腕折转挽花。垂臂落手与起身一致。双掌下落时，手臂动作按沉肩、降肘、落手的顺序进行，不要做成掌心朝下的按掌。并步还原以后稍原地站立继续调息片刻再走动离开。太极是由无极而生，到了套路的结尾要回到初始状态。身体松静自然，心情也要非常平静，呼吸均匀稳定，一切回归无极。

三十二式太极剑

三十二式太极剑简介

剑是我国古老兵器的一种，被誉为“百兵之君”。太极剑是在太极拳运动的基础上，结合剑术的基本方法创编而成的一种具有太极拳的运动特点和健身价值以及攻防用途的太极器械。它属于太极拳系统中的一种剑术套路，兼有太极拳和剑术的风格，长期习练能够强身健体、陶冶性情，达到修身养性、益寿延年之目的。三十二式太极剑是由原国家体委（现国家体育总局）组织专家编创，向社会推广的经典的太极剑普及套路，也是当今流传最为广泛的太极剑套路之一。

三十二式太极剑的特点

32 式太极剑是根据传统杨式太极剑改编而成，遵循杨式太极拳中正圆活、舒展优美、朴实大气等特征。其剑法丰富，招式优美；身法、步法灵活多变；动作之间衔接连贯，运动量均衡适度，充分表现武术、太极的美学和运动价值，具有很强的健身性和观赏性，深受广大太极爱好者的喜爱。全套动作除“起势”和“收势”之外，共 32 式。整个套路分为 4 段，每段 8 个动作，完整练习一套约 3 分钟左右。动作中包括点、劈、刺、击、抽、带、撩、挂、截、拦、扫、抹等主要剑法和各种太极身法、步法。这套太极剑内容上精简规范，易学易练；适合男女老少，利于普及推广；既可以单人独练，也可以集体演练。手持单剑练习起来运动量会比徒手练拳时稍有增大，通过练习能进一步培养上下肢力量的平衡和太极运动中左右、上下的协调互动，以及手、眼、身、步的配合能力。能更好地增强体质，增加练习者的锻炼兴趣，为学练其他太极剑套路或太极器械打下基础。

三十二式太极剑的基本技术和基本功

太极剑是在太极拳的基础上，融合了剑术的技术和特点发展而成的。由于三十二式太极剑遵循杨式太极拳的运动要求，又具有剑术柔和轻灵、敏捷娇健、柔中寓刚、刚柔相济的特点，是一项体现拳剑双重特点的武术运动形式。所以学练三十二式太极剑，既要掌握太极拳的基本技术，又要掌握太极剑的基本技法。

基本技术及要求

（一）身型

太极剑同太极拳身型一样，从头部到膝足要注意以下要求：

虚领顶劲——头顶上提，下颏微收，颈部肌肉放松，不可僵挺，不可歪斜，不可前伸，不可摇晃，不可紧张。

沉肩垂肘——肩部保持松沉，不可耸肩，不可外张，不可内扣。肘部自然放松，不可僵直，不可外翻，不可扬起。

含胸拔背——胸部舒松自然，微内含；不可刻意外挺或内缩。背部舒展拔伸，不可紧张夹脊，不可过分弓背，不可歪斜。

松腰坐胯——腰部自然放松，不可僵硬，不可前挺，不可后弓。胯部松沉正直，不可外突，不可歪斜，不可晃摇。

敛臀开膝——臀部收敛、端正，不可突臀，不可歪斜，不可摇摆。膝部自然开活，不可僵挺，不过脚尖，不可内扣或外撇。

（二）手型

三十二式太极剑的手型主要是剑指和握剑的方法。

剑指：中指与食指伸直并拢，其余三指屈于手心，拇指压在无名指和小指的第一指节上。（图 1）

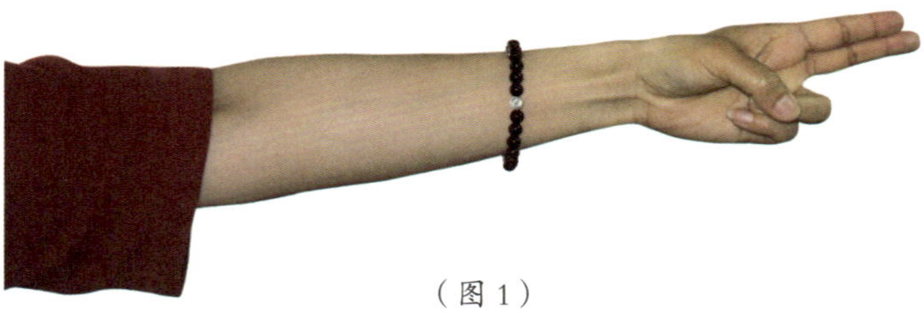

（图 1）

要点：中指与食指要并拢伸直，不允许分开或者弯曲。

握剑的方法一般有两种：

1. 持剑

手心紧贴护手，食指附于剑柄，拇指和其余手指扣紧护手两侧，剑脊轻贴前臂后侧。（图 2）

要点：持剑不能太松或过紧，使剑身与地面保持垂直状；不得使剑刃触及身体。

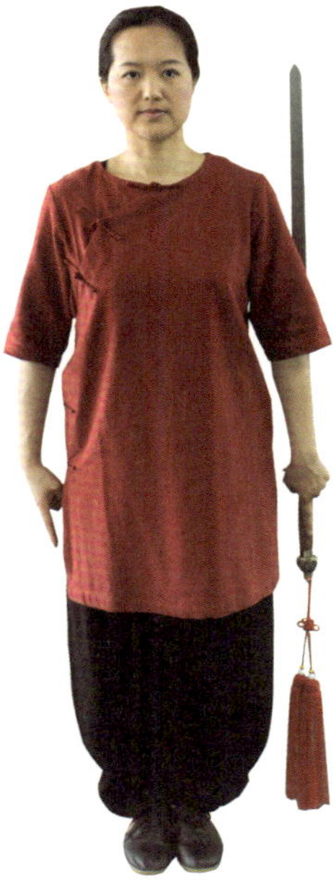

（图 2）

2. 握剑

（1）正握：手握剑柄，拇指屈压于食指第二指节上，其余四指并拢握紧剑柄，此时剑刃的方向为上下（即立剑），小指一侧的剑刃在下。（图 3）

（2）反握：与正握剑相反，立剑，小指一侧的剑刃在上。（图 4）

（3）俯握：平剑（即剑刃的方向为左右），握剑的手心向下。（图 5）

（4）仰握：平剑，握剑的手心向上。（图 6）

要点：握剑时手腕要松，手指要活，手心要空；握剑以拇指、中指、无名指为主，食指、小指配合，随动作的变化时紧时松，顺其自然。

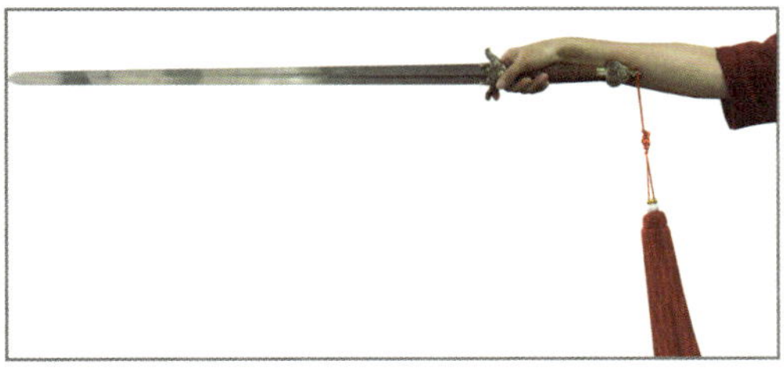

（图 3）

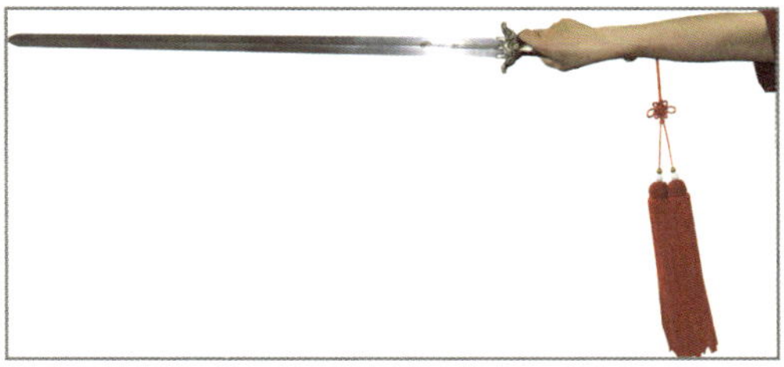

（图 4）

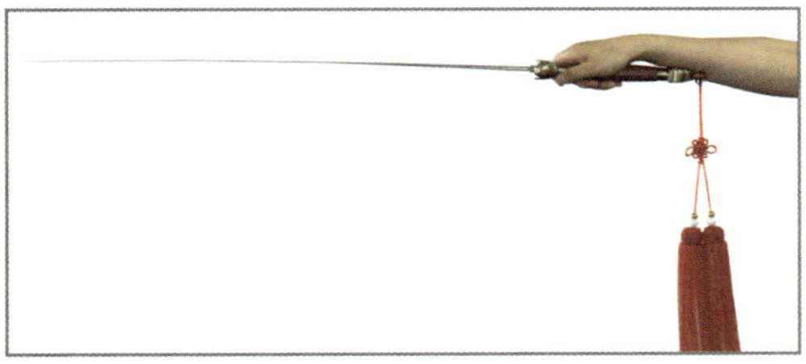

（图 5）

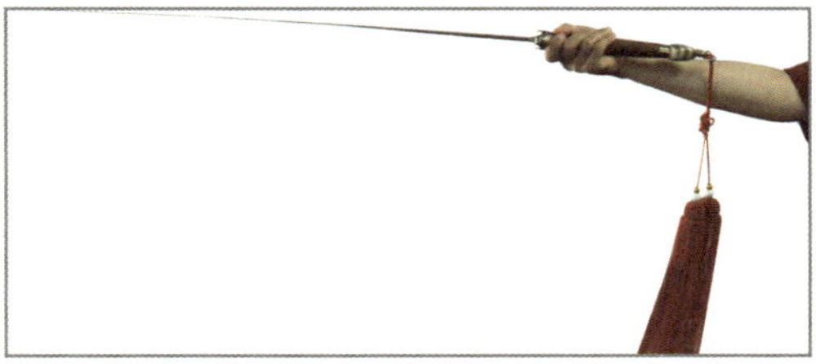

（图 6）

（三）步型

步型有弓步、虚步、仆步、丁步、独立步等。

1. 弓步：前脚尖向前，全脚着地，屈膝半蹲，大腿接近水平，膝部约与脚尖垂直；另一腿自然伸直，脚尖向斜前方约 45 度，全脚着地；两腿横向约半脚距离。（图 7）

要点：前腿膝部不得超过脚尖；后腿不要僵硬顶直；两脚不得踩在一条直线上，后脚不能拔跟。

2. 虚步：后脚斜向前 45 度；屈膝下蹲，全脚着地；前腿微屈，脚前掌或脚跟虚点地面；重心在后。（图 8a、图 8b）

（图 7）

（图 8a）

（图 8b）

要点：后脚跟不得离地，要全脚着地；另一腿不得伸直，膝关节放松微屈。

3. 仆步：一腿屈膝全蹲或半蹲，脚尖外展；另一腿侧向直腿平仆。重心在屈蹲腿一侧，两脚掌、脚跟均着地；胸、胯均为侧向。（图 9）

要点：平仆腿不可弯曲，收腹折胯上体不能前俯。支撑腿的脚跟不能提起，平仆腿的脚尖不可上翘。

4. 丁步：一腿屈膝半蹲，全脚着地；另一腿屈膝，以脚前掌或脚尖点于支撑腿脚的内侧。（图 10）

要点：两脚的横向距离不得过宽，虚实要分清。

5. 独立步：一腿自然直立，支撑站稳；另一腿在体前或体侧屈膝提起，小腿微内收，脚尖自然下垂。（图 11）

（图 9）

（图 10）

（图 11）

要点：支撑腿要自然直立，支撑脚的五趾要有向下扒地之意。腰颈竖直，两胯端平。

基本功（包括桩功、步法、身法和剑法）

（一）桩功

1. 太极浑圆桩

两脚开立，与肩同宽，屈膝半蹲，重心落于两腿之间。两臂体前抱球，指间相对，手心向内；沉肩垂肘，含胸拔背。唇齿轻闭，自然呼吸。（图 12）

要点：保持心静体松，呼吸逐步深长细匀。身体中正，不偏不倚；松腰坐胯，脚下生根。一开始练习从 1 ～ 5 分钟，逐步站到 5 ～ 10 分钟。调息入静的同时体会周身气血运行，尤其是上身肌肉关节的放松，增加腿部力量。

2. 持剑增劲桩

两手或单手反持剑，两臂前平举；两脚开立，与肩同宽，屈膝半蹲。身型中正，注意悬臂，两臂保持于地面平行。（图 13）

（图 12）

要点：保持桩势静立，端正自然，不偏不倚，呼吸深长细匀，意念集中。也可以手持轻重量哑铃等物代替剑。一般练习 5 ～ 10 分钟，如果是单手持剑，要左右交替练习。意想手臂与剑融为一体，气行于剑，体会剑与手臂的相合，通过练习增加手臂的静力性耐力。

（二）步法

步法是指脚步的移动方法。三十二式太极剑中运用的步法基本同太极拳，有上步、退步、进步、撤步、碾步、摆步、扣步、活步、跟步、跳步等，具体介绍如下。

1. 上步

后脚越过支撑腿脚内侧向前上步。

2. 退步

前脚越过后脚支撑腿内侧退一步。

3. 进步

前脚向前移动半步。

4. 撤步

前脚或后脚向后移动半步。

5. 碾步

以脚掌为轴，脚跟外展或内收转动。

6. 摆步

以脚跟为轴，脚尖外摆。

7. 扣步

以脚跟为轴，脚尖内扣。

8. 活步

前脚随动作稍移动。

9. 跟步

前脚不动，后脚向前跟进半步。

10. 跳步

前脚蹬地提踵，后脚轻跳跃过前脚落地。

（图 13）

步法要求：轻灵稳健，步点准确，轻起轻落，虚实分明。转换进退轻灵稳健，前进时，脚跟先着地，后退时，前脚掌先着地；不可重滞突然，重心移动平稳均匀。两脚距离和跨度要适当，脚掌和脚跟碾转要配合，膝胯部位要松活自然，不可僵挺。

（三）身法

同太极拳，练太极剑时要端正自然，不偏不倚，舒展大方，旋转松活，不忽起忽落，动作要以腰为轴，带动上下左右，完整贯串。

（四）剑法

演练三十二式太极剑时要求懂剑法、明剑理。要做到剑法清晰，劲力顺达，力点准确，身剑协调，用法明确。以下介绍部分主要剑法。

1. 刺剑

用剑尖进攻的方法称“刺剑”，手臂由屈到伸，与剑成一条直线，力达剑尖。刺分为立剑刺（剑刃朝上下）和平剑刺（剑刃朝左右）两种。（图 14、图 15）

按照刺剑的位置，可分为：

（1）平刺剑：剑尖高度约与胸平。

（2）上刺剑：剑尖高度约与眼平。

（3）下刺剑：剑尖高度约与膝平。

（4）探刺剑：臂内旋，手心向外，剑经肩上侧向前上方立剑刺出。（图 16）

2. 点剑

立剑，提腕，使剑尖由上向下点击，臂自然伸直，力达剑尖、剑锋处。手腕上提，剑尖向下有点啄之力。（图 17）

（图 14）

（图 15）

（图 16）

（图 17）

3. 削剑

平剑，自左下方向右上方斜削击出，手心斜向上，剑尖略高于腕。削剑时要转腰、伸腕，力达剑刃的前部。（图 18）

4. 扫剑

平剑，从低势由右向左或由左向右横扫出击，高不过腰。剑身要与地面保持平行，路线走圆弧，劲贯剑刃。（图 19）

5. 拦剑

立剑，斜向前上方托架，力点在剑刃的中后部，用以拦截对方的进攻。（图 20a、图 20b）

（图 18）

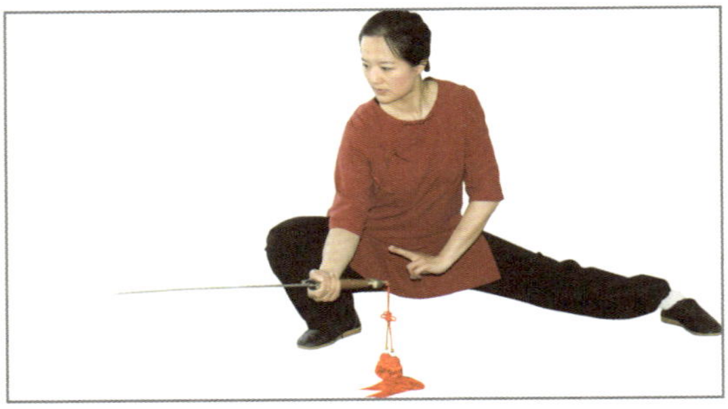

（图 19）

（图 20a）

（图 20b）

6. 抹剑

平剑，由左向右或由右向左领带，弧形抽回，高度在胸腹之间。抹剑时剑身要与地面平行，划弧平抹，力达剑刃。（图 21）

7. 带剑

平剑，由前向侧后方抽回为带剑。要注意屈臂回抽，沉肩、坠肘、沉腕。腕高不过胸，剑尖斜向前，劲贯剑身中、后部，力点在剑身的剑刃上滑动。（图 22）

（图 21）

（图 22）

（图 23）

8. 挂剑

立剑，剑尖从前向下、向后，经过身体两侧成立圆挂出，为达剑身前部，用来格开对方的进攻。挂剑时注意握剑手腕稍内扣，剑要贴身走立圆。（图 23）

9. 截剑

立剑或平剑切断和阻截对方的进攻，力在剑刃。剑由左向右向下按落，剑尖斜向下。截有切、按之意，用于阻截对方的进攻，力注小指一侧剑刃。（图 24）

10. 撩剑

立剑，由后向前上方撩击，力注小指一侧剑刃前部。正撩剑前臂外旋，手心向上，剑贴身向前上弧线撩出；反撩剑前臂内旋，手心向外，其他均与正撩剑相同。无论正撩或反撩，剑要贴身走立圆。（图 25）

（图 24）

（图 25）

（图 26）

11. 劈剑

立剑由上向下劈击，力点作用于剑身，手臂与剑成一直线，不能提腕。劈剑时，剑身一定要保持立剑。（图 26）

12. 捧剑

（图 27）

单手持剑，剑身平置，两手由两侧向胸前相合，手心向上，剑指增劲捧于另一手背下，剑尖向前，略高于腕。捧剑时两手不可分开，劲要从下而上。（图 27）

三十二式太极剑动作名称

第一段

预备式

起势

01　并步点剑

02　独立反刺

03　仆步横扫

04　向右平带

05　向左平带

06　独立抡劈

07　退步回抽

08　独立上刺

第二段

09　虚步下截

10　左弓步刺

11　转身斜带

12　缩身斜带

13　提膝捧剑

14　跳步平刺

15　左虚步撩

16　右弓步撩

第三段

17　转身回抽

18　并步平刺

19　左弓步拦

20　右弓步拦

21　左弓步拦

22　进步反刺

23　反身回劈

24　虚步点剑

第四段

25　独立平托

26　弓步挂劈

27　虚步抡劈

28　撤步反击

29　进步平刺

30　丁步回抽

31　旋转平抹

32　弓步直刺

收势

聆听，生命深层的旋律，
以太极相和。

三十二式太极剑

套路讲解

第一段

预备势

假设面向正南，自然站立，身体正直，两臂垂于身体两侧。左手持剑，手心向后，剑身竖直，剑尖向上，剑刃与身体平行。右手握成剑指，手心向内，眼平视前方。（图 1）

（图 1）

要点

预备势时调息入静，做到精神放松，意念集中，呼吸均匀顺畅。头颈正直，下颌微内收。周身自然，含胸拔背，不要故意挺胸或收腹。两肩松沉，腋下虚空，两肘微屈。左手握剑不必过紧，以能握住剑，使剑与手相合为度。食指稍稍用力按于剑柄，使剑脊贴于左前臂后侧，不要使剑刃离开触及身体。右手剑指也要规范、自然。

起势

step 1

左脚轻提向左侧横开半步，两脚平行，与肩同宽，右剑指内旋，转至手心向后。（图 2）

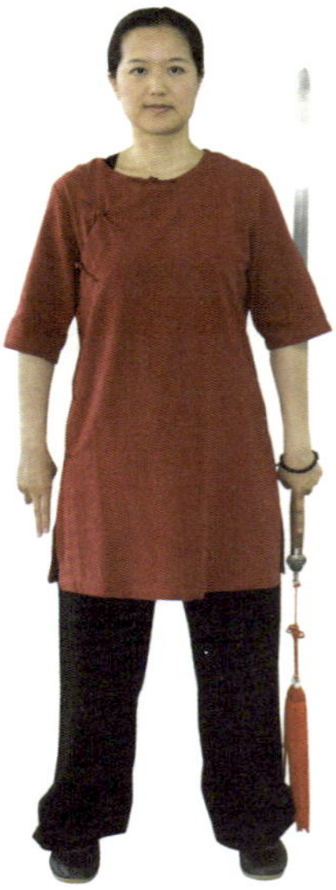

（图 2）

step 2

两臂慢慢向前平举高与肩平，手心向下，眼平视前方。（图 3）

（图 3）

要点

开步要点起点落，先将重心移至右脚，右膝微屈，松左胯，再提左脚开步。两臂慢慢前举时，保持头顶上提，肩部自然松沉，不要耸肩，剑身轻贴左前臂下方，剑首指向正前方，剑尖不可下垂。

step 3

上体略向右转，重心微移向右腿，屈膝下蹲，随之左脚向右脚内侧靠拢；同时右手剑指边翻转边由体前下落，经腹前向右上举，手心斜向上；左手持剑以剑首朝右前方划弧前顶再屈肘落于右胸前，手心向下，眼看右手剑指方向。（图4、图5）

（图4）

（图5）

要点

重心稳定在右腿之后，再收回左脚。左手持剑划弧时，肩部仍要放松，整个动作以腰带手摆臂，身体正直。脚下虚实分明，右实左虚。

step 4

身体左转，左脚向左侧前方（正东）迈出，成左弓步；同时左手持剑经体前划弧向外搂至左胯旁，剑身竖直立于左前臂后，剑尖向上；右臂屈肘，剑指经耳旁随转体向前指出，指尖自然斜向上，高与眼平，面朝正东，眼看剑指前方。（图6、图7）

（图6）

（图7）

要点

左转出步时步幅不能过大，先以脚跟着地，随即左腿屈膝前弓。移重心成左弓步的过程，要松腰坐胯，后脚蹬转成弓步。左弓步两脚的横向距离约半脚左右，两腿前后不能踩在一条直线上。上体不能过度前倾，应保持正直。转体、上步、弓腿和两臂动作要协调配合，同时完成，定势时劲贯剑指和剑把。

step 5

身体右转，左臂屈肘上提，左手持剑，手心向下，经胸前从右手上穿出；右剑指翻转，手心向上，并回收下落经腰间摆至身体右侧，手心向上，两臂左右平展；同时右腿提起向前盖步横落，脚尖外撇，两腿交叉膝关节前后相抵，左脚跟提起，重心稍下降成交叉半坐姿势；拧身回头，眼看右手剑指。（图 8、图 9）

（图 8）

（图 9）

要点

两手在体前交错时，左手持剑应向体前穿出，不要屈肘横剑向前推出。盖步右脚向前横落时要轻灵，身体重心移动要平稳。避免落脚沉重，或虚实不清。右手边撤边落，经腹前划弧，不可直着向后抽，并注意与身体右转动作协调一致。左手持剑穿出后，左前臂要稍内旋，使剑贴于臂后。由盖步过渡到半坐盘步时，随着持剑前穿，身体右转和右手后撤，右腿再弓屈，身体重心先偏于左腿，随着身体重心逐渐前移，偏于右腿，成半坐盘势。坐盘展臂时两肩端平，两肘微屈，劲力注于剑首前穿但眼随后手，平衡前后。

step 6

左手持剑稍内旋，手心斜向下，剑尖略下垂，左脚上步成左弓步，同时身体左转，右手剑指经头右侧向前落于剑把上，准备接剑，胸向正东，眼平视前方。（图 10、图 11）

（图 10）

（图 11）

要点

提左腿上步的同时屈右臂收手，然后屈膝弓腿时右指前按，两肩放松两肘微屈，上体保持自然。这里弓步仍要注意保持两脚横向距离，后胯不能突起，后脚不能拔跟。左胯根微缩，重心沉向左脚，右脚蹬碾，劲力上传于右手接剑。从起势开始就争取做到剑随身动、身械合一。左手持剑与身体配合要完成“穿把”“搂把”动作，同时，步型的变化也由起势的平行站立步到左弓步到半坐盘步，再到左弓步。身法有拧转开合，眼法有随视、注视。总体要做到轻灵和顺、圆活流畅、势动神随的神韵。

01 并步点剑

并步点剑：右手松开剑指，虎口对着剑的护手盘，握住剑把，将剑接换过来，然后腕关节绕环，使剑在身体左侧划立圆，向前点出，力达剑尖。两臂先沉肘屈收，再提腕前伸，腕与胸高。左手握成剑指，附于右腕部，同时右脚向左脚靠拢，屈膝半蹲成并步，胸朝正东，眼看剑尖。（图 12、图 13）

（图 12）

（图 13）

要点

剑走立圆向前环绕时，两臂不可上举。点剑时要以拇指、无名指和小指着力，其余两指松握，持剑要松活，腕部屈提，使剑尖由上向下点啄，力点在剑尖的下剑锋。并步时意想缩左胯收右脚，两脚靠拢，但不宜并得太紧，两脚掌全部着地，身体略下蹲，保持正直。心静体松、神态自然、以意运身、重意不重力，整势短小精悍，如蜻蜓点水般恰到好处。

02

独立反刺

step 1

右脚向右后方撤步，同时身体重心后移，右手持剑回抽，剑斜置体前，剑尖略高，左手剑指附于右手腕部随剑后撤，眼随剑尖。（图 14、图 15）

（图 14）

（图 15）

要点

右脚后撤时，意想气下沉，背后倚撤步。提脚变步是三节同动，梢节起，中节随，根节催；这里下肢的三节是指脚为梢节，膝为中节，胯为根节。脚前掌先着地，随即右腿屈膝，右脚慢慢碾转，重心后移，坐胯催力踩实踏稳。右脚后撤的落点要偏右后方，不能直直向后撤，碾转后脚尖外展约 60 度为宜。右手持剑抽撤时，落臂沉腕，剑尖自然地抬起，保持上体中正，劲贯于剑刃。

（图 16）

（图 17）

step 2

身体向右后转，随之左脚收至右脚内侧，脚尖点地；同时右手持剑继续反手抽撩至右后方，然后右臂外旋，右腕下沉，剑尖上挑，剑身立于身体右斜侧方，左手剑指随剑撤于右上臂内侧，眼随剑尖。（图 16、图 17）

要点

右脚仍在原地踏实，不可任意扭转挪动。气向下沉，松腰转体带动剑身后撩，缩胯、沉肩、屈腕，使剑尖上挑，劲注剑尖。剑上挑时要屈腕活握剑把，主要用拇指和食指握剑把，其余三指微松。上体正直，避免向左或向右倾斜，肩、肘、腕均要松沉。

（图 18）

step 3

上体左转，左膝提起成独立步，同时右手持剑由右后渐渐上举，使剑经头右侧上方向前（正东方向）反手立剑刺出，右手拇指向下，手心向外，力注剑尖；左手剑指经颌下随转体向前（正东方向）指出，高与眼平，面向正东，胸向朝南偏东，眼看剑指。（图 18）

要点

右腿自然直立，左膝提起高度因人而异，在能站稳的情况下尽量上提。起身独立时头上领但气下沉至右脚底，上下相拉，尾闾对脚跟，立身稳定。左膝向前方，与左肘上下相对，左脚尖下垂，脚面平展，小腿和脚掌微向里收。右脚尖外撇程度适当，有助于提膝独立的稳定。右手刺剑时要反手立剑，由后向前剑经头部前上方通过伸臂刺出，力贯剑尖，剑尖略低不能上翘。上体保持正直，顶头竖项，下颌内收。

03 仆步横扫

（图 19）

step 1

上体向右后转，随转体向右后方劈剑，右臂与剑平直，左剑指落于右腕部；在转体的同时，右腿屈弓，左腿向左后方（东北）撤步，膝部伸直，眼看剑尖。（图 19）

要点

左腿向左后撤步时，意想右胯，气下沉，松右膝、右胯，身体重心下降，右脚方向不变，身体重心主要落在右腿上。松肩带动剑由上而下劈出，劲贯剑下刃，剑劈向西南方，同左腿撤步方向相反。

（图 20）

（图 21）

step 2

身体左转，左剑指经体前顺左肋间后反穿，并向左上方划弧举起，手心斜向上，右手持剑，手心向上，使剑自右后方，向下、向左前方划弧平扫，右膝弯曲下蹲，成半仆步，随着重心逐渐左移，左脚尖外撇，左腿屈弓，右脚尖内扣，右腿自然伸直，成左弓步，剑高与胸平，面朝正东，眼看剑尖。（图 20、图 21）

要点

转换过程中意想圆裆开胯，气下沉，走下弧，步型为半蹲仆步，身体应保持正直。随转体重心左移，左脚尖尽力外撇，超过中线，即向东偏北约 30 度左右，随即右脚尖里扣，成左弓步。扫剑是平剑，力在剑刃，本势持剑要平稳，向下再向左前方平扫，有一个由高到低再到高的弧线（剑先走低扫与膝或踝同高，逐渐扫至腰高），这里剑身从低到高横扫掠过的剑法犹如燕子飞掠水面一般轻盈巧妙。不要做成在同一高度的拦腰平扫，劲力要注剑刃滑卷而行。定势时，右手停在左肋前，剑尖在体前中线处，高与胸平。左手剑指采用反穿指。即在向左转体的带动下，左手剑指要顺左肋向后下方伸出，同时左前臂内旋，手心转向后，继而剑指再向左上方划弧举起。定势时，左臂要撑的圆满，不要过于收屈，或过于伸直。

04 向右平带

step 1

右脚提起收至左脚内侧；同时右手持剑稍向内收引，左剑指落于右腕部，眼看剑尖。（图 22）

要点

重心继续前移时意想缩左胯气下沉，松右胯，大腿带动小腿而收脚，重心仍在左腿。右手持剑屈臂后收时，手心朝上剑尖略高，控制在体前中线附近，不要使剑尖左摆。

（图 22）

要点

带剑是平剑由前向后柔缓平稳地弧形回带，力在剑刃。剑尖前送后，劲不断，松腰沉气，转体剑似与腰固定同动。带剑时右手翻转手心朝下，要由前往后带，不要做成抹或扫等动作。本势平带时，剑应边翻转边回带；剑把左右摆动有一定幅度，而剑尖应始终控制在体前中线附近，没有左右过大地摆动。剑的回带和弓步要一致，不能脱节，重心到右腿成右弓步时上体微向右转，这样带剑和弓步才能协调完整，上下相随。

（图 23）

step 2

右脚向右前方迈出一步，脚跟着地；同时右手的剑略向前引伸，左剑指仍附于右腕部，眼看剑尖。（图 23）

要点

上步的方向与中线约成 30 度左右（偏右），剑的前伸要与上步相配合，气下沉，腰放松，意由丹田向四肢扩散，劲贯于剑尖。

（图 24）

step 3

重心前移，右脚踏实，成右弓步，右手持剑，手心翻转向下、向右后方斜带，力在右剑刃。剑指仍附于右腕部，眼看剑尖。（图 24）

05 向左平带

（图 25）

step 1

右手持剑屈臂后收；同时左脚提起收至右脚内侧，眼看剑尖。（图 25）

step 2

左脚向左前方上步，脚跟着地；右手持剑向前伸展，左剑指翻转收至腰间后微向外撑出；眼看剑尖。（图 26）

step 3

右手翻掌将剑向左后方弧线平剑回带，右手带至左肋前方，力在左剑刃；左手剑指继续向左上方划弧举至左额上方，手心斜向上。左腿前弓，重心前移，成左弓步，眼看剑尖。（图 27）

（图 26）

（图 27）

要点

整势要点除左手剑指划弧上架外，其余基本同“向右平带”，只是左右方向相反。这两势中的带剑都是左右横向运行的剑法，这类剑法劲力重在由柄端向剑尖一端传递和滑动的变化。持剑手的力度要适中，既不能太松，太松则会出现剑与臂分离，劲力传不到剑上，如果技击容易被对方击掉手中的剑；也不能太紧，太紧则为死把，不灵活，僵直死板，劲力也不能传到剑身，更不能贯于剑尖。太极剑突出强调剑是手臂的延长，剑与身相合，持剑的方法是关键，所以说“手心空，使剑活”。千变万化的剑法都要通过手的灵活运用来体现，握剑方法至关重要。

06 独立抡劈

step 1

右脚收至左脚内侧，脚尖点地；身体左转，右手持剑由前向下、向后划弧，立剑斜置于身体左下方；左剑指下落至右肩前，两臂交叉于体前，眼看左后方。（图 28 及附图）

（图 28）

（图 28 附图：正面）

（图 29）

step 2

右脚向前上步，脚跟落地，右手持剑内旋上举于头上方，左手剑指翻转，手心向上，收于腰间。（图 29）

要点

右手持剑向后下方抡摆时意想沉肩松腰带动剑向斜下方走，手心斜向外，左手剑指手心斜向下。向左转体时上体要保持端正，不要前俯。左转幅度以面部朝向西北方为适度。接上动不停收右胯提右脚，意想松左腰肾而身体左转带动剑向上抡举，连贯顺畅划出立圆轨迹，并与转腰、旋臂相配合。

step 3

重心前移，右脚踏实，左腿屈膝上提，成右独立步；同时上体右转，稍向前倾；右手持剑随身体右转，向前下方立剑劈下，力在剑刃，右臂与剑成一条斜线，左手剑指向后、向上划弧至左上方，掌心斜向上。面朝正东，胸向东北角，眼看前下方。（图 30 及附图）

（图 30）

（图 30 附图：正面）

要点

右脚上步成独立步时，左膝要尽量上提，小腿和脚面微向里收，支撑腿的脚尖微向里扣（脚尖向东偏北些），以便保持姿势的稳定。右手持剑由前向下、向后再向上沿身体左侧抡绕成一个立圆，顺势由上而下在腰身带动下劈出，劲贯剑刃。剑尖略高于膝，上体配合剑的下劈微微前倾，有探海寻宝之意。左臂向后上方圆满地撑开。左剑指的动作要与持剑的右手相互配合，当右手持剑旋臂翻腕上举时，左剑指向下、向后划弧；当右手持剑由上向前下方劈出时，左手剑指由后下向前上划弧转至头侧上方。左右两手一上一下、一前一后对称地交叉划立圆。整个动作要一气呵成。

07 退步回抽

step 1

左脚向后落步，右手持剑外旋微上提。（图 31）

（图 31）

step 2

左腿屈膝，重心后坐，右脚随之撤回半步，前脚掌着地，成右虚步；同时，右手持剑抽回，剑把收于左肋旁，手心向内，剑尖斜向上；左剑指落于剑把处，眼看剑尖。（图 32 及附图）

（图 32）

（图 32 附图：正面）

要点

独立劈剑过后先松右胯，屈右膝，背往后倚，收合蓄劲。抽剑是立剑由前向后划弧抽回，力点沿剑刃滑动。撤步上提剑时，右手手心先翻转向上将剑略向上提，随后由体前向后走弧形收至左肋旁，避免将剑直着抽回。左脚后落的步幅不要过小，重心前后移动要充分，两腿虚实要分明。定势时，虚步抱剑，两腿撑固，两肩松沉，上体微左转，剑尖指向右上方，周身上下处处可见弧线，有怀抱弯月般优美圆润。

08 独立上刺

step 1

身体微向右转，面向前方（正东），右脚稍向前活步；同时右手移至腹前，手心向上，剑尖斜向上，左剑指附于右腕部；眼看剑尖。（图33）

step 2

重心前移，左腿屈膝提起，成右独立步，同时右手持剑向前上方刺出（手心向上），力贯剑尖，高与头平；左手剑指仍附于右腕部，面朝正东，眼看剑尖。（图34）

（图33）

（图34）

要点

刺剑之前活步的步幅要适度，约一脚长。上刺剑时，手与肩同高，两臂微屈，上体可微向前倾，但不可耸肩驼背。提膝站立身体中正，头上顶，脚下踩，劲贯剑尖上刺，乘上利之势。此势在传统杨式太极剑中称“宿鸟投林”，剑圈先大后小，弧圈相连，如归巢栖息的鸟儿返回林中的情形，给人以圆活自然、天人合一的感觉。

第二段

09 虚步下截

step 1

左脚向左后方落步，随即重心左移，身体左转；同时右手持剑随转体向左上方划弧拦截；剑指翻转下落于左腰间；眼看剑尖。（图 35）

（图 35）

要点

左脚落向左后方，不要直着向后落步，重心左移后右脚微内扣。向左转体时，右手持剑随转体运摆，手心朝里，剑大约与头同高，剑尖指向右侧。

step 2

上体右转，右脚微向内收，脚尖点地成右虚步；同时右手持剑随转体旋臂翻腕（手心向下）经体前向右、向下截按，剑尖略下垂，高与膝平，左剑指向左、向上绕举于左上方（掌心斜向上）；眼平视右前方。（图 36）

（图 36）

要点

截剑是用剑刃中段或前端截击对方，力在剑刃，多用于拦截侧攻旁击。做本势下截剑时，主要用转体挥臂来带动剑向右下方截出。意想腰部两侧腰肌交替松沉，走出“S”形，带动剑下截，身、剑、手、脚要协调一致，展现乌龙摆尾时刚柔并济的气势和劲力。定势时，右臂略屈，剑身置于身体右侧。右虚步的方向是向东偏北约 30 度，转头目视的方向是向东偏南约 45 度。

10 左弓步刺

（图 37）

step 1

右手持剑向体前提起，高与胸平，剑尖指向左前方（向东偏北约 30 度；左剑指落于右腕部；同时右脚向后退一步，眼看剑尖。（图 37）

要点

右脚退步与提剑要一致，似一线相连。右手持剑上提，剑刃朝上，手臂平直，不要做成刺剑。

step 2

重心右移，身体右转；同时右手持剑随转体向右后抽剑，手心翻转向外；左手剑指仍附于右腕部；眼看剑尖。（图 38）

step 3

身体左转，左脚收至右脚内侧，同时右手持剑随转体向下卷收于右腰侧；左剑指随之翻转收至腹前；眼经右前方转向看左前方。（图 39）

step 4

左脚向左前方迈出，脚跟着地，随之重心前移成左弓步；同时上体左转，右手持剑从右腰间向左前方刺出，手心向上，力注剑尖；左剑指向左、向上绕至左上方，手心斜向上，臂要撑圆；面朝东北，眼看剑尖。（图 40、图 41）

（图 38）

（图 39）

（图 40）

（图 41）

要点

右手持剑回撤时，要先松肩、垂肘，节节回抽带动剑回撤；前臂内旋，手心转向外，同时应控制剑尖不要外摆。左脚脚跟向外蹬转，体重大部分落在右腿上，上体保持正直。收脚收剑时气要下沉，前臂外旋、卷腕，有卷收之意，但剑尖始终对同一方向（东北）。弓步上体正直，松腰松胯。刺剑时意想劲起于脚，传于背，达于剑，剑与臂成一直线，剑尖与胸同高。整个动作从提剑到回撤、下卷、前刺动作的全过程要在转腰的带动下完成。注意剑走圈圆之势，自然和顺，如青龙出水般矫健柔滑，气势磅礴。

11 转身斜带

step 1 重心后移，左脚尖内扣，上体右转；同时右手持剑屈臂内旋回收，剑横置胸前，手心转向下，左剑指落在右腕处；眼看剑尖。（图 42）

step 2 重心再移回左腿，右脚提起靠近左脚腕内侧；剑向左前方微前伸，眼看剑尖。（图 43）

（图 42）

（图 43）

要点

扣脚转体时右膝、右胯要放松；身体后坐，气下沉收剑，左脚尖要尽量里扣；提收右脚时，意想左胯放松，重心左移，提脚高不过踝，不要做成独立步。两肩要松沉，臂要撑圆。

step 3 向右后转体，随即右脚向右前方（西北）迈出，重心前移成右弓步；同时右手持剑随转体，手心向下、向右平带（剑尖略高），力在小指侧剑刃；左剑指仍附于右腕部，面朝西偏北，眼看剑尖。（图 44、图 45）

（图 44）

（图 45）

要点

弓步方向转为正西偏北约 30 度，由“左弓步刺”转至本势的“右弓步”，身体转动大约 240 度。斜带是指剑势的走向。带剑的动作要领与“平带剑”相似。这里大幅度的转体和右臂持剑翻腕在身前平带，腰似磨盘转动带动剑身，身剑相合，剑的走势好像荷叶随风在空中飘旋一圈，故此势在传统杨式太极剑中称“风卷荷叶”。

12 缩身斜带

step 1

左脚提起收至右脚内侧；同时右手持剑屈臂微收，左剑指仍附于右腕部；眼看前方。（图 46）

（图 46）

要点

提脚收剑时要沉住右胯，上体正直，稍向右转；气机由四肢向丹田处聚集，收脚收剑收手内外相合；撤步伸剑再由丹田处向外传递；收脚带剑身体向左转，以腰带臂，以臂带剑；丁步重心落于左腿；要保持上体正直，松腰松胯，臀部不外凸。

step 2

左脚撤步仍落于原位，重心仍在右腿；右手持剑展臂前伸，手心向下；左剑指经左肋反插，向斜后穿出；眼看剑尖。（图 47）

step 3

重心移向左腿，右脚随之收到左脚内侧，脚尖点地成丁步；同时右手翻掌手心向上，并将剑向左平带（剑尖略高），力在剑刃外侧；左剑指向上、向前划弧落于剑把处；眼看剑尖。（图 48）

（图 47）

（图 48）

13 提膝捧剑

step 1

右脚后退一步，重心后移，左脚微后撤，脚尖着地成虚步；同时两手前伸，再向两侧分开，手心都向下，剑置于身体中线附近右侧，剑尖向前；眼看前方。（图 49、图 50）

（图 49）

（图 50）

要点

意想气沉左脚，重心不变，撤右步，然后，重心后坐走下弧移向右脚，提顶立身。右脚后撤一步要略偏向右侧方，这时上体转向前方，左脚微后撤，调整成虚步时，上体又转向前方。两手是先合再分，剑前伸时为立剑保持合手，左右分按以后为平剑，剑尖略高。身体转动幅度虽然不大，但由内而发，劲力充实饱满。

step 2

左脚略向前活步，右膝向前提起成独立步；同时右手持剑翻转微向外划弧前伸，左剑指捧托在右手背下方，两臂微屈；剑在胸前，剑身直向前方，剑尖略高；面朝正西，眼看前方。（图 51、图 52）

（图 51）

（图 52）

要点

两手路线要走弧形，即先微向外，再往里在胸前相合捧剑。捧剑时，两臂微屈，剑把与胸同高。提膝捧剑时左脚踩实踏稳，折胯上步提膝，沉肩垂肘，松腰松胯，气贴脊背，两手外旋圈收，由外向里有合抱之势，合劲于剑，力达剑刃内侧。

14 跳步平刺

step 1

右脚前落，脚跟着地，两手捧剑微向下、向后收至腹前；眼看前方。（图 53）

step 2

重心移至右腿，左脚蹬地脚跟离地；同时两手捧剑继续向前伸刺；眼看前方。（图 54）

（图 53）

（图 54）

step 3

右脚蹬地，左脚随即前垫一步踏实，右脚在左脚将落地时收至支撑腿内侧；同时两手分撤至身体两侧，手心都向下；眼看前方。（图 55）

step 4

右脚向前落步，重心前移成右弓步，同时，右手持剑向前平刺（手心向上）；左剑指绕举至额头左上方，手心斜向上；面朝正西，眼看剑尖。（图 56、图 57）

（图 55）

（图 56）

（图 57）

要点

落步收剑时右脚落得不可过远，上体不要前俯；刺剑时高与胸平，剑尖略高。周身之劲由脚而起，下踩上提，气贴脊背，贯向剑尖。向前跳步宜远不宜高，动作应轻灵、柔和。左脚落地时脚尖微外撇；膝关节弯曲缓冲，重心稳定在左腿上。跳步时意想提气头上领，拔背而出，落步为顺弓步，松腰顺肩，力透脊背，达于剑尖。不可扭腰、歪胯。演练此势时应体现出“野马跳涧”那种奔腾放远、一往直前的气概。完成动作时要做到蓄深而凝远，势冲而神闲，步捷而平稳；留意在腿、腰、胯、身、臂、手、剑以及意气上的协调配合。

15 左虚步撩

（图 58）

step 1

重心后移，上体左转，右脚收至左脚内侧，脚尖点地；同时右手持剑随转体向上、向后，沿体侧划半个立圆，力在小指一侧剑刃前端，左剑指落于右腕部；眼看左侧。（图 58）

要点

收脚时意想后腿松膝坐胯，背向后倚，前边右腿屈胯收回，周身劲力向内收，贯于剑身。右手先提剑，划弧经面前与左手相合，眼神要随着向左转视。剑向后绕摆时，转体要充分，绕剑应靠近身体走立圆轨迹。

step 2

上体微右转，右脚向前活步，脚尖外撇；同时右手持剑向下绕至腹前，剑身斜置于身体左侧；左剑指仍附于右腕部；眼随视剑的运行方向。（图 59）

step 3

上体继续右转，重心前移至右腿，左脚随即前进一步，脚尖着地，成左虚步；同时右手持剑立剑向前撩出，手心向外，停于右额前，剑尖略低；左剑指仍附于右腕部；面朝西偏北 10 至 15 度，眼看剑尖。（图 60）

（图 59）

（图 60）

要点

撩剑是反手立剑由下向前、向上撩起，剑刃的前端着力。剑贴近身体，剑尖不可触地。做本势的左撩剑时，先使剑沿着身体左侧绕立圆，再向前上方撩出。剑运行的路线，一要贴身，二要划立圆。同时右前臂内旋，右手心转向外，虎口朝下，活握剑把，力达于剑的前端。整个撩剑的动作不要做成举剑拦架，要在身体左旋右转的带动下完成，由下向上撩出；要协调完整，连贯圆活。

16 右弓步撩

step 1

身体右转，同时右手持剑向后划圆回绕，剑身竖立在身体右侧，手心向外，左剑指随剑绕行收于右臂前；眼看剑尖。（图 61）

（图 61）

要点

剑向后划圆回劈时，要松肩落臂，身体和眼神要转视东北方，转体要充分。持剑手要活握剑把，剑尖不要触地。活步进步要轻灵又松沉，重心不能高低起伏。右剑前撩时，意想剑与右腿相吸而动，不能脱节。弓步和前撩要同时完成，定势坐胯沉肩，剑尖略低于手腕。右肩趁势稍前顺，但两肩仍保持端平。本势的弓步为顺弓步，两脚的横向距离约半脚宽。

step 2

身体微左转，左脚向前活步，脚尖外撇；同时右手持剑经体后微下落，剑把落至右胯旁，手心向外，剑尖朝后；左剑指落至左腹前，眼随剑走。（图 62）

step 3

身体继续左转，右脚前进一步，重心前移成右弓步；同时右手持剑由下向前反手立剑撩出，手心向外，高与肩平，剑尖略低；左剑指继续向上绕至额左上方，手心斜向上；眼看前方。（图 63）

（图 62）

（图 63）

第三段

17 转身回抽

step 1

身体左转，左腿屈膝，重心左移，右脚尖内扣；同时右臂屈肘将剑收到体前，与肩同高，剑身平直，剑尖向右，左剑指落于右腕上；眼看剑尖。（图 64）

（图 64）

要点

身体左转，重心移向左腿，松右胯，右肩向右胯沉劲，右脚尽量内扣。收剑时主要用拇指、食指和虎口着力握剑，其余三指微松，剑身才能平直。

step 2

身体继续左转，左脚尖稍外撇，右腿自然蹬直成弓步；同时右手持剑向左前方劈出；眼看剑尖。（图 65）

（图 65）

要点

上述两动向左转体，要先扣右脚，再撤左脚；右臂先屈回胸前再向左前劈出，劈剑之后有微扣腕点剑之意，做到劈与点相连。弓步的方向和劈剑的方向一致，皆为中线偏右（东偏南）约 30 度。

step 3

身体重心移向右腿，右膝弯曲；同时右手持剑抽至右胯侧，左剑指附于右腕处随右手后收；眼看右下方。（图 66）

step 4

上体稍向左转，左脚轻提回撤半步，成左虚步；同时右手抽至右胯后，剑斜置于身体右侧后方，剑尖略低；左剑指经胸前划弧向前指出，高与眼齐；眼看剑指。（图 67）

（图 66）

（图 67）

要点

后坐带剑抽回时上体要右转，再接上动不断，腰继续走一个回环左转，剑指向前指出，左脚点地成虚步，三者要协调一致。虚步的方向和剑指所指的方向为中线偏右（东偏南）约 30 度。做本势下抽剑时要立剑向下、向后走弧线抽回并有下压之势，做到抽与压相合，下剑刃着力。后坐定势时，头虚领，膝撑圆，拔背松腰，坐胯立身，伸指与抽剑有对向撑拉之力。剑身置于右侧，剑把抽至胯后，右臂微屈，微沉腕。剑指指向东偏南，左臂也要微屈肘沉腕。眼神专注凝静，不能瞪眼怒目。

18 并步平刺

step 1 左脚略向左侧横移，身体左转；同时左剑指内旋并向左划弧外拨；眼随左手。（图 68）

step 2 右脚向左脚并步，同时右手持剑外旋翻转，经腰间向前平刺；左剑指收经腰间划弧回收合于右腕处，面朝正东，眼看前方。（图 69）

（图 68）

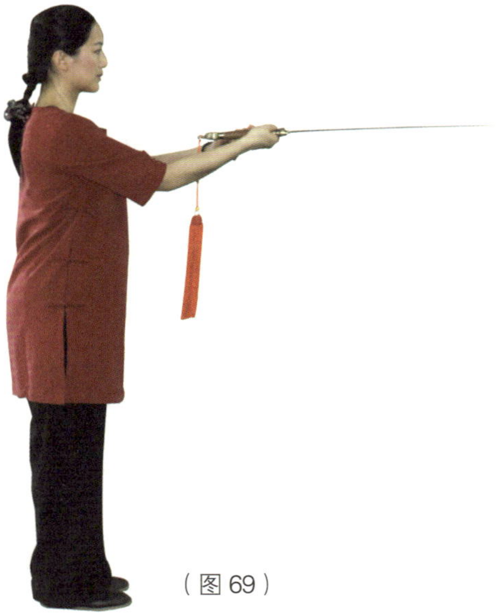

（图 69）

要点

左脚移步时，脚尖转向正前方。平刺时手心朝上，两腿立直，剑同胸高。刺剑和并步要协调一致；意想头领、胸含、背拔、脚蹬、手伸，合力劲贯剑尖而出。剑刺出后两臂要微屈，两肩要松沉。此势先开后合，开指外拨，合指前刺。开为虚为蓄，合为实为发。一开一合腰为主宰，转腰含而不露，细腻微妙。定势时松腰提脊，做到上下拔长；臂舒剑引，肩沉背圆，劲力前后贯穿。虽属站立高势而不显漂浮，周身上下、左右、前后劲势阴阳对称，均匀饱满。

19 左弓步拦

step 1

右脚尖外撇，左脚跟提起，身体右转，两腿屈蹲；右手持剑，手心转朝外，随转体由前向上、向右后绕转，左手剑指附于右腕处；眼看右后方。（图 70）

（图 70）

step 2

左脚向左前上方（东偏北 30 度）上步，脚跟着地；右手持剑继续向后绕转，左剑指翻转收于腹前；眼看右后方。（图 71）

（图 71）

step 3

身体左转，重心前移，成左弓步；同时右手持剑由右后方向下、向左前上方拦架，力在剑刃，剑与头平，剑尖略低，右臂外旋，手心斜向内；同时左剑指向左上绕举于额左上方；眼看剑尖。（图 72）

（图 72）

要点

转体上步绕剑时向右后转体要充分，身体和眼神转至西南方。右手持剑向后绕转时小臂内旋，手心翻转向外，剑身斜立。绕剑要以剑把领先，转腰挥臂，剑贴身体走成立圆。拦剑是反手用剑下刃由下向前上方拦架，力在剑刃。做本势的拦剑时，剑要在体右侧随身体右旋左转，贴身绕一完整的立圆。剑拦出后，剑柄对着左额角，剑尖位于中线附近。弓步方向为东偏北约 30 度。整个动作要意想两腰的松沉，由内带动外松而转动。拦剑时注意要沉肩。意想剑与腰、手相合而动。

20 右弓步拦

（图 73）

step 1

身体重心略向后移，左脚尖外撇，身体微左转；同时右手持剑上举，开始向左后方回绕；眼看右手。（图 73）

（图 74）

step 2

身体继续左转，右脚收至左脚内侧；同时右手持剑在身体左侧向上、向后、向下划立圆绕至左肋前，剑身贴近身体；左剑指落于右腕处；眼随剑向左后看。（图 74）

要点

与前势相同，只是左右相反，弓步方向为东偏南约 30 度。转体绕剑时身体和眼神要转至西北方。右剑划圆绕转要贴近身体左侧。

step 3

身体向右转，右脚向右前方（东偏南 30 度）迈出一步，重心前移成右弓步；同时右手持剑经下划弧向前上方拦出，手心向外，高与头平，剑尖略低，剑身斜向内；左剑指附于右腕处；眼看前方。（图 75、图 76）

（图 75）

（图 76）

21 左弓步拦

step 1

重心略后移，右脚尖外撇，身体微右转；同时右手持剑上举，开始向右后方回绕；左剑指仍附于右腕处；眼看前方。（图 77）

（图 77）

step 2

身体继续右转，左脚收至右脚内侧；同时右手持剑在身体右侧向上、向后、向下划立圆绕至右胯旁，剑身斜立在身体右侧；左剑指绕至右胸前下方；眼随剑走，转看右后方。（图 78）

（图 78）

step 3

身体左转，左脚向左前方（东偏北 30 度）迈出一步，重心前移成左弓步；同时右手持剑挥臂划弧向前上方拦出，手心斜向内，高与头平，剑尖略低；左剑指经腰间向左、向上划弧，停于额左上方，手心斜向上；眼看前方。（图 79、图 80）

（图 79）

（图 80）

要点

参看第 19 式“左弓步拦”。从 19 到 21 式这三式左、右弓步拦剑又称“左右迎风掸尘”。剑法上走立圆绕转拦击，步法上左、右、左连上三步。欲左击时，必先向右，即先向右后绕拨，然后向左前拦击；欲右击时，必先向左，即先向左后绕拨再向右前拦击。注意后坐时不能起身，上步也要身剑相随，勿有脱节。右手持剑，肩肘沉，以腕带，劲力始终沿持剑手小指一侧剑刃上滑动。连续三式行步走剑，左右不断挥剑拦击，腿、腰、身、手、剑、眼周身协调，节节贯穿；刚柔相济，劲力顺达。如面朝春风掸去尘土，亦有扫除障碍、迎接挑战之势。

22 进步反刺

step 1

右脚向前上步，脚尖外撇，上体微右转；同时右手向下屈腕收剑，剑把在胸前，剑尖转向下，左剑指落于右腕处；眼看剑尖。（图 81）

step 2

身体继续右转，两腿交叉屈膝半蹲，重心略偏于前腿，左脚跟离地，成半坐盘姿势；右手持剑向后（正西）立剑刺出，手心向体前（正南，起势方向）；左剑指向前指出，手心斜向下，两臂自然伸展；眼看剑尖。（图 82）

（图 81）

（图 82）

要点

上步后，身体重心仍然主要在左腿上。微向右扣腰，肩松沉，剑要贴身。右手持剑向胸前收落时，屈腕落肘，手心斜向外，拳眼斜向下，右上臂靠近右肋，活握剑把，剑尖向后下方，剑身斜置于身体右侧。

要点

此时为高歇步，重心在两脚之间也叫半盘坐势；要转体屈膝，重心略前移，右脚外展横落，全脚着地；上体保持正直，眼看剑尖方向。向后刺剑时，松右胯转腰，剑身应贴近身体，经右腰间向后直刺，剑与右臂成直线，劲贯剑尖。配合左剑指的向前指，两臂前后展平。

step 3

剑尖上挑，上体左转，左脚前进一步移重心成左弓步；同时右臂屈收，经头侧向前反手立剑刺出，手心向外，与头同高，剑尖略低；左剑指收于右腕处；运行方向朝正东，眼看剑尖。（图 83、图 84、图 85）

（图 83）

（图 84）

（图 85）

要点

反刺剑时，右臂、肘、腕皆先屈后伸，使剑由后向前刺出，力达剑尖。右手位于头前稍偏右，剑尖位于中线，与面部同高。弓步朝正东，两脚横向要有约半脚距离，松腰松胯，上体正直；不要做成侧弓步。这一式又称“顺水推舟”，整式由蓄到放，瞻前顾后，似停非停，含而不露。反手穿刺手松腕活，腰胯间松沉后撑，劲势相连顺达，形成前推之力，将劲力贯到剑尖；并做到不俯身，不前仆，周身松实，势整而神定，有种顺水行舟、扬眉吐气之感。

23 反身回劈

step 1

右腿屈膝，身体重心右移，左脚尖内扣，上体右转；剑同时收至面前，剑指仍附于右腕处；眼看剑尖。（图 86）

（图 86）

（图 87）

step 2

上体继续右转，重心再移至左腿，右脚提起收至左脚内侧；随后右脚向右前方（西偏北）迈出，同时右手持剑保持上举，左剑指落至腹前；眼看左前方。（图 87）

要点

随身体后坐右转，左脚尖要尽量内扣，至少要使左脚尖指向正南，为下一动做好准备。意想右胯根放松，松肩垂肘，用身带动剑下落。

要点

重心左移稳定在左腿后再提右脚，不要断劲，气向左脚沉去即提右脚，提收不必过高，不要做成独立步。

step 3

重心前移成右弓步；同时右手持剑随转体向右前方劈剑；左剑指绕至左额上方，手心斜向上，眼看剑尖。（图 88）

（图 88）

要点

弓步和劈剑方向是中线偏右（正西偏北）约 30 度。剑要劈平，剑身与臂成一条线，力在剑刃中段。劈剑和弓步要协调一致，同时完成。注意右剑前劈和左手后展要同时上下划弧，对称圆展。两臂的外展与胸微内含形成开中寓合，两臂与两腿劲力路线上下相对。周身之力由根而发节节贯穿，右手持剑从左后向上、向右前方立剑劈下，剑尖路线犹如流星划过长空，所谓“流星赶月”，劲贯剑身，力透剑尖。

24 虚步点剑

step 1

左脚收至右脚内侧；同时剑指落到右臂内侧；眼看剑尖。（图 89）

step 2

上体左转，左脚向起势方向（正南）上步，脚跟着地，脚尖外撇；同时右臂外旋，划弧上举，剑尖指向体后；左剑指经体前落至腹前；眼看起势方向。（图 90）

（图 89）

（图 90）

step 3

右脚上步落在左脚前，脚尖点地成右虚步；同时右手持剑向前下方点出，展臂提腕，力注剑尖；左剑指经左侧向上绕行，在体前与右手相合，附于右腕处；胸向正南，眼看剑尖。（图 91、图 92）

（图 91）

（图 92）

要点

左转向正前上步时意想右侧腰放松，右腿踩实踏稳，左脚收提出步。右手松腕使剑自旋，背于肩上方。举剑时，右手略高于头，剑身指向后下方，剑刃不要触身。虚步和点剑的方向与起势方向相同。点剑时意想右胯屈收，肩下沉，全身劲向中心汇聚，传于剑身，贯于剑尖。注意剑不能握得太紧，要活握剑把，腕部上提。本势点剑时右臂先向下沉，再伸臂提腕，高与肩平；点剑与右脚落地要协调一致，上体保持正直。整个剑的走势是由后向上、向前下方划弧抡起前点，劲力饱满，气势浑厚。两臂一展一聚，使剑分之则圆顺，合之则力骤。由上而下，形似天马由空而降。

第四段

25 独立平托

step 1

右脚向左脚后插步，脚前掌着地，两腿屈膝半蹲；同时右手外旋持剑在体前由右向上、向左绕环，手心向里，剑身置于身体左侧；左剑指附于右腕随右手环绕；眼看剑尖。（图 93、图 94）

（图 93）

（图 94）

要点

绕剑与左插步要同时进行；上体正直，并微向左转。意想缩左胯，微旋腰绕剑。

step 2

以两脚掌为轴碾地，使身体转向正西，随之左膝提起成右独立步；同时右手持剑绕经体前向上托起，剑身平直，稍高于头，左剑指附于右臂内侧；面朝正西，眼看前方。（图 95、图 96）

（图 95）

（图 96）

要点

托剑是剑的小指一侧下刃着力，剑由下向上以立剑托起。做本势托剑时，右手要活把握剑，手心向外，举于头右侧前上方；提膝与剑的托举，在同一时间内完成。剑的绕环腕花和托举是一个完整连贯的动作，练习时尽量不要有停顿、分解的痕迹，要一气呵成。有挑起门帘向前探望的意识。提膝独立右腿自然站直，左膝上提，小腿和脚面要微内收。

26 弓步挂劈

step 1

左脚向前横落，脚尖外撇，身体左转，两腿交叉成半盘坐势，右脚跟离地；同时右手持剑经体左侧以剑尖向后勾挂，左剑指附于右腕处；眼随剑尖。（图 97）

（图 97）

要点

做本势左挂剑时，腕部先屈，使剑尖转向下，转体后，右臂向下、向后摆动，虎口向后，剑尖领先，要使剑贴近身体左侧向后挂，剑的运行路线成立圆。挂剑时转体要充分，意想右肩与左胯合，转身挂剑。上体保持正直自然。

step 2

身体右转，右脚前进一步，重心前移成右弓步；同时右手持剑翻腕上举向前劈出，剑身平直，与肩同高；左剑指经左后方绕至头左上方；面朝正西，眼向前看。（图 98、图 99）

（图 98）

（图 99）

要点

这里的挂剑和劈剑是由下而上、和由上而下运行的两种剑法，这一类剑法都是要走立圆，劲力上主要通过以腰带臂，肩松臂活，以腕助力，劲贯剑体。注意剑随身动、身械合一、犹如车轮滚动般圆转自如、圆活流畅。身法上拧转开合；眼法上先随视、再注视，有势动神随的神韵。步法上轻灵稳健，虚实分明。定势时弓步和劈剑的方向皆为正西，身型不偏不倚，舒展大方。

27 虚步抡劈

step 1

身体右转，右脚尖外撇，右腿屈弓，左脚跟离地成叉步；同时右手持剑经身体右侧向下、向后反手抡摆，左剑指落于右肩前；胸向朝北，回头眼看剑尖。（图 100）

要点

转体时意想松右胯根，重心先后坐，右脚外撇，重心再前移成交叉步。向后抡剑时，活握剑把，五指不能抓握过紧，手心松空，右臂内旋，剑在身后反手抡直，剑尖向后，注意剑尖不要触地。抡剑上举时，右臂不要伸直，剑把稍高于头，剑尖指向身后（正东）。

（图 100）

step 2

身体左转，左脚向前（向西）迈步，脚尖外撇；同时右手持剑翻臂抡举至头侧上方，左剑指落经腹前翻转划弧侧举；眼看前方。（图 101）

step 3

右脚上步，脚尖着地成右虚步；同时右手持剑向前下抡劈，剑尖与膝同高，剑与右臂成一条斜线；左剑指向上划圆再落于右前臂内侧；面朝正西，眼看前下方。（图 102）

（图 101）

（图 102）

要点

抡劈剑时，右手持剑先沿身体右侧抡绕成立圆，再顺势向前劈下，劲贯剑刃中部，向下劈出。注意不要与前面第二十四式虚步点剑相同。整个动作完整连贯，衔接过程不要停顿。时时都要以意识引导，剑随意动，使本为身外之物的剑，通过意的引导、肌肉用力的调整、握把方法的变化，使剑恰似手臂的延长，从而做到剑与身臂的高度统一。

28 撤步反击

step 1

上体微右转，右脚提起；同时右臂外旋，手心斜向上，左剑指一同回收；眼看剑尖。（图 103）

（图 103）

step 2

身体重心先移向左腿，右脚向右后方撤一步成左弓步，随之重心右移，上体右转，左脚跟外展，左腿自然蹬直成右侧弓步；同时右手向右后上方反击，力在剑刃前端，剑尖斜向上，高与头平；左剑指向左下方分开，高与腰平，手心向下；面朝东北，眼看剑尖。（图 104、图 105）

（图 104）

（图 105）

要点

撤步和击剑的方向为东北方。撤步时，右脚掌先着地，随重心右移，右腿屈弓，右脚碾转踏实，左脚外展，左腿蹬直成侧弓步。做本势反击剑时，意想右肩向左胯上沉劲，身体中轴线上气下沉，身体合住劲，再转身开胸击出剑。要在向右转体的带动下，将剑向右上方鞭击，右臂、肘、腕先屈后伸，使力达到剑的前端；左剑指向左下方对称展开。两臂左右撑展如大鹏展翅，潇洒奔放。练习太极剑由于持剑后手臂劲力延长，不仅要使劲形于手指，而且要劲贯及剑体，传统要求叫做“透三关”，即腰、臂、剑一以贯之。腰是全身的枢纽，腰为主宰，太极拳要求丹田内转，两肾抽提，实质是腰的运动，因此要抓住全身主要部位，由下而上，由内而外，由手而剑，一动俱动，用腰带剑运行。击出时，从脚上起劲，透过腰，将内劲节节贯穿，传递到剑身，作用于对方。

29 进步平刺

step 1

身体先微向左转，右脚内扣，重心左移；同时右手持剑向左摆转，横剑于体前，剑尖向右；左手剑指在身体左侧，手心向外，然后身体再向右转，左脚提起，收于小腿内侧；同时右手持剑先向左摆，再翻掌向右领带，将剑横置于右胸前，手心向下，剑尖向左；左剑指随剑绕至右侧；眼看右前方。（图 106、图 107）

（图 106）

（图 107）

要点

意想腰部的带脉走一个回环的圈，带动剑平摆。也就是以腰带臂，以臂领剑，剑走平弧；提脚、横剑与剑指绕转要同时完成。

step 2

身体左转，左脚向前落步，脚尖外撇；同时右手持剑向下卷裹，收于腰侧；左剑指亦随之翻转落于腹前；眼看前方。（图 108）

（图 108）

要点

右胯放松，屈膝上步，左脚落步脚跟着地，不移重心脚尖随即外摆。剑卷落时，右臂外旋，手心转向上，剑尖指向正前方（正西）。

step 3

右脚上步，重心前移成右弓步；同时右手持剑向前刺出，高与胸平，手心向上，左剑指向左、向上绕至头侧上方；面朝正西，眼看剑尖。（图 109）

（图 109）

要点

这里是顺弓步，两脚横向距离不要过宽，后脚踩实，后胯松沉。刺剑时转腰微顺肩，上体正直，剑与右臂成一直线，右肘与右膝上下相对，劲贯剑尖。刺剑、弓腿和剑指动作要协调一致。

30 丁步回抽

（图 110）

身体重心后移，右脚撤至左脚内侧，脚尖点地成右丁步；同时右手持剑屈肘回抽，手心向内，置于左腹旁；剑身侧立，剑尖斜向上，左剑指落于剑把处；胸向西南，眼看剑尖。（图 110）

要点

意想松胯后坐收剑。丁步重心在左腿，右脚跟轻提，上体正直。抽剑时，右手先外旋，将剑把略向上提，随即向后、向下收至腹旁，剑走弧线抽回，劲力在剑刃外侧滑动。动作要轻柔自然，好似揽月于怀之景。

31 旋转平抹

step 1

右脚向前落步，脚尖外摆，上体稍右转；同时右手翻腕将剑向右后划弧翻压，剑身横置胸前，手心向下，左剑指附于右腕处；眼看剑尖。（图 111）

step 2

上体继续右转，左脚向右脚前扣步，两脚尖相对成八字形；同时右手持剑随转体由左向右平抹；剑指仍附于右腕处；眼看剑身。（图 112）

要点

上体转至胸向正西方。剑身横置时，右手位于胸前，剑尖略低；两臂半屈成弧形。转体、摆脚和横剑应同时到位。

要点

身体转至背向起势方向。抹剑是以手领剑，使剑身横平由一侧向另一侧平抹，力点沿剑刃滑动。做本势旋转抹剑时，剑身横置于胸前，用身体右转带剑向右平抹，同时眼神追随身后剑尖指向，上下好似一整体气柱绕梁而动。

（图 111）

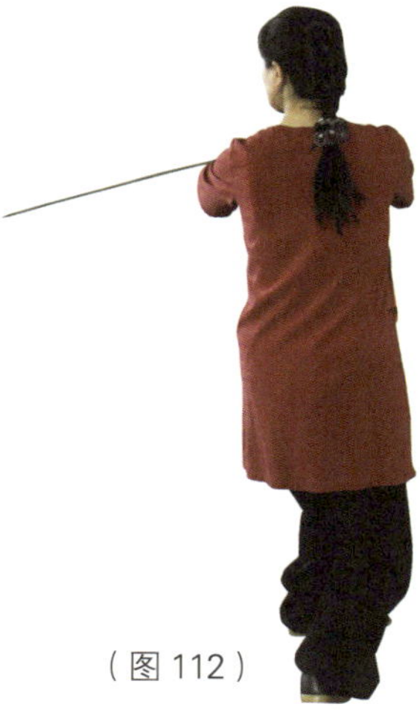

（图 112）

（图 113）

（图 114）

step 3

以左脚掌为轴向右后转身，右脚随转体后撤一步，重心后移，左脚脚尖点地成左虚步；右手持剑在转体撤步时继续平抹，左剑指仍附于右腕处；在变虚步时，两手左右分开，置于胯旁，手心都向下，剑身斜置于身体右侧，剑尖位于体前，身体转向起势（正南）方向；眼看前方。（图 113、图 114）

要点

本势身体向右旋转近一周，转身及抹剑要平稳连贯、速度均匀；上体保持正直。摆步和扣步的脚均应落在中线附近，步幅不超过肩宽。撤步要借身体向右旋转之势，以左脚掌为轴，使身体转向正南（起势方向）。本势摆步时右脚跟先着地，扣步时左脚掌先着地，撤步也是右脚掌先着地。旋转起来要紧致圆润，避免起伏颠簸，撤步成虚步时松沉开展。扫转平抹中不可停顿，虚步平展要身正、肩平、胯平，神势舒展而闲逸。此势旋转幅度大，类似太极拳中的“转身摆莲”。要求身体重心稳定，平衡中正，快慢适度，连贯自然。这里又称“风扫梅花”，意在八方横扫，四面攻防。剑在随身体扫转时手臂要撑圆，微向外推展，使力在剑刃前端滑动，在剑锋处扫动。脚下摆、扣、撤步灵活碾转；胯、膝、踝三关舒松开合；臂、肩、背也是节节贯穿，自然平整。上、中、下三盘动作既有层次感又自然富有弹性。

32 弓步直刺

上体微向右转，左脚提起向前落步，重心前移成左弓步；同时右手持剑收经腰间，立剑向前刺出，高与胸平；左手剑指经左腰间内收上合附于右腕处，面朝正南，眼看前方。（图 115、图 116）

（图 115）

（图 116）

要点

左脚提起收至右脚内侧后再向前迈出，提脚不必过高，近脚踝处即可。左剑指先收至腰间，再附于右腕一齐向前刺出。剑柄正对胸前不要偏左或偏右。弓步和刺剑要同时完成，劲整力足，贯于剑尖。此势两手合力向正前直刺剑，如同朝着正南指针，目标清晰、意图明确、端正无误，故又称“指南针”。在传统文化中“南方”是指“天”，从先天方位讲为“乾”，象征的是时刻在运动的宇宙，是万物万象焕发生机的原动力。在这里整套太极剑的尾声，以“指南针”一势来回归“正乾”，也有着健康、圆满的寓意。

收势

step 1

重心后移，上体右转，同时右手持剑屈臂向右侧后引，手心向内；左剑指随右手屈臂回收，并变掌附于剑柄准备接剑，眼看剑柄。（图 117）

（图 117）

要点

松右胯，背后倚，坐身收剑。准备接剑时左掌心向外，拇指向下，与右手相对；两肘微撑，两肩松沉。

（图 118）

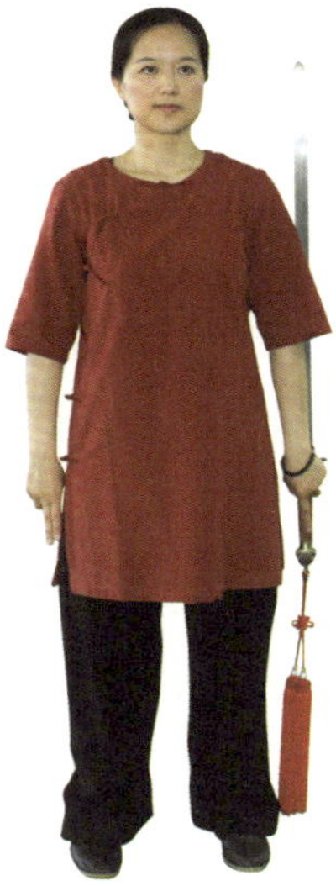

（图 119）

step 2

身体左转，重心前移，右脚向前跟步，与左脚平行成开立步；同时左手接剑划弧上举，以剑把外拨，经体前垂落于身体左侧；右手变成剑指向下、向后划弧上举经右耳侧，再向前、向下落于身体右侧；面朝正南，眼看前方。（图 118、图 119）

要点

换握剑时，左手持剑以剑把为力点从眼前划弧收到体侧，划弧下落与重心前移要协调一致；右剑指划弧下落与右脚跟进半步也要协调一致。

step 3

左脚向右脚并拢，还原成起势时的自然站立姿势。（图 120）

要点

站姿要领基本同“预备势”。全身内外放松，意存丹田，自然呼吸数次，使身心恢复到初始时的无极状态。待稍平静后再走动。

（图 120）

四十二式太极拳

四十二式太极拳简介

四十二式太极拳是由原国家体委武术研究院在 1989 年组织多位太极拳名家、著名教练员和优秀运动员，在太极拳普及套路四十八式的基础上创编而成的国际标准太极拳竞赛套路（也称综合四十二式太极拳）。在创编过程中，专家们参阅了大量的文献，听取各方意见，吸收了传统太极拳及其他内家拳的技术精华，既保持了太极拳的传统性，又有了新的发展。国际标准版四十二式太极拳竞赛套路内容充实、风格突出、结构严谨、布局合理，在普及套路的基础上增加了难度，能够全面均衡地锻炼身体，是大众强身健体、修身养性的热门套路。同时由于其动作数量、组别、时间等均符合竞赛规则的要求，适用于在同等条件下进行国际性的比赛活动，因此也是国家及国际武术套路比赛中太极拳项目指定的竞赛套路。

四十二式太极拳以杨式太极拳为基调，吸收了陈、杨、吴、孙各式太极拳之所长，动作外形规范，气势舒展大方，劲力刚柔相济，速度均匀有变，形成了综合性的特点。在套路布局上各式太极拳招势有所穿插，第一段以杨式太极拳动作为主，舒展大方，柔和缓慢；第二段融入了吴式太极拳的手法、孙式太极拳的步法以及陈式太极拳的发力动作；第三段以杨式云手为主，兼有吴式独立打虎、斜飞势等动作；第四段以四十八式太极拳中的第六段为主体，突显杨式特色。

总体来讲，四十二式太极拳包括陈式（大架）、杨式（大架）、吴式（中架）、孙式（小架）太极拳的一些代表拳势，其动作规范、技术全面、结构新颖、风格突出、兼收各式、融为一体、转接柔顺、中正安舒，是用于国际、国内比赛和健身活动的标准竞赛套路。经国内外广大太极拳爱好者携手不懈的努力，四十二式太极拳迄今已经成为中国乃至全世界太极爱好者们最热衷的太极运动套路之一，同时也是每年世界各地举办体育竞赛、文化交流必不可少的太极拳比赛套路项目。

四十二式太极拳基本特点

四十二式太极拳不仅继承发扬了太极拳的传统风貌，同时代表创新和时代特点，适应社会及竞赛需求。其连绵不断、轻松柔和、圆活自然的动作特点，充分突出了太极拳意领身随、刚柔相济的技术要求，但是具有一定的难度和运动量，比较适合中级以上训练水平的人士学练。作为竞赛套路，运动中手法、步法、身法要求清晰准确；过渡动作的路线也十分清楚；讲求规格，注重规范，定势时手型、步型以及动作姿势的高低、幅度、角度方位等都有明确的规定。内容包含了不同流派太极拳的代表性动作，展现了各式太极拳的不同风格和技术特点。比如套路中选用了陈式太极拳的发劲动作，吴式太极拳细腻的手法，孙式太极拳的开合承接及灵活的步法，是一套综合性的太极拳套路。在动作编排上，它既包括一些简单的基础动作，又加入了一些复杂的难度动作，如掩手肱捶、分腿、蹬腿等；既有劲力沉稳、充实的动作，又有轻柔、灵巧、连贯性强的动作；有平衡、有转身、有独立的高势、有较低的下势。而且在动作编排上，造型优美、锻炼全面、难度适当。整个套路上下相应，左右对称，动静结合，轻重衬托，技术表现全面、综合、完整、均衡。

四十二式太极拳竞赛套路在动作的选择及组合变化上也有其独到的特点。如第二段中的玉女穿梭，上肢动作吸取了吴式太极拳动作中圆转细腻多变的手法，下肢动作吸取了孙式太极拳动作中的上步跟步的灵活步法，最后达至杨式太极拳舒展大方的弓步架推掌定势，动作选择、组合得很巧妙。再如，在一个高立、潇洒的平衡腿法后，紧接一个扎实、沉稳的低势马步，同时配以劲力沉实、松活弹抖的陈式发力掩手肱捶，然后以柔缓、圆滑的过渡，相接到沉着稳健的野马分鬃。这些组合动作既突出了太极拳连贯、细腻、协调、灵活、轻柔、舒缓的技术风格，又体现了太极拳潇洒、奔放、劲力沉实的大美特色，演练中给人以充分的享受。四十二式太极拳的另一主要特点是它的竞赛性，其套路布局、时间、动作数量、内容组别均符合竞赛规则要求，大大增强了在竞赛中的可操作性，同时起到促进竞赛、推动普及的双重作用。

学练四十二式太极拳，从总体上如果能把握其风格特点将有益于整个学练的进展，以上这些基本特点希望学练者能悉心体会，在演练中把握住该套路的实质，以便有助于技术水平提高到一个新的阶段。

四十二式太极拳基本要领和练习方法

（一）基本要领

四十二式太极拳是在传统太极拳和普及太极拳套路的基础上加以改编而成的，因此在基本要领上与简化太极拳以及传统太极拳等大家熟知的套路都有相近之处。但由于为了适应竞赛需求，相对来说较有难度，标准性和规范程度偏高，比较适合有一定太极拳基础的人群学练。关于四十二式太极拳的基本要领我总结出以下几点。

1. 扎实基础

练四十二式太极拳须具备扎实的基本功，至少对太极拳的桩功、步型、步法、手型、手法、身型、身法、腿法、眼法等基础功法达到熟练以及接近规范的程度。要领是每招每式做到放松、沉稳、缓慢、均匀，包括手上动作和步法运行。不能像初学时那样忽快忽慢，忽轻忽重，忽高忽低等。每学一个动作都要达到“迈步如猫形”“运劲如抽丝”的状态。

2. 内外相合

我们在学会套路和掌握每一个动作的基础上，需要把握太极拳的内在规律，动作要协调自然，不能太过僵硬。要求内气与外形相互配合，一致运行。每一个招势都要“以意导气，以气运身”，保持松静，用意不用力。不能一味追求外形而造成勉强或紧张，应当追求自然圆活，内外双修，注重意、气、拳架的三者合一。

3. 上下相随

当拳架的每一招每一式做到内外相合的时候，内气则能舒适畅通地贯注到外形姿势上，也就是一动无有不动，周身节节贯穿。练拳过程如行云流水，上肢与下肢的动作互相协调，达到上下相随，连绵不断。要做到这一点首先是免于僵滞，从头顶经尾闾到手足要互相配合，意气须下沉到腹腔，然后疏散到四肢，再合到中心，使上下一体，协调配合。两臂的运行要松活圆润，不用蛮力。以腰胯带动下肢，两脚互相配合，虚实转换，使意气得以下沉到足心，让脚下轻灵沉稳。

4. 突出风格

四十二式太极拳除练外形、练内劲、练虚实、练动静等还应注重风格的表现，包括对整个套路的大体风格和其中包含的各式太极拳特征，以及个人演练风格的展现。在具有扎实基本功的前提下，招招式式能做到内外相合、上下相随，眼神与肢体动作能精准配合，手到、眼到、身法到，动作完整合一；精、气、神，面面俱到。同时深入理解并展现整个套路的基本风格以及不同流派代表性招式的各自特色，并练出符合标准规范且个人独有的演练风格。

（二）练习方法

四十二式太极拳作为竞赛套路具有一定的难度，我们在学练时除了需要按部就班，循序渐进，持之以恒等之外，从思想、技术、技巧等练习方法上还须掌握以下几点重要规律：

第一，逢转必沉。每招每式，衔接转换时一定要做到逢转必沉，也就是向左转沉左胯，向右转沉右胯。比如说搂膝拗步，当完成左弓步，右掌前推的第一个搂膝拗步接下一个时，我们上体左转左脚外撇，这时首先应当松左胯，劲向左脚下沉，边沉边转边外撑翻掌。这样在每个衔接转折处贯穿始终。

第二，逢沉必领。只要是沉，必须有上下的对拉拔长，上下、前后、左右、各个角度和方位的劲力都要平衡对称，自己的身体始终像个圆球，走的也是由内而外充实的撑劲。所以有沉，就有领，领起来再找前后和左右的平衡对拉。比如捋挤势的定势弓步挤，这时腰胯是松沉的，但是头顶一定要上提，百会领起来与尾闾对拉，使颈项和脊柱松通。然后找前后，两手前挤和脚下的蹬伸找出一对前后的中定。同时要找左右，两肩左右端平，两臂撑圆，找出一对左右的平衡。按照这个规律去举一反三，每招每式细心体会，对整套拳法的研习会大有帮助。然而松是太极拳的灵魂，无论是沉还是领，都先遵循松的原则，不能僵硬地领，也不能过度地沉。

第三，逢起必落。在太极拳的任何步法中两腿一定要在虚实转换中运行，当一腿走上起之势时通常另一腿是向下落的，但是要明白不是单纯脚的起落，而是胯根的感觉。比如云手的侧行步，一条腿提起开步的时候，另一条腿的胯根要下沉，这样做才能保持身体重心没有起伏，不然起落之间容易有漂浮之感。逢起必落就是在起落之间找平衡和稳定。

第四，逢定必松沉。是指在所有的定势快到位的时候，要向下松沉，最明显的是肩和胯。肩一松，尾闾一收，丹田就会感觉充实。再通过松胯将重心落到脚下，这样才能落地生根。然而当完成任何一个动作的时候都又是下一个动作的开始，因此又回到逢转必沉的首要规律，如此反复，连绵不断。拳论曰：松柔至极，当松到一定程度后，要学会沉，松沉有度才能学好太极拳。

除了以上几点技术上的规律以外，练四十二式太极拳还应该注意：这套拳的练习风格应以杨式为主，即使出现其他式的动作也很大程度上按照杨式化处理，但是仍要保留原动作的内涵及基本特点。如“野马分鬃”虽然是陈式的动作，但手型、步型等与传统陈式太极拳的做法还是有一定区别的。手型不需要做成瓦垄掌，自然舒展手指的杨式太极拳掌型即可；步型也不是偏马步，而是采用了杨式的弓步。再如“玉女穿梭”虽然吸收了吴式的平云手法，但是身型上仍以中正为主，不做吴式的“斜中寓正”等。

另外，由于四十二式太极拳是标准竞赛套路，很多爱好者和运动员都需要通过练习这套拳来备战比赛。那么我建议大家在赛前训练阶段尤其需要把一些基本功动作和难度动作提出来加强练习。比如步法、腿法组合，发力动作，平衡动作组合等。而且要练习把握套路时间的能力，通常不参加比赛的时候这套拳可以轻松舒缓地用6分半到7分半钟的时间来完成，到了赛前训练和比赛时则须控制在5～6分钟。所以自由调控不同环境下和不同时期练习的速度、节奏、时长、运动量等也是我们需要注意的一个方面。

总结下来，其实练拳最主要的是要求心神安静专一，全身内外协调，是修炼心境，调节情绪，消除疲劳、恢复体力的一种调养身心的过程。所以大家应该抓住要领，找对方法，正确练习。尤其四十二式太极拳特有的竞赛性的特质，通过练习和比赛不仅能强身健体，同时能改善我们大脑中枢神经系统，以及提高心理素质。希望以上所有要素能够对大家有所帮助，让习练者少走弯路，沿着练形、练意、练内劲、练思想的习练方针，练出最佳的自我内外平衡，以及自我与环境和自然之间的最佳和谐状态。

四十二式太极拳动作名称

01 起势
02 右揽雀尾
03 左单鞭
04 提手
05 白鹤亮翅
06 搂膝拗步
07 撇身捶
08 捋挤势
09 进步搬拦捶
10 如封似闭
11 开合手
12 右单鞭
13 肘底捶
14 转身推掌
15 玉女穿梭
16 左右蹬脚
17 掩手肱捶
18 野马分鬃
19 云手
20 独立打虎
21 右分脚
22 双峰贯耳
23 左分脚
24 转身拍脚
25 进步栽捶
26 斜飞势
27 单鞭下势
28 金鸡独立
29 退步穿掌
30 虚步压掌
31 独立托掌
32 马步靠
33 转身大捋
34 歇步擒打
35 穿掌下势
36 上步七星
37 退步跨虎
38 转身摆莲
39 弯弓射虎
40 左揽雀尾
41 十字手
42 收势

拳者，全也。智性为喜，
知性为用，灵性为根

四十二式太极拳套路讲解

01 起势

step 1 并脚站立

假设面朝正南自然直立，两脚并拢；两手轻贴大腿外侧，头颈端正，胸腹舒松，精神集中，呼吸自然，目视前方。（图1）

（图1）

step 2 左脚开立

左脚向左轻轻开步，与肩同宽，脚尖朝前。（图2）

（图2）

step 3 两臂平举

两手慢慢向前平举，与肩同高，与肩同宽，手心向下，肘部微屈。（图3）

（图3）

step 4 屈膝按掌

上体保持正直，两腿缓缓屈膝半蹲；两掌轻轻下按，落于腹前，两掌与两膝上下相对。（图4）

（图4）

要点

并步站立时周身要自然放松，呼吸均匀，意念集中。左脚开步要轻提轻落，脚尖着地，落步后重心放在两腿之间。起手时两肩要放松，两臂下按和身体下蹲的动作要协调一致。屈膝半蹲要松腰、松胯，不可凸臀，两臂要沉肩垂肘，手指自然微屈。

02 右揽雀尾

step 1 丁步抱球

重心微左移，身体右转，右脚外撇；右臂屈抬，手心向下，左手翻转向右划弧至右腹前，手心向上，两手相对如抱球状；重心右移，左脚收至右脚内侧；目视右手上方。（图 5）

（图 5）

step 2 弓步左掤

上体左转，左脚上步（朝正南），重心前移成左弓步；左手前掤，与肩同高，手心向内，右手下按，落于胯旁，手心向下，两臂微屈；目视左臂前方。（图 6、图 7）

（图 6）

（图 7）

step 3 丁步抱球

上体微左转，右脚收至左脚内侧；左手翻转掌心向下，右手翻转掌心向上，两手成抱球；目视左掌上方。（图 8）

（图 8）

step 4 弓步右掤

上体右转，右脚向右（正西）迈出一步，脚跟着地，重心前移成右弓步；右臂前掤与肩同高，左臂下按，落于左胯旁；目视右臂上方。（图 9、图 10）

（图 9）

（图 10）

step 5 旋臂前伸

上体微右转，重心仍在右腿；右臂内旋右掌向右前方伸出，掌心斜向下，左臂外旋左掌同时翻转前送，掌心斜向上。（图 11）

step 6 后坐下捋

重心后移；两掌向下后捋至腹前。（图 12）

step 7 转体搭手

重心保持在后（左腿），右臂屈肘横于胸前，掌心向内，左臂搭于右腕内侧，掌心向外。（图 13）

（图 11）

（图 12）

（图 13）

(图 14)

step 8 弓步前挤

重心前移成右弓步；两手同时向前挤出，两臂撑圆；目视前方。(图 14)

(图 15)

step 9 后坐屈肘

重心左移，上体右转，右脚上翘；右臂外旋，右掌心翻转向上，自前向右、向后屈肘划平弧至右肩前，左掌仍附于右腕内侧随之划弧；目随右掌。(图 15)

(图 16)

step 10 扣脚旋掌

身体左转，右脚尖内扣落地；右掌平旋内收至右肩前，左掌随附于右腕处。(图 16)

(图 17)

step 11 丁步按掌

上体微右转，重心右移，左脚收回，脚尖着地成丁步；右掌向右立掌按出，掌心向外，左掌附于右腕内侧；目视右掌。(图 17)

要点

这一式综合杨式、吴式和孙式太极拳的动作特点。首先左弓步掤和右掤、捋、前挤都是按照杨式的风格，要做到舒展大方；接下来向右后搭挤，划弧外掤，再到按，是采用吴式圆活细腻的手法；扣脚过后按掌时的跟步要表现出孙式的轻灵。掤出时，两臂前后均保持弧形，掤臂、松腰、弓腿三者必须协调一致。下捋时，上体不可前倾，臀部不要凸出，两臂下捋须随腰旋转，仍走弧线，两脚全脚掌着地。向前挤时，上体要正直，挤的动作要与弓腿相一致。后坐旋掌时两肩保持端平，注意右肩不能低下，方向从正西到西北，扣右脚胸向转回正南，丁步按掌是朝西南方向。

03

左单鞭

step 1 转体出步

上体左转，左脚向左（正东）迈一步，脚跟着地；右掌变勾，左掌向左划弧至面前，目随左掌。（图 18）

（图 18）

step 2 弓步单鞭

上体继续左转，重心前移成左弓步；左前臂内旋，左掌翻转向前推出，腕同肩高，掌心向前；面朝正东，目视左掌前方。（图 19）

（图 19）

要点

左手向外翻掌前推时，要随转体，边翻边推出，上下肢动作要协调一致。单鞭时，上体保持正直，松腰，两肩下沉，左肘与左膝上下相对。后腿要蹬碾合胯，右脚的脚尖不能过度外展。左弓步定势时，前脚脚尖朝前（正东），后脚的脚尖应当朝右斜前方（东南），不能是朝南甚至西南。

04 提手

step 1 扣脚摆掌

重心右移，上体右转，左脚内扣；左掌向右平摆划弧 。（图 20）

（图 20）

step 2 回身带掌

重心左移；右勾手变掌微向左摆，左掌稍向左平带。（图 21）

（图 21）

step 3 虚步合提

上体微右转，右脚提转，脚跟着地，脚尖上翘，成右虚步；两手微提再相合，右掌成侧立掌举于体前，拇指与鼻同高；左臂屈收，左掌也成侧立掌合于右肘内侧；胸向西南，目视右掌前方。（图 22）

（图 22）

要点

从左弓步到右虚步要先充分内扣左脚，再提右脚收步。收右脚与上肢合抱要协调一致，用腰来带动摆掌。虚步时，右脚跟着地，重心在左腿。两臂微屈，沉肩垂肘，两掌之间左右相合，同时有上提之意。身体保持正直，要含胸拔背，坐胯敛臀。

05 白鹤亮翅

（图 23）

step 1 转身抱球

上体左转，右脚尖内扣；两手向左下方划弧，随后两臂在体前左上右下成抱球状。（图 23）

step 2 后坐挑掌

重心后移，上体右转；右掌向右上方挑掌，左掌随转。（图 24）

（图 24）

step 3 虚步分掌

上体左转，左脚稍内收，脚尖点地成左虚步；右掌上提外撑，左掌下按，两臂成弧形；胸向正东，目视前方。（图 25）

（图 25）

要点

扣脚转身角度要充分，从面向西南转到胸向正东，扣右脚抱球时重心在左，两掌上下右左分展时坐到右腿。身体重心后移和右手上提，左手下按要协调一致。定势时右手至右额前上方，掌心向内，左掌按于左胯旁，掌心向下，指尖朝前。

06 搂膝拗步

step 1 转体落掌

上体微左转；右手随之向左向下经面前划弧下落。（图 26）

（图 26）

step 2 收脚托掌

上体右转，右手向后划弧至右后方（西南角），左手向右划弧至右胸前；左脚收回。眼随右掌。（图 27）

（图 27）

step 3 迈步屈肘

上体左转，左脚上步（朝正东），脚跟着地；右臂屈肘，右手收至肩前耳旁，掌心斜向前；左掌向下划弧至腹前，目视前方。（图 28）

（图 28）

step 4 弓步搂推

重心前移，成左弓步；左掌搂膝，右掌推出；面朝正东，目视右掌前方。（图 29）

（图 29）

step 5 撇脚转体

重心右移，左脚外撇，上体左转，右手随之向左划弧摆掌，左手翻转掌心向上，随即向左后方划弧。（图 30）

（图 30）

step 6 收脚托掌

上体继续左转，左手向后划弧至左后方（西北角），右手向左划弧至左胸前；右脚收回，重心在左，左掌托起，眼随左掌。（图 31）

（图 31）

step 7 迈步屈肘

上体右转，右脚上步（朝正东），脚跟着地；左臂屈肘，左手收至肩前耳旁，掌心斜向前；右掌向下划弧至腹前，目视前方。（图 32）

（图 32）

（图 33）

step 8 弓步搂推

重心前移，成右弓步；右掌搂膝，左掌推出；面朝正东，目视左掌前方。（图 33）

要点

搂膝、推掌与上步屈膝弓步要协调一致。弓步时，两脚间横向约一脚距离，或两脚外沿约同胯宽。推掌时沉肩垂肘、舒掌坐腕，身体不可前俯后仰，要以腰带动两臂运转。

07 撇身捶

step 1 转身分掌

重心后移，右脚外撇，上体右转，左掌前伸，右掌翻转至手心向上，微向后带。（图 34）

（图 34）

step 2 收脚挂拳

左脚收至右脚内侧；左手握拳，落于腹前，右手向前划弧，附于左臂内侧。（图 35）

（图 35）

step 3 上步翻拳

上体微左转，左脚朝左前方（东北角）上步，脚跟着地，左拳上举至面前。（图 36）

（图 36）

要点

摆臂挂拳时两臂不能伸太直，收脚与上肢划弧要协调配合，弓腿撇拳要随腰转动，上下一致。弓步方向朝左前方 30 至 45 度角，撇捶定势时右脚要蹬碾，右胯要松沉，转体合胯，拳的高度约同眼高，力达拳背。

step 4 弓步撇拳

重心前移，成左弓步；身体继续左转，左拳经面前翻转撇打，高与头平，拳心斜向上，右手仍附于左臂内侧；胸向东北，目视左拳。（图 37）

（图 37）

08 捋挤势

(图38)

step 1 扣脚变掌

重心稍后移，左脚尖内扣，上体右转；左拳变掌，右掌向右微收划平弧，收于左臂内侧。(图38)

step 2 转体抹掌

重心前移，成左弓步；右掌平抹划弧穿出，掌心斜向下，左掌落于右肘内下，掌心斜向上。(图39)

step 3 收脚捋掌

两掌向下、向后回捋，右脚收回至左脚内侧。(图40)

(图39)

(图40)

(图41)

step 4 上步搭手

右脚向右前方(东南角)上步，脚跟着地；同时左前臂内旋，右前臂外旋，两手翻转屈臂上提，收于胸前，合手搭腕。(图41)

step 5 弓步前挤

重心前移，成右弓步；两臂同时向前挤出，右掌心向内，左掌贴于右腕内侧，掌心向外；胸向东南，眼视右掌。（图 42）

step 6 扣脚开掌

重心后移，右脚尖内扣，上体左转；右掌翻转向上，左掌向左微收划平弧，收于右臂内侧。（图 43）

step 7 转体抹掌

重心前移，成右弓步；左掌平抹划弧穿出，掌心斜向下，右掌落于左肘内下，掌心斜向上。（图 44）

（图 42）

（图 43）

（图 44）

step 8 收脚捋掌

两掌向下、向后回捋，左脚收回至右脚内侧。（图 45）

step 9 上步搭手

左脚向左前方（东北角）上步，脚跟着地；同时右前臂内旋，左前臂外旋，两手翻转屈臂上提，收于胸前，合手搭腕。（图 46）

step 10 弓步前挤

重心前移，成左弓步；两臂同时向前挤出，左掌心向内，右掌贴于左腕内侧，掌心向外；胸向东北，眼视左掌。（图 47）

要点

后坐展掌时后移重心不必过大，扣脚幅度也应小于 45 度。两掌划弧要随腰转动，开中寓合。抹掌要走平圆轨迹，同时配合弓腿。两臂回捋要走向后向下的弧形。弓步和前挤要协调一致，两臂撑圆，沉肩垂肘。弓步时上体保持正直，松腰收臀。

（图 45）

（图 46）

（图 47）

09 进步搬拦捶

step 1 后坐分掌

重心后移，左脚外撇，上体左转；左掌向下划弧，掌心向上；右掌外展前伸，掌心斜向下。（图 48）

step 2 收脚握拳

重心前移，右脚收于左脚内侧；右掌变拳向下划弧收于腹前，拳心向下；左掌向左上划弧后收按于体前，掌心向下。（图 49）

（图 48）

（图 49）

step 3 上步搬拳

右脚出步，脚跟着地，随即脚尖外撇；右拳经左臂内侧翻转搬出，左掌向外撑按于体侧。（图 50）

（图 50）

（图 51）

step 4 转身拦掌

重心前移，上体右转；左脚向前上一步，脚跟落地，右拳向右划弧收至腰间，左掌向左向前划弧，在体前拦掌。（图 51）

要点

后坐分掌两臂撑圆，对称划弧，不要将两手回收，要保持舒展圆活。搬拳的高度约与胸平，右臂搬拳和右脚上步要协调配合，落步后不移重心而是随即外展脚尖，接下一个上步。左拦掌时左脚上前但是重心仍然在后腿，上体保持正直。右拳向前打出时才前移重心成弓步，沉肩垂肘，右臂微屈，右拳进捶的同时左掌要配合回收，脚下、腰腿要蹬碾，使力达拳面。连续上前的两步步幅不要太大，身型保持中正，重心也要平稳。

step 5 弓步进捶

重心前移，成左弓步；右拳向前打出，左掌收于右臂内侧；胸向正东，眼视右拳。（图 52）

（图 52）

10 如封似闭

step 1 穿手翻掌

左掌从右前臂下穿出，右拳随之变掌，两掌心都转向上。（图 53）

（图 53）

step 2 后坐收掌

上体后坐，重心后移，左脚尖上翘；两掌外分并屈臂内旋，两臂后引，两掌收至胸前，掌心斜相对。（图 54）

step 3 翻掌下落

两掌翻转向下，落至腹前；目视前方。（图 55）

step 4 跟步按推

重心前移，右脚向前收至左脚侧后方，脚前掌着地，成右丁步，两脚相距约一脚长度；两掌向前推按，与肩同宽，掌心向前；胸向正东，眼视两掌。（图 56）

（图 54）

（图 55）

（图 56）

要点

穿手翻掌过后两腕交叉，两手心均向上。然后边外分边翻转，有开后即合的过程。两臂随身回收时，手臂要内旋屈收，肩肘略向外松开，并非直臂抽回。身体后坐时须松腰、松胯，不要后仰凸臀。两手推出和上步要协调一致，这里的跟步采用了孙式太极拳上步必跟的步法特征，表现出轻灵连贯的特点。后脚跟进的距离要把握好，不能太远也不能太近，约自己的脚一脚长度为佳。而且不要跟在前面支撑脚的正后方，应当是稍稍偏右方跟步。

11 开合手

step 1 转体开掌

右脚以脚掌为轴碾转，左脚以脚跟为轴内扣，身体右转，成开立步半蹲势；两掌翻转掌心相对，屈收于胸前再向左右分开至与肩同宽。胸向正南，目视前方。（图 57）

step 2 提踵合掌

重心移向左腿，右脚跟提起；同时两掌相合，与头同宽，掌心相对；目视两掌中间。（图 58）

（图 57）

（图 58）

要点

此势充分表现孙式太极拳步法和手法的特点，上下肢要协调配合。右转时先碾转右脚，然后内扣左脚，两脚踩实踏稳再做开合手。两手合手之间要有开合粘连之意，完成时身体保持正直，两臂要沉肩垂肘。

12 右单鞭

step 1 开步转掌

右脚向右横开一步，脚跟着地；两臂内旋，两掌转为虎口相对，掌心斜向外。（图 59）

step 2 弓步分掌

重心右移，成右侧弓步（横裆步）；两掌左右分展，平举身体两侧，掌心向外。胸向正南，面朝东南，目视左掌。（图 60）

（图 59）

（图 60）

要点

这里是采用孙式太极拳单鞭，定势为横裆步，要注意身体重心偏向右腿。开步要轻灵，脚跟先着地，逐渐移重心。完成时上体保持正直，松腰收臀，两腕同肩高。两肩与两胯相合，两肘与两膝相对，两手与两足相合。内外三合，充实饱满。

13 肘底捶

step 1 扣脚摆掌

重心左移，右脚内扣，上体稍左转；左臂微向左、向下划弧；右前臂外旋向内掩裹划弧至右肩前，掌心向上；目视右掌。（图 61）

（图 61）

step 2 收脚抱球

重心右移，上体右
左脚收至右脚内侧；
掌翻转屈收至胸前，
心向下，左前臂外
于腹前，掌心向上，
掌心两对如“抱球状
（图 62）

（图 62）

step 3 上步分掌

上体左转，左脚向左前方摆脚上步，脚跟着地，脚尖外撇；左掌经右臂下向前、向上、向左划弧，右手下落至右胯旁。（图 63）

（图 63）

step 4 跟步摆掌

上体继续左转，重心前移，右脚跟半步，脚掌落地；左臂内旋向左、向下划弧至左腰侧，掌心向下；同时右臂外旋，右掌向前、向右划弧至体前，掌心斜向上。（图 64）

（图 64）

step 5 虚步握拳

重心后移踏实到右腿，左脚提起微
前落步，脚跟着地，成左虚步；左
经左腰际，再经右腕上立掌劈出，
掌握拳，收于左肘下方，拳眼向上；
面朝正东，目视左掌。（图 65）

（图 65）

要点

这一式开始时胸向正南；通过扣脚左转，收脚抱球时胸向转到东南；上步、跟步摆掌后肘底看捶定势转到正东方向。迈左脚出步时和两臂运转与身体左转要协调一致。左腿站稳后，右脚再跟进，重心后坐和劈掌握拳成虚步要连贯协调，一气呵成。

14 转身推掌

（图 66）

step 1 撤步托掌

左脚向右脚的左斜后方撤步，脚掌着地；右拳变掌向右前方上托，掌心向上，左掌翻转下落至胸前，掌心向上；面朝东南，眼随右手。（图 66）

step 2 转体屈肘

身体左转，右脚内扣，重心回到右腿；同时左掌微下落，右臂卷屈微收。（图 67 及附图）

step 3 上步搂掌

左脚向前偏左上步，脚跟着地；右掌屈收至右耳侧，左掌向左下划弧搂掌。（图 68 及附图）

（图 67）

（图 67 附图：正面）

（图 68）

（图 68 附图：正面）

step 4 跟步推掌

重心前移，右脚跟进半步，脚掌着地，成右丁步；左掌搂膝，按于左胯旁，右掌推出，掌心向前；胸向正北，眼视右掌。（图 69 及附图）

要点

本式取自孙式太极拳倒卷肱，仍保持孙式上步、跟步转折承接的特点。转体要注意身体重心轻微变换。上步时要斜开步，直跟进，步幅不必太大。跟步时也不能跟得太近，仍然以一脚长为宜，并且不要在正后方；后脚跟应虚提，重心在前腿。搂膝推掌与跟步要协调一致，同步完成。身体要中正，沉肩垂肘，舒指坐腕。

（图 69）

（图 69 附图：正面）

step 5 转体托掌

右后转体，以右脚掌为轴，左脚内扣，重心再回到左腿；左臂外旋向左前方上托，掌心向上，同时右掌下落至左胸前，掌心向下；目视左掌。（图 70）

step 6 上步搂掌

右脚向前偏右上步，脚跟着地；左掌屈收至左耳侧，右掌向右下划弧搂掌。（图 71）

step 7 跟步推掌

重心前移，左脚跟进半步，脚掌着地，成左丁步；右掌搂膝，按于右胯旁，左掌推出，掌心向前；胸向正南，眼视左掌。（图 72）

（图 70）

（图 71）

（图 72）

15 玉女穿梭

step 1 撤步伸掌

上体右转，左脚向左后方撤半步；左臂外旋，左掌向右划弧至右胸前，掌心向上；右掌经左前臂上方前伸探掌；眼随右掌。（图 73）

step 2 收脚捋掌

上体左转，重心左移，右脚收至左脚内侧，脚尖点地；两掌同时向下、向后回捋；眼随两手。（图 74）

（图 73）

（图 74）

step 4 跟步云掌

重心前移，上体右转，左脚随即跟在右脚后方，脚掌着地；右掌自左向前向右划平弧运转，左掌随之转动；眼随右掌。（图 76）

step 3 上步搭手

右脚向右前方（西北）上步，脚跟着地；两臂旋转微上举（右臂外旋，左臂内旋）；两手相搭，右掌心向内，左掌附于右腕内侧，掌心向外。（图 75）

（图 75）

（图 76）

step 5 出步架掌

重心后移，右脚再向右前方上一步，脚跟着地；右掌继续向右向后划平弧，然后架至头前，左掌下落收至左肋前。（图 77）

（图 77）

step 6 弓步架推

重心前移，成右弓步；身体右转，右掌上架至右额前上方，掌心向外，左掌向前推出，掌心向前；胸向西北，目视左掌。（图 78）

（图 78）

step 7 后坐落掌

重心后移，右脚尖上翘微内扣，上体左转；右前臂外旋，右掌翻转向下落，掌心向上，左掌向右划弧收于右肘内侧，掌心向下；眼随右掌。（图 79）

（图 79）

step 8 弓步抹掌

重心前移，右脚落实，上体左转；左掌经右前臂上平抹穿出，并自右向左划弧抹掌，右掌收于左肘下方；面朝西南，眼随左掌。（图 80）

（图 80）

step 9 收脚捋掌

同前收脚捋掌，唯左右相反。（图 81）

（图 81）

step 10 上步搭手

同前上步搭手，唯左右相反。（图 82）

step 11 跟步云掌

同前跟步云掌，唯左右相反。（图 83）

step 12 出步架掌

同前出步架掌，唯左右相反。（图 84）

（图 82）

（图 83）

（图 84）

（图 85）

step 13 弓步架推

同前弓步架推，唯左右相反。定势胸向西南。（图 85）

要点

这一式综合了孙式、吴式、杨式三大流派的特征，整个动作要圆活连贯，上下、左右、周身协调，行进方向为斜前运行。步法上基本选用孙式灵活圆滑的上步跟步，定势回到杨式的弓步。手法上采用吴式圆活细腻的云转手法和杨式动作相结合，定势时突出杨式的舒展大方，中正圆满。注意以腰为轴，上下相随；保持平稳的高度，重心不能忽高忽低。抹掌、回捋、搭腕、云摆直到架推，每一个手法都要交代清楚。最后架掌推掌时，上体不可前俯，推出的手臂不能僵直，上架的手臂要撑圆，不能耸肩抬肘；同时要松腰沉胯，上下协调一致，劲力充实饱满。

16 左右蹬脚

step 1 后坐摆掌

重心右移，左脚内扣，上体右转；左臂外旋，左掌翻转落于体前，掌心向上；右掌划弧收于左肘内侧，掌心向下；眼随左掌。（图 86）

step 2 弓腿抹掌

重心前移，上体微左转；右掌从左臂上方穿出向右平抹，左掌向下、向左划弧打开。（图 87）

（图 86）

（图 87）

step 3 收脚合掌

上体右转，右脚收至左脚内侧微提膝；右掌向下，左掌向上同时划弧，两掌交叉合抱胸前，右掌在外，两掌心均向内。（图 88）

（图 88）

step 4 蹬脚分掌

左腿站立，膝关节微屈，右腿屈膝上提，右脚朝右前方约 30 度（西北）慢慢蹬出，脚尖上勾；两掌分别向右前和左侧划弧分展；腕同肩高，两肘微屈；面朝西北，目视右脚和右掌方向。（图 89）

（图 89）

step 5 落脚摆掌

右腿屈收，右脚向右前方落步，脚跟着地；右前臂外旋，右掌翻转，掌心向上，左掌下落经腰向前划弧至右肘内侧，掌心向下；眼随右掌。（图 90）

step 6 弓腿抹掌

同前弓腿抹掌，唯左右相反。（图 91）

step 7 收脚合掌

同前收脚合掌，唯左右相反。（图 92）

（图 90）

（图 91）

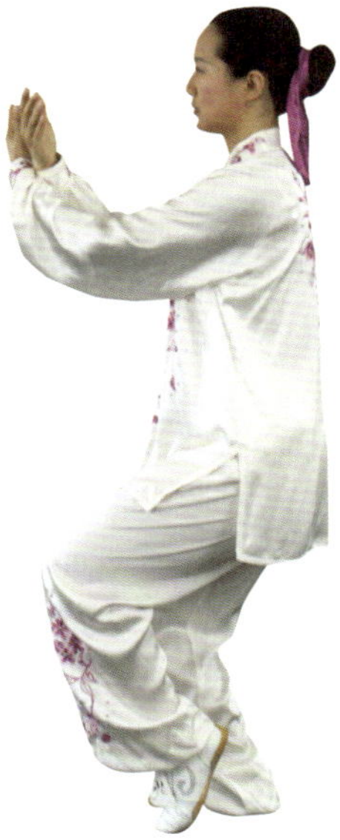

（图 92）

（图 93）

step 8 蹬脚分掌

同前蹬脚分掌，唯左右相反。方向朝西南。（图 93）

要点

本式为独立平衡动作，对柔韧性、平衡性和腿部力量都有一定的要求。身体要稳定，不可前俯后仰。蹬脚分掌时，支撑腿的膝关节和两肘要微屈，但不能过度弯曲，脚尖回勾，力点在脚跟。注意蹬脚时不能放胯或是掀胯，髋关节要沉住，提膝蹬脚，在身体直立站稳的前提下蹬脚。如以竞赛为标准蹬脚高度须过腰，开始学练时由个人身体素质和技术水平来灵活掌握，不要强求高度，应逐渐提高。分手和蹬脚要协调一致，蹬右脚时右臂与右腿上下相对，蹬左脚时左臂与左腿上下相对，眼神也是自然跟随蹬脚的方向。

17 掩手肱捶

（图 94）

step 1 落脚掩掌

左小腿屈收，左脚收于右脚内侧；两臂外旋，两掌掩合于头前，与头同宽，掌心向内。（图 94）

step 2 开步合掌

左脚以脚跟擦地向左开步，上体微右转；两臂内旋，两掌翻转向下，并上下相叠于腹前，左掌压于右掌背上，掌心均向下。（图 95 及附图）

（图 95）

（图 95 附图：正面）

（图 96）

（图 96 附图：正面）

step 3 马步分掌

上体微左转，重心左移至两腿之间；两臂继续内旋，两掌左右分开，掌心转向外。（图 96 及附图）

step 4 转体合肘

重心右移，上体稍右转；两臂外旋，两肘内合，左掌摆至体前，掌心向上，右掌变拳，屈臂合于胸前，拳心向上。（图 97 及附图）

（图 97）

（图 97 附图：正面）

（图 98）

step 5 弓步冲拳

重心左移，上体左转，蹬右腿转腰；右拳旋拧向前发力冲拳，拳心转向下，左掌回收，掌心贴于左腹部；面朝西北，目视右拳。（图 98）

要点

前一式蹬脚过后收脚掩掌时左脚要提住，按照竞赛标准要求这里左脚不能落地，重心完全保留在右腿。但是因人而异，如有伤痛或者程度未到，也可暂且点地支撑。擦地出步时应以左脚跟内侧贴地侧伸，由浅到深，由轻到重，同时气要下沉，头顶上提，不能弓腰低头。掩手蓄力时重心偏右，含胸拔背，两臂外旋，屈肘夹肋，蓄势待发。右拳冲打和拧腰蹬腿要协调一致。冲拳时要转腰顺肩，沉肩垂肘，做出陈式太极拳松活弹抖的劲力特征。注意发力冲拳过后右臂要随即放松，不能僵直。力在拳面，手臂虚松，不要撅腕翻拳；左掌回收时左臂屈肘贴肋，肘关节不能外翻，掌心贴腹抽回，不要击拍腹部。

18 野马分鬃

step 1 转腰下捋

上体先微右转随即向左松沉；右拳变掌向下划弧至腹前，掌心向下，左掌以拇指为轴，其余四指向后、向下转动缠腕。（图 99）

（图 99）

step 2 转腰掤臂

重心右移，上体右转；右臂内旋，右掌翻转向外，并向上、向右划弧屈臂撑于体前，拇指向下，其余四指指尖向左；同时左臂外旋，掌心转向内，手背贴于右腕内侧，随之划弧缠绕外掤，两臂撑圆；眼随右掌。（图 100）

（图 100）

step 3 转腰横掌

重心左移，上体左转；右臂外旋，左臂内旋，两掌向左前方横捋于腹前，以腰腹轻微折叠，弹性横掌发力；胸向西偏北，目视两掌。（图 101）

（图 101）

step 4 转腰旋掌

重心右移，腰向右回转，腰腹放松回旋再向左转；两掌成俯掌，掌心向下自右向左划弧至体前，左掌略领先，右掌跟随。（图 102）

（图 102）

step 5 提脚托掌

重心右移，腰向右转，左脚收提；同时右臂内旋，右掌向右上划弧横于身体右侧，掌心向外；左臂外旋，左掌划圈翻转向上，托于左膝上方；面朝正西，目视前方。（图 103）

（图 103）

step 6 弓步穿掌

左脚上步，重心前移成左弓步；左掌向前穿靠，掌心向上，指尖向前；右掌撑至身体右侧，掌心向外，指尖斜向上；两腕均于肩高，面朝正西，眼视左掌。（图 104、图 105）

（图 104）

（图 105）

step 7 转体翻掌

重心后移，左脚外撇，上体左转；左臂内旋，左掌心翻转向外微屈臂外撑；右臂外旋，右掌稍下落内收。（图 106）

（图 106）

step 8 提脚托掌

重心前移，上体左转右脚收提；右掌继续翻转至掌心向上，微下落后向前划弧托于右膝上方；同时左臂内旋，左掌随转体向左划弧横掌撑于身体左侧，掌心向外；面朝正西，目视前方。（图 107）

（图 107）

step 9 弓步穿掌

右脚上步，重心前移成右弓步；右掌向前穿靠，掌心向上，指尖向前；左掌继续外撑横于身体左侧，掌心向外，指尖斜向上；面朝正西，眼视右掌。（图 108）

（图 108）

要点

第一个分动转腰缠腕时两手要一顺一逆、开中寓合地缠绕转动，体现出陈式太极拳的缠丝劲。两掌横捌时上体微左转，两臂屈收贴近身体，腰腹弹性发力与重心向左的微移要协调一致。横掌过后腰、腹、臂整体放松缓解，自然回旋，协调配合。弓步穿掌前的提膝托掌脚不必提得过高，支撑腿应保持弯曲，重心不能有明显起伏。穿掌时保持陈式的手法特征，两臂要有旋拧之意，前臂外旋前伸，后臂内旋外撑。定势步型采用杨式的弓步，后腿自然蹬伸，不要屈膝开胯做成偏马步。整个动作既表现出陈式太极拳松紧、折叠、螺旋缠绕的动作风格，又有杨式端庄大气、舒展沉稳的特点。

19 云手

（图 109）

step 1 扣脚摆掌

重心左移，右脚内扣，上体左转；右前臂内旋，两掌微向左摆。（图 109）

step 2 右转翻掌

重心右移，上体右转；右掌翻转向外，横掌右摆至身体右侧，左掌自左向下经腹前向右划弧，掌心随之翻转向内；眼随右掌。（图 110）

step 3 转体左云

重心左移，上体左转；左掌掌心向内，自右向上向左经面前划弧云转，右掌经腹前向左划弧云转，掌心向内。（图 111）

step 4 收脚翻掌

上体继续左转，右脚侧收跟进半步，两脚平行向前，相距 10 ~ 20 厘米，两掌云至左侧翻转，左掌心向外，右掌云至左肋前，掌心向内；眼随左掌。（图 112）

（图 110）

（图 111）

（图 112）

step 5 转体右云

重心右移，上体右转；右掌掌心向内，自左向上向右经面前划弧云转，左掌经腹前向右划弧云转。（图 113）

step 6 开步翻掌

上体继续右转，左脚向左侧开步；两掌云至身 体右侧，右掌翻转向外，左掌云至右侧肋前，掌心向内；眼随右掌。（图 114）

（图 113）

（图 114）

step 7 转体左云

同前转体左云。（图 115）

step 8 收脚翻掌

同前收脚翻掌。（图 116）

（图 115）

（图 116）

step 9 转体右云

同前转体右云。（图 117）

step 10 开步翻掌

同前开步翻掌。（图 118）

step 11 转体左云

同前转体左云。（图 119）

（图 117）

（图 118）

（图 119）

（图 120）

step 12 收脚翻掌

基本同前收脚翻掌，唯最后收并右脚时，脚尖内扣约 45 度落地，两掌云至身体左侧时，左掌心翻转斜向下，右掌心翻转向上；眼仍随左掌。（图 120）

要点

两臂随腰转动而运转，腰领手随，自然圆活，速度要缓慢均匀，翻掌时不能突然加速。下肢步法侧行移动，开步并步要轻灵柔缓，要以前脚掌先着地，再随重心移动踏实全脚。身体要保持稳定和中正，不可忽高忽低，或者前俯后仰。眼的视线随向上运摆的主动手转动，整式左右交替，循环往复，如行云流水连绵不断。

20 独立打虎

step 1 撤步穿掌

重心右移，左脚向斜后方（西偏北）撤步，右腿屈弓；左前臂外旋，左掌心翻转向上，并向下划弧微收，右前臂内旋，右掌心翻转向下，从左臂上穿出向前伸出探掌；面朝东偏南，目视右掌。（图 121）

（图 121）

step 2 转体扣脚

重心左移，上体左转，右脚内扣；两掌向左划弧回带。（图 122）

（图 122）

step 3 提膝握拳

两掌握拳，左拳经体侧屈臂上举至左额上方，拳心向外，拳眼向下；右臂屈收右拳收于左胸前，拳心向内，拳眼向上；左腿站稳，右腿屈膝提起，右脚回收，脚尖上翘内扣；面朝东偏南，眼平视前方。（图 123）

（图 123）

要点

云手过后撤步穿掌注意左脚要向斜后方撤步，以云手向东侧行为例，这里撤步应面向东偏南，左脚朝西偏北方向撤步；右腿屈膝前弓与前伸探掌要协调一致，上体保持平稳。两臂划弧要经腹前随腰转动。独立提膝，支撑腿膝关节微屈，提顶立身，脚趾抓地，提起的腿屈膝开胯，脚尖上翘内扣，有提膝攀收内勾之意。两拳拳眼上下相对，两臂半屈，撑圆抱满，整式表现出吴式太极拳独立打虎的潇洒风格。

21 右分脚

step 1 落脚抱掌

上体微右转，右脚内收，脚尖自然下垂；两拳变掌叠抱胸前，右掌在外，掌心皆向内；目视右前方。（图 124）

step 2 分脚分掌

右脚脚面展平，以脚尖向右前方踢出，高度过腰；两臂同时向左右划弧分展，掌心皆向外，两臂撑举；面朝东偏南，目视右掌。（图 125）

（图 124）

（图 125）

要点

收脚抱掌时两臂抱圆，两腕交叉，右掌在外。分脚分掌时要通过手臂内旋使两掌翻转向外，弧线分展，但是不要高举过头，也不要过度撑展，两臂夹角约 135 度，肘部放松微屈。独立分脚身体要稳定，不可前俯后仰。分脚高度是以过腰为标准，但是如果刚开始还达不到高度不应强求，在加强基本功训练的情况下会渐渐提高。分脚方向与正前方约 30 度，分手与分脚动作须协调一致，右臂与右腿上下相对，力点和意念贯注到脚尖及两掌。

22 双峰贯耳

step 1 屈膝沉肘

右腿屈膝小腿回收，脚尖自然下垂；两臂屈肘外旋，左臂向前划弧，两掌平行落于右膝上方，掌心翻转向上；目视前方。（图 126）

（图 126）

step 2 上步落拳

右脚向前（东南）落步，脚跟着地；两掌逐渐变拳，收于腰间，拳心向上。（图 127）

（图 127）

step 3 弓步双贯

重心前移，成右弓步；两拳同时经身体两侧向前上方划弧贯打，与头同宽，高于耳齐，两臂微屈成钳形，拳眼斜向下；胸向东南，眼视前方。（图 128）

（图 128）

要点

上一式分脚过后收脚时屈收小腿，落步之前脚尖不落地，落脚要轻，要先屈左膝使重心下降再缓缓落步。但如有伤痛或水平有所限制，这里可以稍加点地支撑，也可设定目标慢慢练习争取能按标准完成动作。弓步贯拳定势时头颈正直，松腰、松胯，握拳松紧适度，不能耸肩抬肘，两臂要保持弧形或钳形。

23 左分脚

step 1 转体分掌

重心后移，右脚外撇，上体右转；两拳变掌左右分开，掌心皆向外；眼随左掌。（图 129）

step 2 收脚抱掌

重心前移，左脚内收至右脚内侧，上体微左转；两掌自左右两侧向下、向内划弧在腹前交叉，再向上合抱于胸前，掌心皆向内，左掌在外。（图 130）

（图 129）

（图 130）

step 3 分脚分掌

右腿站稳，左腿屈膝上提，以左脚尖向前（正东）踢出，高度过腰；两掌向前和右方划弧分开，掌心向外，两臂撑举；面朝正东，目视左掌。（图 131）

（图 131）

要点

双峰贯耳过后重心后移、右脚外撇和向右转体三者要协调一致，并与两掌外分相配合。起腿踢脚时左脚面自然展平，以脚尖为力点踢去。身体直立，左胯不能外翻或向前送胯，应当沉住胯根，提膝踢脚。左臂与左腿应上下相对，两臂呈弧线外展，腕约同肩高，肘部微有弯曲。

24 转身拍脚

step 1 落脚转身

左腿屈收下落，向右后转体，以右脚掌为轴，左脚随转体扣脚落地，两掌向腹前划弧下落，前臂外旋，两臂相合。（图 132）

（图 132）

step 2 转体抱掌

重心左移，身体继续右后转，（转至侧对前一式左分脚的方向），右 脚随之碾转调正，脚尖点地；两掌交叉抱于胸前，右手在外。（图 133）

（图 133）

step 3 独立拍脚

左腿支撑，右脚向上踢摆，脚面展平；两臂内旋上起，右掌击拍右脚面，左掌向后划弧分展；面朝正东，眼随右掌。（图 134）

（图 134）

要点

身体右后转与左脚落地几乎同时进行，和两臂的划弧分落也要协调配合。左脚下落时脚尖自然内扣，呈扣脚落步以助力向右后转体。右脚要以脚掌为轴，脚跟轻提来完成碾转，同时两臂的摆转合抱也应顺势身体转动。踢腿拍脚时上体保持正直，不可前倾、凸臀，手臂不能刻意前伸或下压去触碰脚面。右掌要自然迎合轻拍右脚面，如柔韧性尚且不够，脚踢不到头前的高度可以暂时以拍腿代替，但通过练习逐步达到标准。右脚面应自然展平，不能勾脚，不要击拍脚尖，支撑腿也不能过度屈蹲。

25 进步栽捶

step 1 转体摆掌

左腿屈膝重心下降，右腿屈收，右脚前落，脚尖外撇，上体右转，重心前移；左掌向前、向右划弧摆至胸前，右掌翻转下落至腰间。（图 135）

step 2 收脚托掌

上体继续右转，右脚踩实踏稳，左脚向前收至右脚内侧；右掌自下向上朝右后方（西南角）划弧上托，左掌经体前划弧摆至右胸前。（图 136）

要点

右脚落地前应先屈收小腿，不能直腿落地；站立的支撑腿也应先弯曲使身体重心下降才落步。转体上步和两臂划弧要协调一致。弓步打拳时左手搂膝，右拳要走弧线由耳侧朝前下方进捶，不能直线下栽，拳的高度略高于左膝。注意松腰、沉胯，上体前倾不超过 45 度，不要凸臀，脚跟不能拔起，保持提顶舒背，气沉丹田。

（图 135）

（图 136）

step 3 上步搂手

左脚向前上步，脚跟着地，上体微左转，右手向上划弧，屈肘握拳收于右耳侧，左掌向下划弧外搂于腹前。（图 137）

step 4 弓步栽捶

重心前移，成右弓步；左掌继续向下向外划弧经左膝上方搂过，按于左胯旁，右拳经右耳侧向前下方打出；拳眼向左，拳心斜向下；上体微前倾，胸向正东，目视右拳。（图 138）

（图 137）

（图 138）

26 斜飞势

（图 139）

step 1 转身分掌

重心后移，左脚外撇，上体左转；右拳变掌微上提，两掌左右划弧分开。（图 139）

step 2 收脚合掌

重心左移，右脚收至左脚内侧；左掌向上、向右划弧，右掌向下、向左划弧，两臂屈收于体前交叉合抱，左臂在上；胸向正北，眼先随右掌再跟左掌。（图 140 及附图）

（图 140）

（图 140 附图：正面）

step 3 开步插掌

右脚向右侧开步，脚跟着地；右掌微向左下舒伸插掌，左掌向右肩前微合待开。（图 141 及附图）

（图 141）

（图 141 附图：正面）

step 4 弓步分靠

重心右移，成右侧弓步（横裆步）；以右肩向右侧微斜靠，身体略右倾；两掌分别向右上和左下划弧分展，右掌略高于头，掌心斜向上，左掌至左胯前，掌心向下；胸向正北，头微左转，目视西北方向。（图 142）

（图 142）

要点

栽捶过后，右拳变掌时要松腰沉胯，腰微右转，轻轻提拳随之松拳变掌，腰再左转，两掌划弧外分。右脚侧开步时不要与左脚完全踩在一条平行线上，应向右侧稍稍偏后一点的位置落步，以便下一式的轻松衔接。右肩向右倾靠时，劲要起于脚、发于腿、主宰于腰，通过身体由肩到肘、由肘到手节节贯串地分靠，身、手、步要协调一致。本式采自吴式太极拳，要表现出斜中寓正的特点。斜身分靠时上体微侧倾，头与躯干保持顺直舒展，含胸拔背，沉肩提顶。这里眼神要向左前方望去，与动作形成对称，左掌和左脚也以对拉的劲力松沉下採。

27 单鞭下势

step 1 勾手摆掌

重心左移，上体左转，右脚跟稍外展；左手变勾手，提至身体左前方；右掌划弧经头前摆至左肘内侧；面朝西北，眼随右手。（图 143）

step 2 仆步穿掌

左腿全蹲，右腿仆直，上体右转，成右仆步；右掌下落经腹前顺右腿内侧向右穿出，掌心逐渐转向外，指尖向右；左勾手保持不变；胸朝正北，眼随右掌。（图 144）

（图 143）

（图 144）

要点

左手由掌变勾时手指相捏，手腕上提，手心松空，肩胯松沉。右掌左摆时要内旋合臂，配合上体左转，同时右脚跟须稍向外蹬碾，帮助转腰合胯。仆步时，两脚跟不能拔起，右腿仆直，右脚底也不能掀起；左腿深蹲，左膝外展。下势时上体不可前倾低头，或弓腰凸臀，应保持正直，松腰松腹，意气下沉。穿掌时右掌先下落再向右外旋，指尖引领，右臂由屈而伸缓缓向右向前穿引。勾手保持勾尖向下，左臂自然舒展，高度略高于左肩，不要跟随前穿，有向斜后撑起之势，与屈蹲腿相呼应。

28 金鸡独立

step 1 弓腿挑掌

重心前移，上体右转，右脚尖外展，左脚尖内扣，右腿屈弓，左腿蹬伸，成右弓步；右掌向上挑至体前成侧立掌，腕约同肩高；左臂内旋下落至身后，勾尖转向上；胸向正东，眼随右掌。（图 145）

（图 145）

step 2 右独立势

重心前移，上体微右转，左腿屈膝提起，脚尖下垂，右腿站稳，成右独立步；左勾手变掌，经体侧向前、向上挑起，成侧立掌，掌心向右，指尖约与眉眼同高；右掌翻转下按于右胯旁，指尖向前；面朝正东，目视左掌。（图 146）

（图 146）

step 3 落脚换步

右腿稍屈，左脚落于右脚旁，脚掌着地；左掌翻转下落，右手舒腕伸展，指尖向下。（图 147）

（图 147）

step 4 左独立势

重心左移，左脚踩稳踏实，上体微左转，右腿屈膝提起，脚尖自然下垂，左腿微屈站稳，成左独立步；左掌继续下按至左胯旁，右掌向体前上挑，成侧立掌，掌心向左；面朝正东，目视右掌。（图 148）

（图 148）

要点

弓腿挑掌时重心要缓缓前移，不能猛然上起，以腰胯和腿部蹬力使重心从左腿经正中移至右腿，再由右腿踩实踏稳蹬伸来完成独立。独立时支撑脚可以有 15 ~ 30 度的外展，也可直前站立。提膝腿和起立腿要协调一致。挑掌时要沉肩坠肘、肘与膝合，上下成垂直，下按的掌要舒指坐腕，支撑腿不要站得太直，提起的腿髋关节不能外翻。左右独立变换时，落脚要自然轻柔，脚掌先着地，不能离支撑脚太近，向后偏侧有一拳半左右的距离，并且和屈膝要同时；落步时两掌也随之松落，周身完整配合。

29 退步穿掌

step 1 屈腿翻掌

左腿稍屈，重心下降，右腿下落，右脚提收于左小腿内侧；左臂外旋，左掌心翻转向上，收于腰间；右手翻转向下，横掌在体前下按。（图 149）

step 2 弓步穿掌

右脚后撤一步，右腿自然蹬直，左脚碾正，成左弓步；左掌从腰间经右掌上穿出，掌心斜向上，指尖向前；右掌继续下按回收，横于左肘内侧下方；面朝正东，眼视左掌。（图 150）

（图 149）

（图 150）

要点

退步时支撑腿要先弯曲，使身体重心下降后再向后撤步。右脚要经过左脚内侧划弧线退步，不能直线朝后落步，落脚时脚前掌先着地，随之左脚以脚掌为轴将脚尖调正成左弓步。如果独立时左脚已是朝正前方，这里左脚则不必碾转。整个动作上体保持正直，松腰收臀。穿掌和撤步，上下要协调一致。左掌从腰间穿出，手臂由屈到伸，力达指尖，不能做成从下往上的托掌。右臂的翻压，右掌回收也要与穿掌及退步相配合。

30 虚步压掌

step 1 扣脚转体

重心后移，左脚内扣，向右后转体；右掌收至腹前，左掌在头前上举回收。（图 151）

step 2 虚步压掌

重心左移，身体继续右转，右脚提起，脚尖转向前，脚前掌轻点落地成右虚步；上体向下松沉，微向前俯身；左掌经面前自上而下横掌下压于右膝前上方，指尖向右；右掌经腹前下压于右胯旁，指尖向前；胸向正西，目视前下方。（图 152）

（图 151）

（图 152）

要点

转体时左脚要充分内扣，重心左移后右脚要稍向右活步再虚点，虚步时左脚间外展 30 ～ 45 度。虚步压掌要屈腿落胯，颈背舒展，左掌在体前横向下压，右掌是纵向压掌，在右胯旁。压掌和虚步要协调一致，同时完成。

31 独立托掌

step 1

左腿蹬地，起身站稳，右腿屈膝提起，脚尖自然下垂成左独立步；右掌翻转上托，托于体前，掌心向上，约同胸高；左掌向左向外划弧侧撑，腕同肩高，掌心向外；面朝正西，目视右掌。（图 153）

（图 153）

要点

起身时要蹬腿，微向左转腰，重心缓缓上升，随之提起右腿。独立托掌时要顶头立腰，松腰提腿，左腿微屈支撑稳固。右掌在体前伸展上托，左掌在体侧屈臂外撑，肩肘要松沉，五指舒展，虎口撑圆，意在掌心。

32 马步靠

（图 154）

step 1 落步翻掌

右脚向前落步，随即脚尖外撇，重心前移；上体右转，右臂内旋，右掌翻转下捋；左臂外旋，左掌向上、向右划弧，掌心斜向上；目视左掌。（图 154）

step 2 收脚托掌

重心右移，左脚收至右脚内侧，身体继续右转；右臂外旋，右掌翻转向上，并向右后划弧上托；左臂内旋，左掌划弧内收，落于腹前。（图 155 及附图）

step 3 马步靠臂

上体左转，左脚向左斜前上步，重心略前移成半马步；左手握掌左臂内旋下钻向前靠出，拳面向下；右臂屈收，右掌划弧收于左上臂内侧助力挤靠；面朝西南，目视左前方。（图 156）

（图 155）

（图 155 附图：正面）

（图 156）

要点

落步翻掌时步幅要小，右脚脚跟落地随即脚尖外撇。摆掌时两臂要内外旋转，类似搂膝拗步过程中的翻掌托掌，左掌经右肩前时开始握拳。前靠时，重心下沉，腰腿发力，小腹充实，劲力短促完整。左臂内旋，左拳下钻，右掌助力与腰腿同时发力，周身完整，协调一致，力达左肩臂。

33 转身大捋

（图 157）

step 1 摆脚旋掌

重心后移，上体微右转，左脚尖外展；左拳变掌，左臂外旋，右臂内旋，两掌掌心同时转向外并微向后收带；眼随两掌。（图 157）

step 2 上步托起

上体左转，左脚落实，重心前移，右脚向前收于左脚内侧（两脚平行约一脚距离），身体稍向上站起，重心仍在左腿；左臂内旋，左掌屈肘捋至胸前，横掌掌心向外；右臂外旋，右掌向上提举于身体右侧，高与肩平，掌心斜向上，眼随右掌。（图 158）

（图 158）

step 3 转身平捋

右脚碾转，以前脚掌为轴脚跟外展，屈膝下蹲，身体重心移向右腿，上体左转，左脚向后（西北）撤步；两掌随转体向左平捋至体前，右掌伸向东南，高与肩平，左掌停于右肘内侧，两掌心斜相对；眼看右掌。（图 159、图 160）

（图 159）

（图 160）

step 4 弓步滚肘

上体继续左转，重心移向左腿，右脚跟外展成左侧弓步（横裆步）；两掌随转体向左平捋，同时逐渐握拳，然后松腰、沉肩，左前臂外旋，左拳收于左腰间，拳心向上，右前臂外旋滚肘压臂，右拳高与胸齐，停于体前，右臂半屈成弧形，拳心斜向内；胸向西北，目视右拳。（图 161 及附图）

（图 161）

（图 161 附图：正面）

要点

这一式是由杨式大捋推手的动作演化而成，主要表现转身捋和滚肘这两种手法。第一动摆脚旋掌时劲力要由紧而松，由前一式马步靠的发力挤靠之后，身体放松，随之弹性回转，属于由实而虚的折叠。当左脚外撇上体左转时，两臂要回转后引，屈腕旋绕，再起身上步，旋臂托掌。紧接着重心在左，以右脚掌为轴脚跟向外碾转，身体左转捋掌，左腿向右后方撤步。落步之后要稳定，碾转要清晰，先收左脚跟，再蹬右脚跟，重心移到左腿成侧弓步。移重心，碾脚成弓步和滚肘压臂要上下协调配合，两拳都要外旋，左拳收到腰间，力点在右前臂处。

34 歇步擒打

step 1 拧臂穿拳

上体右转，重心右移，右臂内旋屈肘上撑，右拳撑至右额前，拳心向外；左臂内旋，左拳向身体左后方穿出，拳心向后。（图 162）

（图 162）

step 2 左转展掌

上体左转，左脚外撇，重心前移；右拳经体侧卷收下落至腰间，拳心向上；左拳翻转变掌，向前划弧，掌心向右；头随体转，目视前方。（图 163 及附图）

step 3 歇步打拳

右脚向前盖步，两腿交叉屈蹲成歇步；左掌变拳，收于腹前，右拳经腰从左前臂上向前下打出，拳心向上；面朝正西，眼视右拳。（图 164）

（图 163）

（图 163 附图：正面）

（图 164）

要点

这一式参考结合了陈式太极拳中的小擒打以及形意拳杂式捶中懒龙卧道演变而来。步法为盖步，步型为歇步。歇步时两腿交叉，两膝靠拢全蹲，右脚全脚着地，脚尖外展，左脚前脚掌着地，臀部接近后脚跟。 动作全过程是在腰的拧旋中带动手臂旋转完成。左手由拳变掌再变拳，最后变拳时有擒拿抓握之意，拳眼向内为横拳；右手始终为拳，翻转经腰纵向进捶，力在拳面，不能凸腕。此式为低势行进，重心不能有明显起伏，定势时上体稍向前倾，眼神意识也专注前下方。

35 穿掌下势

（图 165）

step 1 收脚提掌

上体右转，左脚收至右脚内侧；两拳变掌，右臂内旋，右掌心翻掌向外提至胸前；左臂外旋，左掌心翻转向外举于身体左侧；眼随左掌。（图 165）

step 2 出步摆掌

上体右转，右腿屈蹲，左腿向左侧伸出；两掌经面前向右划弧摆掌，右掌伸至右前方，左掌屈臂收于右肩前；面朝东北，眼随右掌。（图 166 及附图）

要点

收脚提掌时重心踩到右脚，出步摆掌时身体重心恢复到弓步时的高度，左脚向左侧开步时应以脚掌内侧着地，落脚点要稍稍偏后于右脚跟。两掌经面前右摆，高度不过头。下势时，身体保持正直，不可前俯低头和凸臀。两臂划弧和重心移动要协调一致，穿掌和下势要连贯、圆活，掌指朝前，力达指尖。

（图 166）

（图 166 附图：正面）

step 3 仆步穿掌

右腿全蹲，左腿仆直，上体左转成左仆步；两掌由指尖引领从右侧绕转下落，经腹前顺左腿内侧穿出，左掌在前，掌心向外，右掌在后，掌心向内；面朝正西，眼随左掌。（图 167 及附图）

（图 167）

（图 167 附图：正面）

36 上步七星

step 1 弓腿挑掌

重心前移，上体左转，左脚外撇，右脚内扣，右腿蹬伸，左腿屈弓；左掌向前、向上挑起，右掌随后上挑，再微微后拉至右胯旁；眼随左掌。（图 168）

step 2 虚步架拳

右脚上步，前脚掌落地成右虚步；左臂外旋，左掌握拳，微向内收，拳心向内；右掌变拳，向前、向上冲拳架起，拳心向外；两腕相叠，两拳交叉，两臂撑圆，右手在外；胸向正西，眼视前方。（图 169）

（图 168）

（图 169）

要点

弓腿挑掌时后腿蹬力，重心前移，前脚尖外摆，后脚尖内扣；重心要从后往前，从右向左穿起，身体重心从仆步只上升到弓步的高度，不能明显站起；虚步时，身体保持正直，要坐胯收臀。架拳时要如掤打，不能做成上扬或者横摆的动作，两肩要松沉，两臂半屈撑圆呈弧形。

37 退步跨虎

step 1 右转摆掌

右脚向右后撤步，重心后移，上体右转；右拳变掌向下、向右划弧，停于右胯外侧，掌心向下，左拳同时变掌经面前随身体右转稍向右划弧摆掌。（图 170）

（图 170）

step 2 左转落掌

左脚内扣并提起微向右移动成左丁步，上体左转；左掌向下经腹前向左划弧按于左胯旁，右掌向上划弧经面前再向下划弧，落于左腿侧上方，掌心向上；头随身体转动，眼向前平视。（图 171）

（图 171）

step 3 独立挑掌

右脚蹬地独立，右腿微屈站稳，左腿提起，膝部微屈，脚面展平，停于体前；右掌向前、向上挑掌，掌心侧向左，腕部高与肩平，左掌变勾手同时上提，举于左后方，高与肩平，上体左拧；胸向西南，目视左前方。（图 172）

（图 172）

要点

这一式由吴式太极拳退步跨虎演变而来，上肢舒展大气，下肢平衡稳健，有高起挺拔的气势。右脚后撤时，不要与前脚踏在一条线上，要稍向右后撤步。退步跨虎全过程，两臂划弧要以腰为轴进行摆动。独立上举腿时，膝要微屈，脚面展平，脚尖稍内扣，体现吴式特点。 独立时右肘和左膝要上下对称，虽拧身仍微含胸，沉肩垂肘，两臂之间要有弧线夹角，不能拉平造成过分外展。

转身摆莲

（图 173）

step 1 落脚摆掌

左脚下落，脚跟先着地，脚尖随即内扣，身体右转；右臂内旋，右掌翻转向下，屈肘向右平带；左勾变掌，掌心向上，向前平摆；目视前方。（图 173）

step 2 转体穿掌

左脚继续内扣，右脚以脚掌为轴碾转，向右后转体；左掌摆至体前，掌心向上，右臂外旋，右掌心翻转向上，经胸前再从左臂下方向左穿出。（图 174）

step 3 虚步翻掌

身体继续右转，重心左移后坐，右脚点地成右虚步；右掌从左臂下穿出后向上、向右划弧，同时右前臂内旋，掌心转向右，指尖向上，置于身体右侧；左掌自右臂内侧翻转向右划弧收至右胸前下方；面朝东南，眼随右掌。（图 175）

step 4 摆腿拍脚

上体左转，右脚提起向左、向上、向右做扇形外摆，脚面展平；两掌自右向左平摆，在体前先左后右依次击拍右脚面；胸向正东，眼随两掌。（图 176）

（图 174）

（图 175）

（图 176）

要点

在转体时两脚碾转，左脚以脚跟为轴，右脚以脚掌为轴，身体不可摇晃，要立身中正，腰部放松。这里扣步转身，穿摆掌的动作是取材于八卦掌的掌法，做起来应当松肩落胯，松身立腰，虎口撑圆，舒指沉腕。右腿摆莲要用转腰带动右腿，向左侧踢起再向上、向右走扇形弧线外摆。两手要依次击拍脚面，不能齐拍，也不能落空。拍脚以后，右腿自然屈收，眼神随两掌看向左前方。

39 弯弓射虎

step 1 收腿摆掌

右小腿屈收，右腿屈膝提于体前右侧，脚尖自然下垂，左腿微屈独立站稳，上体左转；两掌左摆，左掌继续摆至身体左侧，右掌摆于左肩前下方，掌心均斜向下；目视左前方。（图 177）

（图 177）

step 2 落步捋掌

上体右转，右脚向右前方（东南）落步，两掌向下、向右划弧捋至身体右侧；同时重心逐渐由左向右移动；眼随手动。（图 178）

step 3 弓步打拳

上体左转，右腿屈膝，重心继续右移成右弓步；两掌握拳微上提，左拳经面前向左前方打出，高与鼻平，拳心斜向前，拳眼斜向下；同时右臂微内旋屈肘，右拳收于右额前，拳心向外，拳眼斜向下；面朝东北，目视左拳。（图 179、图 180）

（图 178）

（图 179）

（图 180）

要点

落脚出步是朝右前方约 45 度，重心先保留在左腿，随两掌平捋时缓慢向右移动。两手要划弧随腰转动，不能提肘或者夹腋。两拳打出与变右弓步上下动作要协调一致，弓步不宜太早形成，出拳时两臂均微内旋，两拳为反撑冲拳。定势动作要沉肩坠肘，身体保持中正，上体半面左转，微向前俯；要蹬腿沉胯，不能凸臀。

40 左揽雀尾

step 1 转体落掌

重心左移，右脚外撇，上体右转；两拳变掌，左掌前伸，右掌翻转向下划弧至腹前，掌心向上；头随身体自然转动。（图 181）

step 2 收脚抱球

重心右移，左脚收至右脚内侧；右掌自下向上、向前滚臂翻转至胸前，左掌向下划弧，收于腹前与右掌相对，右上左下成抱球状；眼随右掌。（图 182）

（图 181）

（图 182）

step 3 弓步掤臂

上体微左转，左脚出步，重心前移成左弓步；两手划分，左前臂向前掤出，左掌心向内，指尖向右；右掌下按落于右胯旁，掌心向下，指尖朝前；胸向正东，目视左掌。（图 183、图 184）

step 4 转体伸掌

上体微左转；左前臂内旋，左掌翻转向左前方稍前伸，掌心斜向下；右前臂外旋，右掌心翻转经腹前向上、向左划弧，伸至左前臂内侧下方；面朝东偏北，眼随左掌。（图 185）

（图 183）

（图 184）

（图 185）

step 5 后坐下捋

上体右转，重心后移；两掌下捋，经腹前划弧至右后上方；右掌高于肩平，掌心斜向前，左掌收于右胸前，掌心向内；面朝西南，目视右掌。（图 186）

（图 186）

step 6 弓步前挤

身体左转，重心前移，成左弓步；右臂卷收，左臂平屈于胸前；右掌贴近左腕后双臂向前挤出，两臂撑圆，右臂在内，左臂在外；腕同肩高，胸向正东，目视前方。（图 187、图 188）

（图 187）

（图 188）

要点

整式的第一动转体落掌时，重心从右腿微向左移动，右脚外撇，身体右转落手，右脚再踩稳踏实成抱球，抱球时胸向东南。接下来挪、捋、挤三个分动的要点基本同右揽尾，唯有捋的时候向后幅度较大，捋至右后方。 按式时，两臂要走弧形，两掌先回收再按出，重心先后坐再前移；弓步和按掌要上下协调一致。

step 7 翻掌前伸

右掌经左掌上伸出，两掌分开，掌心均向下；目视两掌。（图 189）

（图 189）

step 8 后坐收掌

重心右移，身体后坐，左脚尖上翘；两臂屈肘，两掌经胸前划弧下落至腹前，掌心向前下方。（图 190）

（图 190）

step 9 弓步推按

重心前移，成左弓步；两掌平行向上、向前按出，腕同肩高，与肩同宽，掌心向前，指尖向上；胸向正东，目视前方。（图 191）

（图 191）

41 十字手

step 1 转体扣脚

上体右转，重心右移，左脚尖内扣；右掌随身体右转经面前向右平摆，左掌同时向左侧撑开，两掌心均向外；眼随右掌。（图 192）

（图 192）

step 2 右转摆掌

右脚尖外展，继续向右转体，右腿屈膝，左腿自然蹬直；同时右掌随转体继续向右平摆，与左掌对称平举在身体两侧，肘部略屈，两掌心均向前；眼随右掌。（图 193）

step 3 落手合腕

重心左移，右脚尖内扣，上体左转；两掌向下、向内划弧，并在腹前使两腕相交，两掌合抱（右掌在外），掌心均向内；目视两掌。（图 194）

step 4 收脚抱掌

右脚内收成开立半蹲，两脚平行，与肩同宽，脚尖向前，身体重心缓慢上起，上体转正；两掌交叉合抱上举于胸前，两臂撑圆，右掌在外，成斜十字形；胸向正南，目视前方。（图 195）

（图 193）

（图 194）

（图 195）

要点

重心移动时脚下的内扣和外摆要清晰连贯，不能断劲。而且重心要保持平稳，上体中正，不能低头俯身。十字合手的两臂呈掤劲，须松肩沉肘，周身浑圆舒适。

42 收势

step 1 翻掌分手

两前臂同时内旋，左掌经右掌上方抹开，两掌外分至与肩同宽，掌心向下，徐徐下落；身体配合落手缓缓上起，目视两掌。（图 196）

（图 196）

step 2 起身落手

两手慢慢下落至两腿外侧，身体重心继续上起至站立，上体正直，头微上顶，松肩垂肘，呼吸自然；目视前方。（图 197）

（图 197）

step 3 收脚并立

左脚收至右脚旁，两脚并拢，脚尖仍向前；面朝正南；自然平视。（图 198）

（图 198）

要点

从十字合抱到两掌平分时两臂要内旋。两掌下落要松肩垂臂，徐徐下落，但不可松懈。上体始终保持正直，整个收势的过程要平稳连贯，自然流畅。收脚后原地静立数秒，调息还原，待呼吸平稳均匀，周身内外感到通达舒畅再离开走动。

四十八式太极拳

四十八式太极拳简介

四十八式太极拳，是以杨式太极拳大架为基础，吸收了陈式、吴式、孙式等太极拳流派的一些步法、手法、身法技术，在初级二十四式太极拳和中级三十二式太极拳的基础上继续发展，稍加难度编排而成的一套适合中级以上水平的人士学练的太极拳普及套路。四十八式太极拳是由原国家体委武术研究院组织太极拳专家们所编创。整个套路除起势、收势外共 48 个动作，分为 6 段，其技术风格仍是以杨式太极拳为基础，兼收了其他太极拳流派的特点和练法并有所创新，是一套极受大众喜爱的健身与普及套路。

四十八式太极拳基本特点

四十八式太极拳是简化二十四式太极拳的延续和提高，是以杨式太极拳为主，吴式、孙式和陈式太极拳为辅，在继承与发展传统太极拳特点的同时，本着提高与普及的理念，取其精华，加以创新的成果。该套路更加体现了太极拳轻松柔和、圆活饱满、虚实分明、连绵不断的运动特点以及心静体松、柔中寓刚的基本要求，展现其丰富内涵及典雅韵味，带给人们健身怡情的无穷享受。

四十八式太极拳具有很强的普及性，套路编排遵循由易到难的原则，全套内容充实，结构严谨，具有均匀连贯、衔接自然、外柔内实、刚柔相济的特点。其动作舒展大方、圆活连贯，注重左右对称，强调均衡全面。整套练习一遍至少需要 8 ～ 10 分钟，具有相当程度的运动量，是提高体能和进一步提升太极拳技术的理想套路。

总结概括四十八式太极拳具有以下几个显著特点：

1. 内容充实，技术全面；
2. 编排合理，均衡对称；
3. 健身强体，陶冶情操；
4. 易于推广，普及性强。

不易乃中，感通八面。

四十八式太极拳基本要领和练习方法

四十八式太极拳以杨式太极拳为基础，同时吸取了其他各式太极拳的一些技法，在继承传统太极拳特点的基础上加以创新，使得不同流派的招式在互相衔接中浑然一体，从而形成了独特的风格。所以在基本要领和练习方法上首先要遵循杨式太极拳舒展大方、轻松柔和、圆活自然、绵绵不断的运动特点。应当在扎实地掌握基本功以及初级简化太极拳和中级过渡套路（三十二式太极拳）之后才学这一套中级以上水平的套路。不能试图走捷径，在没练基本功和初级、中级套路之前直接学四十八式太极拳。如果按部就班，先把基础打好，则会得到事半功倍的学练效果。通过学练四十八式太极拳也是对太极拳基本功和简化套路的强化复习与回顾。这套拳里涵盖的太极拳基本功包括拳、掌、勾 3 种手型，有弓、虚、仆、歇、丁、独立、开立、半马步、横裆步等 9 种步型，分、蹬、拍、摆莲等 4 种腿法，以及多种变化的手法和步法。整套拳在内容上、风格上都力求与“二十四式太极拳”和“三十二式太极拳”衔接适应。这两套拳的几乎全部动作，都被四十八式直接采用或稍作变化后采用，所以如果学会“二十四式太极拳”和“三十二式太极拳”就可以比较轻松地学习四十八式太极拳。

第二，四十八式太极拳的拳势动作不仅采用了杨式太极拳舒展大方、气势完整的整体特点，且多次运用吴式、孙式等传统套路的平圆手法；在步法上，以稳定轻灵为基础，吸取了武式、孙式等流派的撤步、跟步练法，增加了步法的灵活性。所以我们在学四十八式太极拳时不单单要了解杨式太极拳的特点，也要对其他各式太极拳的风格以及要领有所认识和掌握。这一点是需要大家在练习中去体会的，通过学练四十八式太极拳也可提高对多流派太极拳风格特点的认识。

第三，要按照由简入繁、由浅入深的规律来学练。这套拳共分为 6 个段落。第一段，着重基本手型手法、步型步法的练习。第二段增加了步法、身法的灵活转换。第三段开始出现腿法，动作转折、起伏逐渐增大。第四段继续对太极拳的重点基本动作进行强化。第五段突出上下协调、左右连贯方面的训练。第四、第五段侧重于平衡、柔韧和整体协调性的练习。第六段是最后的高潮，动作难度较大，手法、步法、身法配合要求较高，气势跌宕，表现出灵活多变的风格。因此在学练时要耐心，从第一段开始一招一式循序渐进。当遇到二十四式和三十二式中学过的动作时不要觉得枯燥，而是应该更细心去体会其中的细节及内涵，争取一定程度的提高。接触到新动作时则应认真仔细，力求学得准确到位。对于一些难度较大的动作，刚开始可以采取减低难度的不同练法，可以根据自己的身体条件和基础能力进行不同幅度的锻炼，待程度提高了再增大难度争取接近标准水平。

第四，这套太极拳在编排上照顾到了锻炼的全面性，注重招式的左右匀称。一些典型动作，如单鞭、云手、搬拦捶等，在左式的基础上都增加了对称的右式。那么对于只熟悉简化太极拳或传统套路的学练者往往不习惯学某些反向的动作，会觉得别扭。为了克服这种不对称而偏一侧的现象，我们可以把一些对侧的动作单独提出来反复磨练，比如说右单鞭、右云手、右撇身捶、左搬拦捶等。再有就是一些幅度较大，或对柔韧、平衡要求较高的动作，以及发力动作，比如“拍脚伏虎”“转身摆莲”“马步靠”等，也可以加强一些针对性的单个动作练习时间。待这些反向动作和难度动作稍加熟练协调之后再回到套路练习时会觉得更加轻松自如。

天地运化，松风万壑

四十八式太极拳动作名称

起势
01　白鹤亮翅
02　左搂膝拗步
03　左单鞭
04　左琵琶势
05　捋挤势（三）
06　左搬拦捶
07　左掤捋挤按
08　斜身靠
09　肘底捶
10　倒卷肱
11　转身推掌（四）
12　右琵琶势
13　搂膝栽捶
14　白蛇吐信
15　拍脚伏虎（二）
16　左撇身捶
17　穿拳下势
18　独立撑掌（二）
19　右单鞭
20　右云手
21　右左分鬃
22　高探马
23　右蹬脚
24　双峰贯耳
25　左蹬脚
26　掩手撩拳
27　海底针
28　闪通背
29　右左分脚
30　搂膝拗步（二）
31　上步擒打
32　如封似闭
33　左云手
34　右撇身捶
35　左右穿梭
36　退步穿掌
37　虚步压掌
38　独立托掌
39　马步靠
40　转身大捋
41　撩掌下势
42　上步七星
43　独立跨虎
44　转身摆莲
45　弯弓射虎
46　右搬拦捶
47　右掤捋挤按
48　十字手
收势

自然的华美

四十八式太极拳套路讲解

起势

step 1

自然站立（假设面朝正南），两脚并拢，头颈正直，下颌微内收，胸腹放松，肩臂松垂，两手轻贴在大腿外侧；精神集中，眼向前平视；自然呼吸。（图 1）

（图 1）

step 2

左脚轻提，向左侧横开半步，与肩同宽，两脚尖仍向前。（图 2）

（图 2）

step 3

两臂慢慢向前平举，举至与肩同高、同宽，掌心向下，肘部微屈。（图 3）

（图 3）

step 4

上体保持正直，两腿缓慢屈膝半蹲；两掌轻轻下按，落至腹前，掌心向下，掌膝相对。（图 4）

（图 4）

要点

自然站立时两腿两膝不要过于僵直，两臂松垂于体侧，手心向内在大腿外侧，不要将两手至腿前，腋下要保持虚空。提脚开步时先提左脚跟，落步时先以脚尖着地再缓缓地将全脚踩实，移重心不要太突然。两手平举时要旋臂起手，肩膀松沉，手指舒展，手臂内旋，掌心由向内逐渐转为向下。屈蹲按掌时下蹲的程度要因人而异，保持上体正直的情况下半蹲如坐高椅，轻松稳固、中正安舒即可。接下的整套拳，除少数动作（如仆步、开立步、独立步等）身体重心有明显升降外，其余应大体保持这个高度，不要忽高忽低，起伏不定。

01 白鹤亮翅

（图 5）

step 1

上体微右转，身体重心移至左腿；左掌微上提，左臂屈收在左胸前，右掌经腹前向左划弧，两掌左上右下，掌心相对，在体前成“抱球”状；同时右脚提起并内收靠近左脚腕内侧；眼看左掌前方。（图 5）

step 2

右脚向右后方撤半步，重心后移，腰随之右转；右掌自左下方向右上方划弧上提，左掌准备向左下划弧按掌；眼看右掌。（图 6）

step 3

上体微左转，面向前方（正南）；两掌继续向不同方向划弧，左掌按于左胯旁，掌心向下，指尖向前，右掌提至额前右上方，掌心向内，两臂皆保持弧形；同时左脚稍向内移，前脚掌着地，膝部微屈，成左虚步；面朝正南，眼平视前方。（图 7）

（图 6）

（图 7）

要点

抱球时两臂要抱圆，肘要屈，腕要舒展；注意腋下不能夹紧，上体不要前俯。撤步时以右脚掌着地，落脚点要在支撑腿的右斜后方，不能直向后落步。重心后移提右掌时腰应向右微转，左脚前点时腰微左转，胸转正朝前。虚步时，两脚夹角大约 45 度。后腿膝部与脚尖、臀部与脚跟大体相对，膝部不要过于里扣或外敞。定势提顶立身，松腰敛臀；两臂右上左下有外撑之意；脚下虚实分明，前脚虚点，后腿持重。舒展大方，不偏不倚，圆活饱满。

02 左搂膝拗步

step 1

上体微向左转，右掌经体前划弧下落，左掌经体侧划弧上摆。（图 8）

（图 8）

step 2

上体向右转，右掌经下向右后上方划弧至与右肩高、掌心斜向上；左掌同时经面前向右下划弧至右胸前，掌心斜向下，左脚同时收至右脚内侧，眼看右掌。（图 9）

（图 9）

step 3

上体微左转，左脚向前（正南）迈出一步（两脚横向距离半脚左右），身体重心前移，左腿屈弓，右腿自然蹬直成左弓步；同时，右掌屈收经右耳侧向前推出，指尖高与鼻平，左掌向左下经左膝前搂过，按于左胯旁，掌心向下，指尖向前；上体正直，面朝正南；眼看右掌前方。（图 10）

（图 10）

要点

收脚摆掌要以腰带臂，眼随手动，右后方托掌时两肩保持端平，后转不要超过右后方 45 度，右手方向朝西北角。左脚向前出步要以脚跟着地，重心留在后腿，搂手推掌时重心前移成弓步。弓步前腿脚尖朝前，后腿脚跟要蹬展，前后两脚夹角为 45 ~ 60 度，左膝大体和左脚尖垂直；两脚不要前后踩在一条线上，更不要左右交叉。此势为拗弓步，两脚保持自己的脚半脚左右的横向距离。要松腰松胯，沉肩坠肘，肩平胯正，端庄稳健。

03 左单鞭

step 1

重心后坐移向右腿，左脚尖稍翘起，并内扣，上体随之右转，右臂随转体稍后带，左掌自左下方经体侧向体前划弧，高与肩平，掌心斜向下；头随体转，眼看前方。（图 11）

（图 11）

step 2

左脚落实，身体重心移至左腿，右脚收至左脚内侧；同时左前臂微回收，右臂外旋，掌心朝上，从左肘下方欲向左前方穿出。（图 12）

step 3

右脚向右（正西）迈出一步，重心前移成右弓步；同时左掌附于右腕内侧，两掌同时由左向前划平圆，右掌心斜向内，左掌心斜向外；上体转向正前方（正西），松腰、松胯；眼随手转。（图 13）

（图 12）

（图 13）

上式不停，上体后坐，右脚尖上翘；右掌自前向右、向后屈肘继续平圆划弧，掌心向上，左掌仍附于右腕内侧；眼看右掌。（图 14）

step 4

（图 14）

step 5

右脚内扣落实，上体微左转，重心移于右腿，左脚随之收于右脚内侧；同时右前臂内旋后划弧前伸，右掌随之经左前按至右前方（西南），右掌变勾手，左掌亦随右掌一起翻转，收停在右臂内侧，掌心向内；眼看右手。（图 15）

step 6

上体微左转，左脚向左（正东）迈出一步，重心前移成左弓步；同时上体继续左转，左前臂内旋翻掌向前推出，掌心朝前，腕同肩高，右手勾手撑于体侧斜后方；面朝正东，眼看左掌方向。（图 16）

（图 15）

（图 16）

要点

两臂平圆外摆时上体要保持正直，两肩要端平，不可俯仰歪斜。单手按掌以后手臂要稍屈，肘要松沉，不可僵直或耸肩扬肘。初学者在收脚上步时，前脚掌可在支撑脚内侧轻轻点地，以利重心稳定再出步。单鞭定势弓步时，后腿自然蹬直，后胯要松沉，膝部不要僵挺，后脚跟须蹬碾外展，但不能拔跟，要松腰合胯，劲力传达到手臂。

04 左琵琶势

step 1

松腰缩左胯，身体微向左转；右脚提起跟进半步，前脚掌着地，落在左脚斜后方；同时左掌向内、向下落至左胯前，右勾于变掌随腰的转动向内、向前平摆至体前；眼看前方。（图 17）

（图 17）

step 2

重心后移，右脚落实，左脚稍向前上步，脚跟着地，膝微屈，成左虚步；同时右掌随腰微右转，屈肘回带，掌心斜向下，左掌向外、向前上方划弧挑举，然后两臂松沉合劲，左掌成侧立掌，掌心向右，指尖约于鼻同高，右掌也成侧掌，屈臂合于胸前，掌心向左，食指与左肘相对；面朝正东，胸向东南，眼看左掌。（图 18）

（图 18）

要点

右脚跟步不要离前脚太近或太远，半步为宜。落步时先以前脚掌着地，随重心后移再慢慢全脚踏实。提步时，脚跟先离地，然后轻轻将全脚提起。左虚步定势时前脚脚跟着地，脚尖上翘，膝关节微屈，重心前虚后实；两臂先开后合，劲力左右相错。

05

捋挤势（三）

step 1

左脚稍向左前方活步，脚跟着地，然后全脚落实，重心前移成左弓步；上体稍右转，两臂微外撑拉开，左臂外旋左掌心翻转斜向上，右臂内旋右掌心转至斜向下；右掌自左前臂上方穿出，由左向右前方划弧平抹，左掌向后划弧，收至右肘内侧下方；眼随右掌。（图 19、图 20）

（图 19）

（图 20）

step 2

两掌自前向左向下回捋，同时右脚收于左脚内侧；眼随手动。（图 21）

step 3

右脚向右前方（东南）迈出一步，脚跟着地；同时两前臂旋转（左臂内旋，右臂外旋），两掌翻转屈臂收于胸前，掌心相对。（图 22）

（图 21）

（图 22）

step 4

右脚落实，重心前移成右弓步；同时两臂向前挤出，左掌指贴近右腕，掌心向外，指尖斜向上，右掌心向内，指尖向左，高与肩平；两臂撑圆，胸向东南，眼看右腕前方，成右捋挤式定势。（图 23）

（图 23）

step 5

重心后移，右脚尖翘起微内扣，再落地成右弓步；同时上体左转两臂微外撑拉开，左掌自右前臂上方穿出，向左前方划弧平抹，右掌微向后划弧收至左肘内侧下方；眼看左掌。（图 24、图 25）

（图 24）

（图 25）

step 6

左捋挤式的下三个分动同前右捋挤式第二至四动，唯左右相反，方向东北。（图 26、图 27、图 28）

（图 26）

（图 27）

（图 28）

step 7

再右捋挤式动作基本同前右捋挤式，方向也是东南。（图 29、图 30、图 31、图 32、图 33）

（图 29）

（图 30）

（图 31）

（图 32）

（图 33）

要点

三个捋挤式的行进路线都是朝斜前方，定势时是朝右前方或左前方约 45 度角。由捋变挤时，两掌在体前边翻转边上提，两手摆动不要超过身体范围。下捋与收脚、前挤与弓腿要做到协调一致。收脚时，如果初学者腿部力量不够，前脚掌可以在支撑脚内侧稍加点地支撑，然后再向前上步。注意保持重心的平稳，避免忽高忽低。

06 左搬拦捶

step 1

重心后移，右脚尖上翘，上体微右转；左掌向左前（正东）伸展，掌心斜向下，右掌同时向下划弧，掌心斜向上。（图 34）

（图 34）

step 2

重心前移，左脚收于右脚内侧；右掌经下稍向右后划弧，再向上卷收于体侧，掌心向下；左掌变拳向下、向右划弧提收，拳心向下；眼向前平视。（图 35）

（图 35）

要点

从捋挤式接出步搬拳时要把方向从右斜前方转至正前；左脚出步后重心不要前移，脚跟着地后脚尖马上外撇；提脚和卷臂提拳一致，出步和搬拳一致；左拳搬出后再回收时，左前臂先内旋，然后再外旋并卷收于腰间；右掌拦出时，右前臂先外旋，然后再内旋并拦于体前。弓步进捶时蹬腿转腰力达拳面，左手冲拳的同时，右掌要回收，冲拳为立拳，拳眼向上。

step 3

左脚向前出步，脚跟着地，随即脚尖外撇；左拳随之向前（正东）搬拳，拳心斜向上，高与胸平，右掌顺势在体侧按至肋旁；眼看左拳。（图 36）

step 4

重心前移，左脚落实，右脚经左脚内侧收提上步；腰向左转；左拳向左划弧收于腰间，拳心向上，右掌经体右侧划弧向前拦出，掌心向左；眼看右掌。（图 37）

step 5

重心前移成右弓步，左拳由腰间向前打出，拳眼向上，高与胸齐，右掌同时收于左前臂内侧；面朝正东，眼看左拳。（图 38）

（图 36）

（图 37）

（图 38）

07 左掤捋挤按

step 1

重心微后坐，右脚尖外展，腰向右转；右前臂外旋，右掌向下划孤，掌心斜向上，左拳变掌，前臂内旋掌心转向下。（图 39）

（图 39）

step 2

右脚落实，重心前移，左脚收于右脚内侧；同时左掌由前向下划弧，掌心翻转向上，右臂内旋收卷至胸前，右掌心向下，两掌成“抱球”状。（图 40）

step 3

上体微左转，左脚向前（正东）迈出一步，重心前移，右腿后蹬，脚跟后展，成左弓步；同时左前臂向前掤出（即左臂呈弧形，用前臂外侧向前上方架出），掌心向内，右掌向下按于右胯旁；眼看左前臂前方。（图 41）

step 4

腰微向左转，左掌前伸并翻转，掌心向下，右前臂外旋，经腹前向上、向前伸至左前臂下方，掌心斜向上。（图 42）

（图 40）

（图 41）

（图 42）

要点

左弓步掤时注意左臂动作不要与杨式太极拳野马分鬃的前手动作相混淆，这里劲力应该在前臂外侧，左手指尖指向右，掌心应向内。后捋时身体右转的幅度不要过大，转至右斜后方即可。由捋到挤时，重心的前移和手臂的前挤要协调统一。由挤变按时，注意缩胯、敛臀，上体正直，不可前俯后仰。最后按掌定势松腰松胯，沉肩坠肘，塌腕舒掌。

step 5

上体右转，两掌下捋并经腹前向右后方划弧，右掌心斜向上，高与肩平，左臂平屈于胸前，左掌心斜向下；同时重心后坐，右腿屈膝，重心偏于右腿；眼看右掌。（图 43）

（图 43）

step 6

上体左转，面向前方，重心前移成左弓步；右臂屈肘，右掌卷收，掌指向前搭近左腕，双手同时慢慢向前挤出，高与肩平，左掌心向内，右掌心向前，两臂保持弧形；眼看左腕前方。（图 44）

step 7

右掌经左腕上方伸出，两掌左右分开，与肩同宽，掌心向下；随即重心后坐移至右腿，左脚尖翘起；两臂屈肘，两掌收至胸前，掌心向前下方。眼平视前方。（图 45）

step 8

左腿前弓成左弓步，两掌落下经腹前向上、向前按出，腕高与肩平，指尖向上；胸向正东，眼平视前方。（图 46）

（图 44）

（图 45）

（图 46）

08 斜身靠

step 1

重心移向右腿，左脚尖内扣，身体右转；右掌由左向右划弧至身体右侧，左掌在身体左侧对称分举，两肘微屈，掌心向外；眼看右掌。（图 47）

要点

从上一式的左弓步到右侧弓步之间重心平稳过渡，左脚充分内扣，两掌打开外撑时右手领先。右脚回收两掌划弧下落向里合时右脚可以稍内扣再收步，这样可以使步幅缩小，能较轻松地收步，避免上体摇晃。两腕相搭时手臂微外旋，侧弓步撑拳要两臂内旋拳外撑；定势时，侧弓步方向为西偏北，注意沉肩松胯，肩、臂微向外撑劲，上体及右肩右臂微向右侧前方有斜靠之意，同时与左侧脚跟的蹬展和左拳的撑按有相拉对称之势。

（图 47）

step 2

身体重心移于左腿，右脚收于左脚内侧；同时右掌向下、向左划弧收至体前，左掌微下落内收，与右掌腕部相搭，抱成斜十字形（右掌在外），掌心都转向内。（图 48）

step 3

上体微右转，右脚向右前方（正西偏北约30度）迈出，脚跟着地；同时两手握拳，前臂微内旋。（图 49）

step 4

重心前移，左腿自然蹬直（脚跟随之后展），成右侧弓步；同时两拳分别向左下和右上撑开，右拳停于右额角前，拳心斜向外，左拳下撑于左胯旁，拳心斜向身后；上体稍向右前倾斜；眼看左前下方。（图 50）

（图 48）

（图 49）

（图 50）

09 肘底捶

(图 51)

step 1

重心左移，右脚尖随之翘起并内扣，上体左转；右拳变掌，前臂外旋，掌心向上并向内掩裹划弧，左拳同时变掌，从左胯旁上起至肩高掌心向外，随之向左、向下划弧；眼随右掌。(图 51)

step 2

重心右移，左脚收至右脚内侧；右掌翻转并屈收在胸前，掌心向下，左前臂外旋，左掌掌心翻转向上，并经腹前向右划弧，与右掌相对成“抱球”状(右上左下)；眼随右掌。(图 52)

step 3

上体左转，左脚向左前方摆脚出步，脚跟着地，脚尖外撇；左掌经右前臂下方向左上方划弧外摆，右手经胸前划弧下落至右胯旁；眼随左掌。(图 53)

(图 52)

(图 53)

step 4

上体继续左转，左脚落实，身体重心前移至左腿，右脚随即向右侧移动半步，前脚掌着地落在左脚斜后方；左前臂内旋，左掌向左、向下划弧至体侧，掌心向下，右掌向右、向前划弧至体前，掌心斜向上；面向正东，眼先随手动再看前方。（图 54）

step 5

重心后移，右脚踏实，左脚向前微移，脚跟着地成左虚步；左掌经腰间从右腕上方向前穿出成侧立掌，掌心向右，腕同肩高；同时右掌变拳回收，置于左肘内侧下方，拳眼向上；面朝正东，眼看左掌前方。（图 55）

（图 54）

（图 55）

要点

整个动作要连贯一气，以腰为轴带动四肢。两拳变掌抱球后再分展外摆要做到开合相间，两臂旋翻要自然流畅。眼随手动，以腰带臂。脚下步法要轻灵，重心左右的迂回转动要清晰稳健。分动 3 和分动 4 中左脚出步要经支撑腿右脚内侧划内弧向斜前方（东南角）出步，右脚的侧向移动步幅不能太大，落脚点也不能离左脚太近，大约自己的脚一脚长为宜。定势时，松肩垂肘，提顶立身，尾闾向下沉劲，保持胸背舒展。

10 倒卷肱

（图 56）

step 1

上体右转；右拳变掌，由体前经右腰间向右后方划弧，掌心向上，肘部微屈，同时左臂外旋，掌心翻转向上；眼随转体向右后看右掌。（图 56）

step 2

左脚轻提向后退步，前脚掌着地，随之身体重心后移，左脚踏实，右脚微碾转使脚尖朝前成右虚步；同时右臂屈肘，右掌卷收经耳侧向前推出，掌心向前，高与肩平，左手向下、向后撤至左侧腰间；上体正直，松腰松胯；眼随右掌。（图 57）

step 3

上体左转；左掌继续向左后方划弧打开，掌心仍向上，同时右臂外旋，掌心转向上；眼随转体向左后方看左掌。（图 58）

（图 57）

（图 58）

step 4

右脚轻轻提起向后退步，前脚掌先落地，随之全脚踏实，重心移至右腿，左脚脚跟微外展，左膝微屈成左虚步；左掌屈肘卷收经耳侧向前推出，掌心向前，高与肩平，右掌向下、向后撤至右侧腰间；眼随左掌。（图 59）

step 5

倒卷肱左右各重复一次，动作同前。（图 60、图 61、图 62、图 63）

（图 59）

（图 60）

（图 61）

（图 62）

（图 63）

要点

退步时注意保持重心平稳，不能高低起伏；前脚掌先落地，然后全脚踏实，重心后移，做到虚实转换清楚。同时两脚间要保持约半脚的横向距离，不能直线朝支撑腿的正后方退步，更不要成交叉状退步，以免重心不稳。最后一动时左掌推出，右掌停在腰间即可，不必向右后打开。

11 转身推掌（四）

step 1

左脚撤至右脚的左斜后方（西北），前脚掌着地；左掌收至右胸前，掌心向下，右掌由下向右上方划弧上托，掌心向上；眼看右掌。（图 64）

（图 64）

（图 65）

step 2

以左脚掌、右脚跟为轴向左后方转体，转身后重心仍在右腿；在转动中右掌屈肘回收，左手略向下按；眼看左前方（西北）。（图 65）

step 3

左脚向前（西北）迈步，右脚随即跟进，落于左脚的斜后方，前脚掌着地成丁步；同时左掌下落经左膝前搂过，掌指朝前，按于左胯旁，右掌经耳侧向前推出，掌指向上，掌心向前，指尖高与鼻平；胸向西北，眼看右掌前方。（图 66）

step 4

以左脚跟、右脚掌为轴向右后转体，转身后重心仍在左腿；同时左臂外旋并向左、向上划弧上托，左掌心向上，右掌下落至左胸前，掌心向下。（图 67）

step 5

右脚向前（东南）上步，左脚随即跟进，落在右脚的斜后方，前脚掌着地成丁步；右掌经右膝前搂过，掌指朝前，按于右胯旁，左掌经耳侧向前推出，掌指向上，掌心向前，指尖高与鼻平；胸向东南，眼看左掌前方。（图 68）

（图 66）

（图 67）

（图 68）

step 6

以左脚掌、右脚跟为轴向左转体约 90 度，转身后重心仍在右腿；在转动中左掌收至右胸前，掌心向下，右掌由下向右上方划弧上托，掌心向上。（图 69）

（图 69）

要点

丁步时，两脚横向、竖向均要保持自己的脚一脚距离，以便于转动。转动时，体重置于两脚间，转身后重心移向后腿，保证转动灵活，整个动作要做得既轻灵又沉稳。注意四角的方位把握，第一个转身推掌是从上一式倒卷肱结束时面朝正东向左后方转体转到西北方向，第二个从西北向右后方转 180 度到东南，第三个从东南向左转 90 度到东北，第四个从东北向右后转 180 度到西南。

step 7

左脚向前（东北）迈步，右脚随即跟进，落于左脚的斜后方，前脚掌着地成丁步；同时左掌下落经左膝前搂过，掌指朝前，按于左胯旁，右掌经耳侧向前推出，掌指向上，掌心向前，指尖高与鼻平；胸向东北，眼看右掌前方。（图 70）

step 8

以左脚跟、右脚掌为轴向右后转体，转身后重心仍在左腿；同时左臂外旋并向左、向上划弧上托，左掌心向上，右掌下落至左胸前，掌心向下。（图 71）

step 9

右脚向前（西南）上步，左脚随即跟进，落在右脚的斜后方，前脚掌着地成丁步；右掌经右膝前搂过，掌指朝前，按于右胯旁，左掌经耳侧向前推出，掌指向上，掌心向前，指尖高与鼻平；胸向西南，眼看左掌前方。（图 72）

（图 70）

（图 71）

（图 72）

12 右琵琶势

step 1

左脚向左后方撤半步，身体重心移向左腿，上体微左转；左臂屈收，左掌带至左胸前，掌心斜向下，右掌随之向前、向上划弧至体前，掌心斜向左；头随体转，目光平视。（图 73）

step 2

上体微右转，右掌微向上提，前臂外旋，掌心向左成侧立掌，指尖大致与眼同高；左掌自左胸前向前合于右臂内侧，掌心向右，与右肘相对；同时右脚提起微移，脚跟着地，膝微屈，成右虚步；面向正西，胸朝西南，眼看右掌。（图 74）

（图 73）

（图 74）

要点

左脚撤步时步子不要太大，用脚尖先着地，再将重心从右腿向左腿转移。定势时，两臂轻轻沉合，劲力左右相错，两肘与两膝上下相对。注意头要正、颈竖直、松腰、沉肩，上体正直，方向转为正西。

13 搂膝栽捶

step 1

上体左转，右脚收于左脚前，脚尖点地；两掌下捋至腹前，掌心斜相对，头随体转，目光平视。（图 75）

step 2

右脚前进半步脚跟着地，重心前移至右腿，随之左脚跟进半步，前脚掌着地；两掌翻转提到胸前，同时向左、向前、微向右划弧，右掌心向上，高与肩平，左掌心向下附于右腕内侧；眼随右掌。（图 76、图 77）

（图 75）

（图 76）

（图 77）

step 3

重心移向左腿，上体左转；左前臂外旋，左掌向下、向后划弧上托，手心斜向上，高与头平，右掌经面前手臂内旋，掌心翻转向下，向左划弧按于左胸前；眼随左掌。（图 78）

（图 78）

step 4

上体右转，右脚向前迈出，重心前移成右弓步；右掌向下经右膝前搂过，按于右胯旁，掌指向前，左掌变拳经耳侧向前下方打出，拳眼向右，拳面斜向前下，高与腹平；胸向正西，眼看前下方。（图 79）

（图 79）

要点

收脚捋掌和跟步搭挤时腰先向左转再向右，再向左；胸向从西南转向西偏北，再转回西南；两手搭挤右后旋腕划弧时两肩端平，尤其是右肩不要低下，同时脚下的跟步不要太近，后脚距前脚至少有一拳的距离。整势两臂沿平圆和立圆交替划弧，衔接力求圆活，要以腰带动。定势时，上体不可过于前倾，步型为拗弓步。凡拗弓步步型（搂膝拗步、左右穿梭等）要注意保持两脚间的适当跨度，做到重心稳定，上体自然。

14 白蛇吐信

step 1

重心后移，右脚尖翘起；左拳上提，右掌上托；眼看右掌。（图 80）

（图 80）

要点

首先身体后转右脚内扣的角度要充分，脚腕和膝胯放松，右脚以脚跟为轴，脚尖尽量内扣；左脚向外摆步时，应原地提起，并且脚尖外展横向落步。第二个歇步脚尖也要适当外展，不能直朝正前方，以便重心的稳定。歇步时，两腿半蹲，后膝接近前膝窝处，重心略偏于前腿，后脚跟提起。这两个盘腿歇步的高度因人而异，如果不能达到半蹲姿势，稍高一点微蹲即可。整个转身和上步要保持上体正直，不要歪扭。两掌依次从后向前推出时与步法要协调配合，左脚在前时推右掌，右脚上步时推左掌。两臂的卷、伸、收、放，出掌时的柔滑自然，犹如白蛇吐信般精准巧妙。

step 2

右脚内扣，向左后转身，重心右移，左脚提起原地向外摆步，右脚跟随转体离地脚掌旋转，两腿交叉相叠，右膝贴近左腿膝窝成歇步；左拳经体前下落，收至腰间，掌心向上，右掌经耳侧向前推出，高与胸平，掌心向前；眼看右掌。（图 81）

step 3

重心前移，右脚提起向前上一步，脚尖外撇，上体右转，左脚跟随转体离地以脚掌碾转，两腿交叉相叠成高歇步；左掌向后、向上卷收并经耳侧向前推出，掌心向前，高与胸平，右掌翻转，向下、向后收在腰间，掌心向上；面向正东，眼看左掌。（图 82、图 83）

（图 81）

（图 82）

（图 83）

15 拍脚伏虎（二）

step 1

重心前移，左脚向前垫步；左掌向左下方划弧，右掌向后、向上运摆，停于头右侧，准备拍脚；眼向前平视。（图 84）

（图 84）

step 2

左脚落实，左腿支撑，右脚向前、向上踢出，脚面自然伸平；右掌向前击拍右脚面，左掌向后、向上外撑于身体左后方，掌心向外，高与肩平；眼看右掌。（图 85）

（图 85）

step 3

右脚向左前方盖步落下，左脚在右脚落地之际随即挺起；同时两掌一齐向右平摆，掌心均向下；眼看右掌。（图 86）

（图 86）

step 4

左脚向左侧（正北）落步，左腿屈膝右腿蹬直成左侧弓步；两掌随左转体经腹前向下、向左边平抹边握拳；眼看左拳。（图 87 及附图）

（图 87）

（图 87 附图：正面）

step 5

上式不停，左拳向右屈肘平贯，停于头左侧，拳心斜向外，右拳向左平贯，停于左肋前，拳心斜向下；松腰、松胯；胸向东北，眼转看右前方（正东）。（图 88 及附图）

step 6

重心后移，左脚尖内扣，上体右转；同时两拳变掌，左掌收于胸前，掌心斜向上，右掌掌心斜向下，从左前臂上方穿出；眼平视前方。（图 89）

（图 88）

（图 88 附图：正面）

（图 89）

step 7

左脚落实，重心移于左腿，右脚提起经左脚内侧向前（正东）垫步；左掌向下、向后、向上划弧外摆至头左侧，掌心向前，准备拍脚，右掌向前、向下划弧停于身体右侧，眼向前平视。（图 90、图 91）

（图 90）

（图 91）

step 8

右腿支撑，左腿向前、向上踢出，脚面伸平；左手向前击拍左脚面，右掌向后、向上外撑于身体右后方，高与肩平，掌心向外；眼看左掌。（图 92）

（图 92）

要点

拍脚前，两臂动作要与上步协调配合，不可上下脱节，也不要挺胸直臂。拍脚时，支撑腿微屈站稳，拍脚高度因人而异，不可弯腰憋气强求高度。拍脚后，先折收小腿再盖步落地。落地要轻缓，不要故意腾空纵跳，落点不要太远，应偏于侧前方。拍脚后从抹掌到贯拳，重心移动要平稳而且要逐渐过渡，两掌划弧平抹时不能低头弓腰，伏虎贯拳通过蹬后腿、转腰与两臂合力贯拳。定势时后脚的脚跟要蹬碾到位，脚尖不能是外展状态，后胯要松沉合力，两臂两拳有向内的圈收之意。

step 9

左脚向右前方盖步落下，右脚在左脚落地之际随即提起；同时两掌一齐向左平摆，掌心向下；眼看左掌。（图 93）

step 10

右脚向右侧（正南）落步，右腿屈膝左腿蹬直成右侧弓步；两掌经腹前向下、向右平抹，逐渐变握拳；眼看右拳。（图 94）

step 11

上式不停，右拳向左屈肘平贯，停于头右侧，拳心斜向外，左拳向右平贯，停于右肋前，拳心斜向下；松腰、松胯，胸向东南，眼转看左前方正东。（图 95）

（图 93）

（图 94）

（图 95）

16 左撇身捶

step 1

重心后移，右脚内扣，上体左转，同时右拳变掌，掌心斜向上，收于胸前，左拳亦变掌，掌心斜向下，从右前臂上方向前穿出；眼向前看。（图 96）

（图 96）

要点

撇拳前，右脚内扣角度不要过大，右拳变掌时手臂要外旋，左掌要经右前臂上方划弧穿出。回收时，两手交叉划圆，左掌边收边握拳，不要做成捋的动作；同时身体微向右转再朝左转身撇捶。整个动作要注意脚下重心的迂回转换，从右侧弓步开始先向后坐将重心移到左腿，收脚握拳时再移至右腿，最后撇捶时又到左腿。并且注意腰的转动，做到上下相随，周身配合协调完整。

step 2

右脚踏实，身体重心移于右腿；左掌微向上、向前划弧，掌心向下，右掌向下、向后划弧回收，掌心向上；眼随左掌。（图 97）

step 3

上体右转，左脚内扣随即收至右脚内侧；左掌下落握拳收至小腹前，拳心斜向内，拳眼向右，右掌向后、向上再向体前划弧，翻掌向下附于左前臂内侧。眼看左前方。（图 98）

step 4

上体微左转，左脚向左前方（东北）迈出一步，重心前移成左弓步；左拳上提经面前向前撇打，拳心斜向上，高与头平，右掌仍附于左前臂内侧；面朝东北，眼看左拳前方。（图 99）

（图 97）

（图 98）

（图 99）

17 穿拳下势

step 1

重心微后移，左脚尖翘起微外展，上体稍左转；左拳变掌向上、向左划弧，右掌向下、向右划弧，两掌心均斜向下；眼看右掌。（图 100）

（图 100）

要点

左脚尖外展不要过大。右脚提收后可稍点地停顿。仆步方向应为正东偏南。仆步时，要先屈蹲左腿，随之右腿向右侧仆出，以脚掌着地再落平全脚（不要用右脚跟擦地滑出）；然后转体穿拳。两脚要全脚踏实，脚跟不可掀起。仆步高度自行掌握，在保持上体姿势正确的情况下可做全蹲或者半蹲。

step 2

上式不停，左脚落实，重心前移，右脚收于左脚内侧；两掌继续划立圆，同时逐渐握拳，左拳拳心向内收于腹前，右拳拳心向内合于面前；眼向前看。（图 101）

step 3

右臂掩肘下落，左掌从右前臂外侧上穿；同时左腿屈膝下蹲，右脚向右侧（正东偏南 15 至 30 度）伸出成右仆步；眼看左前方。（图 102）

step 4

上体右转，右拳经腹前沿右腿内侧向右前方穿出，左拳向左后上方伸展，两拳拳眼均转向上；眼看右拳。（图 103）

（图 101）

（图 102）

（图 103）

18 独立撑掌（二）

step 1

重心前移，右脚尖外展，左脚尖内扣，左腿微伸直；同时右拳略向上挑，左拳稍向下落，两拳拳眼仍向上；眼向前看。（图 104）

（图 104）

step 2

右脚踩实，左脚提起；右拳变掌微内旋，左拳变掌下落经腰侧向前、向上方穿出；眼向前看。（图 105）

step 3

重心上起，右腿微屈站稳，左腿屈膝提至体前，脚面展平，成右独立步；同时右掌向下按于腹前，指尖向左，左掌从右前臂内侧上穿并翻掌撑于头前上方，指尖向右，掌心斜向上；眼向前看。（图 106）

（图 105）

（图 106）

step 4

左脚向前（偏左）落步，重心前移，左脚踏实，右腿屈膝提至体前，脚面展平，成左独立步；右前臂外旋，使掌心向内经体前从左前臂内侧上穿，翻掌撑于头前上方，指尖向左，掌心斜向上，左掌下落按于腹前（指尖向右）；面朝正东，眼向前看。（图 107、图 108、图 109）

（图 107）

（图 108）

（图 109）

要点

独立步时，支撑腿微屈，膝部不要僵挺。向上穿掌时，要配合腰部的轻轻旋转。撑掌时，上体保持正直，两臂要有上撑下按之意，肘腕微屈，形成圆弧流线。周身也有上下相撑之感，头向上顶，脚下踩踏沉稳，身体放松端正。

19 右单鞭

step 1

右脚后撤一步，左腿屈蹲成左弓步；同时右掌向前、向下落，掌心转向上，左掌自右前臂上方向上、向前伸，掌心向下；眼看左掌。（图 110）

（图 110）

step 2

重心后移，两掌自体前向下、向右回捋，收至腹前；头随体转。（图 111）

step 3

左掌经腹前向上翻转，高与胸平，掌心向内，右掌同时翻转上起，掌心向前，掌指附于左腕内侧。（图 112）

step 4

重心前移，左腿屈膝前弓，上体左转；左掌自右向前划平圆，高与肩平，掌心斜向内，右掌掌指附于左腕内侧随之划圆；眼随左掌。（图 113）

（图 111）

（图 112）

（图 113）

step 5

重心后移，左脚尖上翘；左掌继续屈肘向左、向后划平圆，掌心翻转斜向上，右掌随之转动；眼看左掌。（图 114）

step 6

左脚尖内扣落实，重心移至左腿；左掌随左前臂内旋向左前方按出，随之变成勾手，右前臂微外旋，右掌掌心转向内，收于左臂前；同时右脚回收于左脚内侧；面朝东南，眼看左勾手。（图 115）

step 7

上体稍右转，右脚向右前方（正西稍偏北）迈出，重心前移成右弓步；右掌随转体慢慢翻掌并向前推出，掌指向上，掌心向前，指高与鼻平，右肘右膝上下相对；勾手至与身体左后方，面朝正西，眼看右掌。（图 116）

（图 114）

（图 115）

（图 116）

要点

从独立势向后撤步时步子不要太大，一定要脚尖先着地。后坐向右回捋时转腰幅度在 30 ~ 45 度之间，两手搭挤力在左手、左腕，右掌附于左腕处合力及随转。划弧左后运摆时微旋腕托掌，两肩端平，尤其是左肩不要低下。左掌按出时先通过扣脚，身体右转至胸向正南，再松腰、坐胯、踏腕、左转划弧向左前方按掌。最后弓步方向是朝正西，但出步时略偏向西北，以免定势弓步单鞭时两腿踩在同一条直线。胸部舒展内含，肘、肩都要松沉，手臂不要僵直，两臂不要伸成一条直线。推掌要走弧形，边翻边推，并与转腰相配合，到终点时松肩塌腕，向下沉劲。

20 右云手

step 1

上体左转，重心移向左腿，右脚尖内扣；右掌向下、向左划弧至左肋前，掌心向内；左勾手变掌，掌心向外；眼看左掌上体左转。（图 117）

（图 117）

step 2

右掌经面前向右划弧运摆，掌心向内，左掌向下经腹前划弧运摆，同时左前臂外旋，掌心由外逐渐转内；身体重心渐渐移向右腿；上体和视线均随右掌转动。（图 118、图 119）

（图 118）

（图 119）

（图 120）

step 3

上体继续右转；右掌摆到身体右侧，前臂内旋，掌心翻转向外，左掌向上划弧至右胸前，掌心向内；同时左脚向右脚收拢成小开立步，两脚相距 10 ~ 20 厘米，脚尖向前；眼看右掌。（图 120）

step 4

上体左转，重心移向左腿；左掌经面前向左，右掌经腹前向左，同时划立圆运摆；上体和视线均随左手移动。（图 121）

（图 121）

step 5

上体继续左转，右脚向右侧跨一步，脚尖仍向前；两掌云至身体左侧时逐渐翻转，左掌心翻转向外，右掌心翻转向内；眼看左掌。（图 122）

（图 122）

step 6

上体右转，重心移至右腿，左脚收并，两脚相距 10 ~ 20 厘米；右掌经面前向右，左掌经腹前向右，同时做立圆云转，云至身体右侧时，两掌逐渐翻转；上体和视线随右手转动。（图 123、图 124）

（图 123）

（图 124）

step 7 右云手再重复一次，动作同前。（图 125、图 126、图 127、图 128）

（图 125）

（图 126）

（图 127）

（图 128）

要点

这里向右的云手和之前在二十四式和四十二式太极拳中学到的向左的云手动作要点基本相同，唯左右相反。步法上是向右平行移动的侧行步，开步和并步要轻提轻落，前脚掌内侧先着地。整个动作要均匀、平稳、连贯，以腰为轴，上体要保持正直。两掌云转时，上掌指高不过眉眼，下掌指低不过下腹，翻掌不可突然。

21 右左分鬃

step 1

重心移至左腿，上体左转；两掌继续向左云转，至体前时，两掌翻转相对成“抱球”状；同时右脚轻轻提起；眼看左掌。（图 129）

（图 129）

要点

注意右左分鬃时前臂的分展动作和揽雀尾的掤有所不同，这里动作更开展一些，前臂稍向外斜，转腰幅度也较大，所以虽然是顺弓步，但是两脚间要有较大的左右跨度。弓步时，分掌和弓腿要协调一致，后腿边蹬伸，脚跟边外展，两脚夹角在 45 ~ 60 度之间。类似动作皆应如此处理。

step 2

上体微右转，右脚向前（正西偏右）迈出一步成右弓步；两掌随转体分别向右上和左下分开，右掌指高与眼平，掌心斜向上，左掌按于左胯旁，掌心向下，指尖向前；眼看右掌。（图 130）

step 3

上体后坐，右脚尖外展，身体微右转，右臂内旋使掌心向下，左臂外旋，掌心向上，两掌右上、左下在胸前“抱球”；同时左脚收于右脚内侧；眼看右掌。（图 131、图 132）

step 4

上体左转，左脚向前（正西偏左）迈出一步，成左弓步；两掌随转体分别向左上和右下分开，左掌指高与眼平，掌心斜向上，右掌按于右胯旁，指尖向前；眼看左掌。（图 133）

（图 130）

（图 131）

（图 132）

（图 133）

22 高探马

step 1

右脚跟进半步，前脚掌落地；左掌微外旋，右掌自下向后平举，高与肩平，掌心转向上。（图 134）

step 2

重心后移，踏实右脚，上体微向右再向左转，左稍向前垫步，前脚掌着地，成左虚步；左掌下落收至腹前，掌指斜向前，掌心向上，右掌卷收经耳旁向前推出，掌心斜向前，掌指高与眼平；面朝正西，眼看右掌前方。（图 135）

（图 134）

（图 135）

要点

跟步、坐腿和垫步时，腰部都要自然地微微左右转动，防止俯身、凸臀和高低起伏。此势为高虚步，不必蹲得太低。注意重心在后腿，这里右掌前推又称“探掌”，有探听虚实之意。

23 右蹬脚

step 1

上体右转，左脚轻轻提起；右掌向右后回带，左掌向左、向外划弧前伸。（图 136）

step 2

左脚向左前方上半步，脚跟着地；同时左掌继续划弧稍向回收，掌心向上，右掌自左前臂上方穿出；眼看右掌。（图 137）

step 3

左脚落实，重心前移，左腿前弓；右掌向上、向前抹掌，掌心向下，左掌向下、向后打开，掌心向上；眼看右掌。（图 138）

（图 136）

（图 137）

（图 138）

step 4

右脚收于左脚内侧，脚尖点地（也可不点地），腰部微向左再向右旋转；右掌向下，左掌向上同时继续划圆，至胸前时两腕相交，两掌合抱成斜十字，合于胸前（右掌在外），掌心均向内；眼看右前方。（图 139）

（图 139）

step 5

左腿微屈站稳，右腿屈膝提起，右脚向右前方（西偏北约 30 度）慢慢蹬出，脚尖回勾，力在脚跟；两掌分别向右前和左后方外展撑开，肘部微屈，腕与肩平，掌心向外，右臂、右腿上下相对；眼看右掌。（图 140）

（图 140）

要点

蹬脚前，两掌的转换要与腰部旋转相配合，两掌的运转路线先是平圆再走立圆，要衔接通畅，不能停顿，手臂动作要圆活，幅度不要太大。蹬脚时两掌向斜前、斜后弧形撑开，不可直推猛撑。蹬脚要匀要稳，力达脚跟。高度因人而异，上体保持自然正直，不要弯腰低头，不能憋气勉强。

24 双峰贯耳

（图 141）

step 1

右小腿收回，右膝平屈，脚尖自然下垂；左前臂外旋，左掌由后向前划弧摆至体前，并微下落，右掌掌心翻转向上与左掌同时平行落于右膝上方；眼向前平视。（图 141）

step 2

右脚向前方（西偏北约 30 度）落步，脚跟着地；两掌下落，经腰间慢慢握拳；眼看前方。（图 142）

（图 142）

step 3

右脚落实，重心前移成右弓步；两拳分别从两侧向上、向前贯出，高与耳齐，两拳眼斜向下，相距约一头宽，两臂成钳形；眼看前方。（图 143）

（图 143）

要点

整个动作注意上下肢的协调配合，蹬脚过后收腿和落手一致，右脚出步和握拳回收一致，弓步和贯拳同时完成。定势时不可低头弓腰，耸肩扬肘。方向与右蹬脚相同，皆为西偏北。

25 左蹬脚

step 1

重心后移，右脚尖翘起微外展；两拳变掌向左右同时分开，掌心皆向外；眼看左掌。（图 144）

（图 144）

要点

双峰贯耳过后两拳变掌外分时两臂不能太直，要弧线撑展再合抱。重心微后移随即向右脚踩稳踏实，提膝时胸向正西，蹬脚方向为西偏南。蹬脚时的其他要点基本同右蹬脚，唯左右相反。

step 2

重心前移，左脚收于右脚内侧，脚尖点地（也可不点地），腰微向右再向左旋转；同时两掌分别从左右侧向下、向内划弧，在胸前交叉抱成斜十字形（左掌在外），掌心均向内；眼看左前方。（图 145）

（图 145）

step 3

右腿微屈站稳，左腿屈膝提起，左脚向左前方（西偏南约 30 度）慢慢蹬出，脚尖回勾，力在脚跟；两掌向左前方和右后方同时外展撑开，肘部微屈，腕与肩平，左臂、左腿上下相对；眼看左掌。（图 146）

（图 146）

26 掩手撩拳

（图 147）

step 1

左脚收回落于右脚内侧，脚尖点地，上体微向右转；两掌自两侧向内划弧回收；同时右掌变拳，两手心均向内；眼看前方。（图 147）

要点

定势步型为左弓步，撩拳方向为正西，撩拳后要松肩、垂肘、沉胯。这一式也可采取快速发力练法，表现陈式太极拳松活弹抖的运动特点。要注意周身完整，腰腿发力，旋臂弹抖要快速松展，拳高不过腹。整势前后衔接，圆活自然，气势贯穿。

step 2

左脚向左前方（正西偏南）迈出一步，脚跟着地，上体向右拧转，两臂外旋，同时向怀中掩裹下落至右腰间，右拳落于左掌心上，手心均向上；眼看右前下方。（图 148 及附图）

（图 148）

（图 148 附图：正面）

step 3

上体左转，重心左移；左腿前弓，右腿蹬展，成左弓步；左掌随着向左转腰握拳收至左腰间，拳心向上，右拳随上体左转，向前（正西）撩出（也可快速发力撩弹），高与腹平，拳眼向左，拳面斜向前下；胸向正西，眼看右拳。（图 149）

（图 149）

27 海底针

step 1

右脚跟进半步在左脚侧后方落下，前脚掌先着地，然后全脚踏实；上体右转，身体重心后移至右腿，左脚轻轻提起；左拳变俯掌向左、向前划平弧，右拳变侧掌下落，经体右侧向上抽提至右耳旁，眼看前方。（图 150、图 151）

（图 150）

（图 151）

step 2

上体左转，右手从耳侧向前下方插掌，指尖斜向前下，掌心向左，左手向左划弧外搂按于左胯旁，掌指向前；左脚向前移半步，前脚掌着地成左虚步；胸向正西，眼看前下方。（图 152）

（图 152）

要点

跟步和坐腿时，要配合腰部自然转动。定势时，上体可稍向前倾，意注指尖。

28 闪通背

step 1 上体微右转，左脚提起；两掌上提，左掌指靠近右腕内侧；眼看前方。（图 153）

step 2 左脚前落（朝正西），重心前移成左弓步；右掌经面前翻掌上撑停于头右上方，掌心斜向上，指尖向左，左掌经胸前向前推出，腕高与肩平；面朝正西，眼看左掌。（图 154）

（图 153）

（图 154）

要点

提手时，应提顶立身收臂，意在手指，不要耸肩抬肘。定式时，要向下松腰，注意右肩和右胯要下沉。这里是左腿左手同侧在前的顺弓步，两脚横向距离不必太宽，但也不能前后踩在一条直线上。

29 右左分脚

step 1

重心后移，左脚尖充分内扣，上体右后转；两掌向两侧划弧，掌心向外；眼看右手方向。（图 155）

（图 155）

step 2

重心左移，收回右脚，脚尖点地（也可不点地）；两手向下再向体前划弧，在腹前交叉后再合抱于胸前成斜十字形（右掌在外），掌心均向内；眼看右前方（正东偏南）。（图 156）

step 3

左腿微屈站稳，右腿屈膝提起，右脚向右前方（正东偏南）慢慢踢出，脚面展平；两掌同时向右前方和左后方划弧撑开，掌心皆向外，腕高与肩平，肘部微屈，右臂、右腿上下相对；眼看右掌。（图 157）

step 4

右小腿屈收，右脚向右前方（东南）落下，脚跟着地；右前臂外旋，右掌心转向上并稍向内收，左掌下落经左向前、向上划弧并向右前臂上方穿出，掌心向下；眼看右掌。（图 158）

（图 156）

（图 157）

（图 158）

step 5

右脚落实，重心前移，左腿蹬直；左掌继续向上、向前划弧，掌心向下，右掌向下、向后划弧，掌心向上；眼看左掌。（图 159）

step 6

左脚收至右脚内侧，脚尖点地（也可不点地），腰微向右再向左旋转；左掌向下、右掌向上同时继续划圆弧至胸前时，两掌腕部交叉合抱成斜十字形（左外右内），掌心皆向内；眼看左前方（正东偏北）。（图 160）

step 7

右腿微屈站稳，左腿屈膝提起，左脚向左前方（正东偏北）慢慢踢出，脚面展平；两掌同时向左前和右后方划弧撑开，掌心皆向外，手腕高与肩平，肘部微屈，左臂、左腿上下相对；眼看左掌。（图 161）

（图 159）

（图 160）

（图 161）

要点

从闪通背向右后转身时左脚内扣的角度一定要充分，重心从左到右再坐会到左腿。整个转体超过 180 度，右分脚的方向是东偏南 15 ～ 30 度。右分脚过后收腿落步之前支撑腿的重心要下降，不能直腿落步，左分脚的方向是东偏北 15 ～ 30 度。注意右左分脚时脚面自然崩平，力达脚尖。其他要点参看右蹬脚。

30 搂膝拗步（二）

step 1

左小腿屈收，左脚落于右脚内侧，上体右转；右掌翻转上托，高与头平，左掌随转体向内、向右划弧落于右肩前，掌心向下；眼看右掌。（图 162）

step 2

上体左转，左脚向前（正东）迈出一步，重心前移成左弓步；左掌下落经左膝前搂过，按于左胯旁，掌指向前，右掌屈收经耳侧向前推出，掌心向前，高与鼻平；胸向正东，眼看右掌前方。（图 163）

（图 162）

（图 163）

step 3

重心后移，左脚尖翘起外展，上体左转；两前臂外旋，右掌心转向左，左掌心转向上。（图 164）

（图 164）

step 4

左脚踏实，重心前移，右脚提起向前（正东）上步，接做右搂膝拗步。动作同左式，唯左右相反。（图 165、图 166）

要点

搂膝和推掌时，两臂不能过分僵直或者过分弯曲。松腰、沉肩，上体正直。重心保持平稳，不能高低起伏，步幅大小因个人腿部力量而调整。这里是对侧手腿在前的拗弓步，两脚横向间距应为 20 ～ 30 厘米。

（图 165）

（图 166）

31 上步擒打

step 1

重心后移，右脚尖翘起并外展；左掌翻向上并微向后收，右掌屈肘朝左前臂上方向前穿出，掌心斜向外；眼看前方。（图 167）

（图 167）

要点

穿掌外抹接两掌划弧要连贯圆活，手上走平圆轨迹，步法变换轻灵沉稳。腰部先向右转再向左转将右拳打出，右拳为立拳，拳眼相上；左拳以平拳回收，拳眼向内。

step 2

右脚落实，重心前移，身体右转；右掌自左向前、向右划弧抹掌，左掌向右、向后划弧，收于腹前；眼看右掌。（图 168）

step 3

左脚提起向前上一步；右掌向外划弧，再握拳收于右腰间，拳心向上，左掌向左再向前划弧，扣腕握拳停于体前，拳心向下，拳眼斜向内，高与肩平；眼看左拳。（图 169）

step 4

左脚落实，重心前移成左弓步；右拳自腰间向前打出，拳眼向上，高与肩平，左拳微向后收于右臂下方，拳心向下；面朝正东，眼看右拳。（图 170）

（图 168）

（图 169）

（图 170）

32 如封似闭

step 1

右脚跟进半步，前脚掌着地；同时两拳变掌，掌心斜向上；眼向前平视。（图 171）

（图 171）

要点

左手从右腕外格挡外分；两掌后收时，要边收边分边翻转，并以两肘牵引，前臂扬起向后卷收。重心移动要虚实清楚，跟步不要太近，半步即可。按掌和弓腿要协调一致，同时完成。

step 2

重心后移，右脚落实，左脚提起向前上半步，左腿屈膝成左弓步；两掌慢慢分开收至胸前（与两肩同宽），同时两前臂边收边内旋，手心翻转，两掌下落经腹前再向前按出，掌心向前，腕高与肩平；眼向前看。（图 172、图 173、图 174）

（图 172）

（图 173）

（图 174）

33 左云手

step 1

重心后移，左脚尖内扣，上体右转；右掌自左向右经面前划立圆，掌心向外，左掌自左经腹前向右划立圆，掌心由外转向内；上体及视线随右掌转动。（图 175）

（图 175）

step 2

上体左转，重心移至左腿，右脚收于左脚内侧落地，两脚相距 10 ~ 20 厘米，脚尖皆向前；同时左掌掌心向内，自右经面前向左立圆云转，至身体左侧时翻掌向外，右掌自右经腹前向左立圆云转，掌心由外转向内；上体及视线均随左掌转动。（图 176、图 177）

（图 176）

（图 177）

step 3

上体右转，重心移向右腿，左脚向左侧横跨一步，脚尖仍向前；右掌经面前向右立圆云转，左掌经腹前向右立圆云转，云至身体右侧时，两掌逐渐翻转；上体及视线随右掌转动。（图 178、图 179）

（图 178）

（图 179）

step 4

上体左转，重心移至左腿，右脚收于左脚内侧（两脚相距 10 ～ 20 厘米），脚尖皆向前；同时左掌经面前向左立圆云转，右掌经腹前向左立圆云转，云至身体左侧时，左掌心转向外，右掌心转向内；上体及视线均随左掌转动。（图 180、图 181）

（图 180）

（图 181）

要点

同右云手，唯行进方向向左。第三次收右步时，注意内扣右脚，以便于转接下个动作。

step 5

上述动作再重复一次，唯最后收并右腿时，右脚内扣约 45 度。（图 182、图 183、图 184、图 185）

（图 182）

（图 183）

（图 184）

（图 185）

34 右撇身捶

（图 186）

step 1

重心右移，左脚向身后（西北）撤一步，右腿弓屈成右弓步；左掌翻转，掌心向上，向体前划弧回收于腹前，右掌掌心翻转朝前下，经左前臂上方向前伸探，停于体前，高与肩平；眼看右掌。（图 186）

要点

接上势第三个云手跟步时右脚要内扣，身体左转，两手在体前翻转，左手在前掌心向下，右手在后掌心向上。当重心右移，左脚撤步时两掌同时翻转，右掌前伸左掌回收。右手握拳时上体要向左转，提拳出步撇捶时再向右转体。撇捶方向为东南，步型成右弓步，两腿不要歪拧、交错。其他参考左撇身捶。

step 2

重心后移于左腿，右脚收至左脚内侧，脚尖点地；上体左转，右掌下落变拳收至小腹前，拳心向内，拳眼向左，左掌向左、向上再向体前划弧，翻掌向下附在右前臂内侧；头随身转，眼随手动。（图 187 及附图）

（图 187）

（图 187 附图：正面）

step 3

身体微右转，右脚向前（东南），重心前移，右腿屈膝，左腿伸直，成右弓步；右拳上提经左胸前向前、向上撇出，拳心斜向上，高与头平，左掌附于右前臂内侧一同向前撇出；面朝东南，眼看右拳。（图 188）

（图 188）

35 左右穿梭

step 1

重心后移，右脚尖翘起微内扣，上体稍左转；左掌向右前臂上方穿出，掌心斜向下，右拳同时变掌，微向后收，掌心斜向上。（图 189）

（图 189）

step 2

上体再稍左转，右脚落实，重心移于右腿；左掌向左前方抹掌，右掌收于左肘内侧下方，两掌心斜相对；眼看左掌。（图 190）

step 3

上体右转，两掌自前向下捋回，右掌捋至右肋旁，掌心向上，左掌捋至腹前，掌心斜向下；同时左脚收至右脚内侧；眼看右前下方。（图 191）

step 4

左脚向左前方（东北）迈出一步，重心前移成左弓步；左前臂外旋，右前臂内旋，两掌上提至胸前，右掌指附于左腕内侧，随重心前移自右向前划平圆，左掌心斜向上，右掌心斜向下，高与肩平；眼随左掌。（图 192）

（图 190）

（图 191）

（图 192）

step 5

上体左转，左臂屈肘，左掌向左向后划平圆，掌心斜向上，右掌仍附于左腕内侧；右脚同时向前跟进半步，前脚掌着地；眼看左掌。（图 193）

（图 193）

step 6

右脚落实，重心后移于右腿，左脚提起，上体右转；右掌自左前臂内侧收于胸前，左前臂内旋，左掌翻转，掌心斜向前，眼看右前方。（图 194）

（图 194）

step 7

左脚向前（东北）迈出一步，左腿屈膝成左弓步，上体左转；左掌上架于左额前上方，掌心斜向上，右掌向前推出，掌心向前，高与鼻平；眼看右掌前方。（图 195）

（图 195）

step 8

重心后移，左脚尖翘起微内扣，上体右转；左臂外旋使手心斜向上，落于体前，右掌稍回收再向左前臂上方穿出。（图 196）

（图 196）

step 9

左脚落实，重心前移至左腿，上体稍右转；右掌向右前方抹掌，左掌收于右肘内侧下方，两掌心斜相对；眼看右掌。（图 197）

step 10

上体左转，两掌自前向下捋回，左掌捋至左肋旁，掌心向上，右掌捋至腹前，掌心斜向下；同时右脚收至左脚内侧；眼看右前方。（图 198）

（图 197）

（图 198）

step 11

右脚向右前方（东南）迈出一步，重心前移成右弓步；右前臂外旋，左前臂内旋，两掌向上收至胸前，左掌指附于右腕内侧，随重心前移自左向前划平圆，右掌心斜向上，左掌心斜向下，高与肩平；眼随右掌。（图 199）

step 12

上体右转，右臂屈肘，右掌向右向后划平圆，掌心斜向上，左掌仍附于右腕内侧；左脚同时向前跟进半步，前脚掌着地；眼看右掌。（图 200）

（图 199）

（图 200）

step 13

左脚落实，重心后移于左腿，右脚提起，上体左转；左掌收于胸前，右前臂内旋，右掌翻转，掌心斜向前. 眼看右前方。（图 201）

step 14

右脚向前（东南）迈出一步，右腿屈膝成右弓步，上体右转；右掌上架于右额前上方，掌心斜向上，左掌向前推出，掌心向前，高与鼻平；眼看左掌前方。（图 202）

（图 201）

（图 202）

要点

这一式对手脚配合的要求较高，争取配合协调。应大体做到后坐扣脚和穿掌一致，弓腿和抹掌一致，下捋和收脚一致，翻掌向前划平圆与上步弓腿一致，向后划平圆与跟步一致，翻掌和后坐一致，前推、上架和完成弓步一致。定势方向分别为东北和东南。步型为拗弓步，两脚间保持约同胯宽的横向跨度。上体正直，肩胯要正，防止起肩、抬肘、歪身、扭胯。

36 退步穿掌

step 1

重心后移至左腿，右脚尖翘起，上体左转；左掌向左、向后划弧下落，掌心向下，右前臂向外旋，右掌落于体前，掌心斜向左上；眼看右掌。（图 203）

step 2

右脚提起经左脚内侧向后（正西）撤步，左腿屈膝成左弓步；左掌掌心翻转向上卷收至腰间，经右前臂上方向前穿出；右掌翻转下按，落于左肘下方，掌心向下；面朝正东，眼看左掌。（图 204）

（图 203）

（图 204）

要点

坐腿要充分，收脚要轻，退步要稳，方向从东南转为正东。右脚撤步之前可以先内扣，再收脚撤步，注意撤步时落脚点不要在支撑腿左腿的正后方，应稍稍向右有半脚至一脚的距离。上下肢动作要配合，手的动作不要过快，弓步和穿掌要同时到位。

37 虚步压掌

step 1

重心后移，左脚内扣，上体右后转；同时右掌回收，左掌上举；眼向前平视。（图 205）

step 2

重心后移至左腿，右脚提起，脚尖转朝前（正西）成右虚步；上体向下松沉，微向前俯；左掌自上而下横按于右膝上方，掌心向下，拇指向内，右掌纵向按于右胯旁，掌指向前；眼看前下方。（图 206）

（图 205）

（图 206）

要点

转身时左脚要充分内扣，成虚步时右脚要稍向右调整移动，做到松腰、松胯。压掌时微顺肩转腰，不要低头弯腰，上体不要过于前俯。

38 独立托掌

（图 207）

左脚蹬地，左腿微屈站稳，右腿屈膝提起，脚尖自然下垂，成左独立步；同时上体微左转，右掌翻转上托于体前，掌心向上，腕高与胸平，左掌向左、向上划弧撑于体侧，高与肩平，掌心向外，掌指斜向前上：面朝正西，眼看右掌。（图 207）

要点

蹬起、转腰、托掌三者要协调一致。定式时松腰、含胸、沉肩、坠肘、沉腕；两臂要舒展饱满，提膝的腿小腿微内收，站立腿不能屈蹲也不要站得太直。

39 马步靠

（图 208）

step 1

右脚在体前横落，重心移于右腿，上体右转；右臂内旋，右掌向下、向右划弧，左臂外旋，左掌向上、向右划弧；目光平视。（图 208）

step 2

左脚收于右脚内侧；右掌翻转向上，并侧举至右后方，左掌落于腹前，掌心向下；眼看右手方向。（图 209 及附图）

（图 209）

（图 209 附图：正面）

step 3

左脚向左前方（西南）上步，重心略向前移成半马步（身体重心偏于右腿），上体稍左转；左手握拳下落经腹前向前靠出，左臂微屈停于身体左侧，左拳拳眼向内，拳面向下停于左膝上方，右掌落于左肘内侧，掌心向前，推助左臂向前靠出（此动作也可采取短促发劲练法）；面朝西南，眼看左前方。（图 210 及附图）

（图 210）

（图 210 附图：正面）

要点

向前垫步和上步时都要脚跟先着地，然后随重心前移全脚踏实。定式时，方向西南，腰向下松沉，上体正直，保持步法稳定。如采用发劲练法，要做到腰腿发力，周身完整，小腹充实，力达肩臂。半马步步型，两脚的夹角不要超过 90 度，重心稍偏于后腿，要圆裆，后膝微向内合。

40 转身大捋

（图 211）

step 1

重心后移，上体微右转，左脚尖外展；左拳变掌，左臂外旋，右臂内旋，两掌心同时转向外并微向后收带；眼随两掌。（图 211）

step 2

上体左转，左脚落实，重心前移，右脚向前收于左脚内侧（两脚平行约一脚距离），身体稍向上站起，重心仍在左腿；左臂内旋，左掌屈肘捋至胸前，横掌掌心向外；右臂外旋，右掌向上提举于身体右侧，高与肩平，掌心斜向上，眼随右掌。（图 212、图 213）

（图 212）

（图 213）

step 3

右脚碾转，以前脚掌为轴脚跟外展，屈膝下蹲，身体重心移向右腿，上体左转，左脚向后（西北）撤步；两掌随转体向左平捋至体前，右掌伸向东南，高与肩平，左掌停于右肘内侧，两掌心斜相对；眼看右掌。（图 214、图 215）

（图 214）

（图 215）

step 4

上体继续左转，重心移向左腿，右脚跟外展成左侧弓步（横裆步）；两掌随转体向左平捋，同时逐渐握拳，然后松腰、沉肩，左前臂外旋，左拳收于左腰间，拳心向上，右前臂外旋滚肘压臂，右拳高与胸齐，停于体前，右臂半屈成弧形，拳心斜向内；胸向西北，眼看右拳。（图 216 及附图）

（图 216）

（图 216 附图：正面）

要点

平行步、转体、撤步、平捋要以腰为轴，衔接连贯。平行步时面向正南，撤步以后面向东南。定式时，步朝西北，面向东北成横裆步（两脚平行向前，左腿屈弓，右腿自然伸直），两手由平捋转为滚肘掰臂，向下沉劲。头随身体自然转动。

41 撩掌下势

step 1

上体右转，重心移向右腿；右臂屈肘向上撑起，右拳停于右额前，拳心向外，左拳自腰间向身后穿出，拳心向后；眼看前方。（图 217）

（图 217）

step 2

左脚尖外展，右脚尖内扣，重心左移，上体左转；左拳翻转变掌，自左向体前翻压，掌心斜向下，右拳变掌向后、向下划弧，掌心由后渐转向前；眼看前方。（图 218）

step 3

右脚进半步停在左脚侧后方，前脚掌点地成丁步；右掌经右胯外侧向前下方撩出，掌心斜向前，高与小腹平，左掌掌指轻附于右前臂内侧，掌心斜向下，拇指向内；胸向西北，眼看前下方。（图 219 及附图）

（图 218）

（图 219）

（图 219 附图：正面）

step 4

右脚落实，上体右转，重心移于右腿，左脚轻轻提起；右掌向上、向右翻转至身体右前方变成勾手，左掌仍附于右前臂内侧并随之转动，然后收于右肘弯处，掌心向内；面朝东北，眼看右勾手。（图 220、图 221）

（图 220）

（图 221）

step 5

左腿向左侧方（正西偏南）仆出，右腿屈膝下蹲成左仆步，上体左转；左掌下落经腹前顺左腿内侧向前穿出，掌心向右；眼看左掌。（图 222、图 223）

（图 222）

（图 223）

要点

撩掌以前，两脚的展、扣要和身体转动一致，左手在身后划弧不要过大；跟步时，要合胯屈腿将右脚轻轻提起。下势时，先仆出左腿，然后转身穿掌；右腿要全蹲（做不到可以半蹲），两脚都要全脚着地，不可低头、弓腰、过于前俯。撩掌方向西北，下势方向西偏南。

42

上步七星

step 1

重心前移，上体左转；左脚尖外展，右脚尖内扣，右腿自然蹬直，左腿屈弓；左掌向上、向前挑起，高与肩平，右臂内旋下落，勾尖向上，停于身后；眼看左掌。（图 224）

step 2

右脚向前上一步，前脚掌落地成右虚步；左掌变拳微向内收，拳心向内，右勾手变拳自后向前、向上架起，拳心向外，两腕相交成十字拳（右拳在外），高与肩平，两臂撑圆；面朝正西，眼看前方。（图 225）

（图 224）

（图 225）

要点

起身前，随上体左转，左脚尖尽量外展，右脚尖尽量内扣。起身时，合胯、提腿上步要轻灵平稳。定式时，肩胯要松沉。

43 独立跨虎

（图 226）

step 1

右脚向右后撤步，重心后移，上体右转；右拳变掌向下、向右划弧，停于右胯外侧，掌心向下，左拳同时变掌经面前随身体右转稍向右划弧摆掌。（图 226）

要点

定式时，右腿独立，膝部微屈，左腿似直未直，自然地悬举于体前，左脚略内扣，高度因人而异。右手、左脚大体上下相对。上体拧向西南，但保持竖直，不要歪斜倾倒，两臂自然舒展。

step 2

左脚内扣并提起微向右移动成左丁步，上体左转；左掌向下经腹前再向左划弧按于左胯旁，右掌向上划弧经面前再向下划弧，落于左腿侧上方，掌心向上；头随身体转动，眼随视右掌。（图 227）

step 3

右脚蹬地独立，右腿微屈站稳，左腿提起，膝部微屈，脚面展平，停于体前；右掌向前、向上挑掌，掌心侧向左，腕部高与肩平，左掌变勾手同时上提，举于左后方，高与肩平，上体左拧；眼看左前方（西南）。（图 228）

（图 227）

（图 228）

44 转身摆莲

step 1

上体右转，左脚在右脚外侧扣脚落下；左勾手变掌，自左后向前划弧平摆，高与肩平，右掌翻转向下、向右、向后屈肘平带；眼平看前方。（图 229）

（图 229）

要点

扣步不要太远，两腿微屈，两前脚掌碾地，身体旋转 270 度。上体不要摇晃，两臂穿摆要和身体旋转一致。摆莲脚的摆腿高度因人而异，年老体弱者手可以不必击拍到脚面，拍腿即可。但要注意松腰松胯，保持上体和支撑腿的稳定，不可紧张。两手是依次击拍脚面，不要同时击拍。

step 2

两前脚掌为轴，向右后转体；左掌稍内收，右掌翻转经胸前向左肘下方穿出，两掌掌心皆向上；头随体转，目光平视。（图 230）

step 3

身体继续右转至面向正南偏西；右掌自左肘下穿出后向上、向右划弧，同时右前臂内旋，掌心转向右，摆于体右侧，高与肩平，左掌自右臂内侧回收至右胸前，掌心亦转向右；重心坐在左腿，右脚尖点地成虚步；眼看右掌。（图 231）

step 4

右脚提起向左、向上、向右做扇形外摆，脚面展平；同时两掌自右向左摆掌，在体前先左后右拍击右脚面；眼看两掌。（图 232）

（图 230）

（图 231）

（图 232）

45 弯弓射虎

step 1

右小腿屈收，右腿屈膝提于体前右侧，脚尖自然下垂，左腿微屈独立站稳，上体左转；两掌左摆，左掌继续摆至身体左侧，右掌摆于左肩前下方，掌心均斜向下；目视左前方。（图 233）

（图 233）

要点

两手向右摆动时头、腰都要随之转动，眼看右拳。定式时，腰向下松沉并稍向左回旋，但右膝不要内扣，也不要向左扭胯。头转向西南和左拳方向一致。弓步方向略偏西北。

step 2

上体微右转，右脚向右侧（正西稍偏北）落下，两掌下落；眼随手动。（图 234）

step 3

上体右转，身体重心移于右腿成右弓步；两掌同时向下、向右划弧至身体右侧时变拳，然后上体左转，左拳经面前向左前方（西南）打出，拳心斜向前，拳眼斜向下，高与鼻平，同时右拳屈肘收于右额前，拳心向外，拳眼斜向下；眼看左拳。（图 235、图 236）

（图 234）

（图 235）

（图 236）

46 右搬拦捶

step 1

左腿屈膝，重心后移，右脚尖内扣，上体左转；左拳变掌翻转向上，经体前下落收至左腹前，右拳也变掌自左前臂上穿出，向右前方抹掌，掌心向前下；眼先看右掌，再随转体向前平视。（图 237、图 238）

（图 237）

（图 238）

step 2

右脚收至左脚内侧；左掌在体侧划弧翻掌屈收至胸前，掌心向下，右掌变拳向下、向左收至左肋前，拳心向下；眼看前方。（图 239）

step 3

右脚向前垫步，脚跟着地，脚尖外撇，上体右转；右拳向前（正西）翻转搬拳，高与胸平，拳心向上，左掌顺势按于身体左侧，掌指向前；眼看右拳。（图 240）

（图 239）

（图 240）

step 4

上体右转，重心前移，左脚提收上步；右拳随身体右转向右划弧收于右腰间，拳心向上，左掌向左、向前划弧拦出，掌心斜向下；眼看左掌。（图 241）

step 5

重心前移，左腿前弓成左弓步，上体微左转；右拳向前进捶，拳眼向上，高与胸平，左掌收于右前臂内侧；眼看右拳前方。（图 242）

（图 241）

（图 242）

要点

收右脚时要先扣回脚尖，再轻轻收脚。必要时，左脚尖可适当外展，便于上体左转。其他要点参看左搬拦捶，唯左右相反。

47

右掤捋挤按

step 1

重心后移，左脚尖翘起外展，上体左转；左掌向下划弧，掌心向上，右拳同时变掌前伸，掌心向下；眼看左前方。（图 243）

（图 243）

step 2

重心前移，左腿屈膝，右脚收至左脚内侧；同时右掌由前向下划弧，左掌自下向后再翻转向上划弧，两掌在胸前“抱球”（右掌在下，两掌心相对）；眼看左掌。（图 244）

step 3

上体微向右转，右脚向前方（正西）迈出一步，重心前移成右弓步；两掌同时上下分开，右前臂向体前掤出，高与肩平，掌心向内，左掌下落按于左胯旁；眼看右前臂前方。（图 245）

step 4

上体微向右转；右手随之前伸，右前臂内旋，掌心向下，左前臂外旋，掌心向上，经腹前向上、向前划弧伸至右前臂下方；眼看右手方向。（图 246）

（图 244）

（图 245）

（图 246）

step 5

上体左转，重心后移至左腿；两手向下经腹前再向左后方划弧回捋，至左掌心斜向上，腕高与肩平，右掌心斜向后，右前臂平屈胸前；面朝东南，眼看左掌。（图 247）

（图 247）

step 6

上体右转，重心前移成右弓步；左臂内旋屈肘，左掌掌指向前搭近右腕内侧，掌心向前，双手同时慢慢向前（正西）挤出，右掌心向内，两臂保持半圆形；眼看右腕前方。（图 248）

（图 248）

step 7

左掌经右腕上方伸出，随即两掌向左右分开，与肩同宽，掌心向下；上体慢慢后坐，身体重心移至左腿，右脚尖翘起；两臂屈肘，两掌收至胸前，掌心向前下；眼向前平视。（图 249）

（图 249）

step 8

右脚落实，右腿前弓成右弓步；两掌下落经腹前向前、向上按出，手腕高与肩平，掌心向前；眼向前平视。（图 250）

（图 250）

要点

同左掤捋挤按，唯左右相反。

48 十字手

step 1

上体左转，重心左移，右脚尖内扣；左掌随身体左转经面前向左平摆，右掌同时向右侧撑开，两掌心均向外；眼看左掌。（图 251）

要点

向左摆掌时，右脚扣向正南，左脚随转体和重心左移渐渐外展，不要待体重完全压实左腿后再转动左脚。合抱双手时，左脚尖应先内扣再提收，然后缓缓起立，腰部微微回（左）旋至朝向正南，体重平均放在两腿。

（图 251）

step 2

左脚尖外展，继续向左转体，左腿屈膝，右腿自然蹬直；同时左掌随转体继续向左平摆，与右掌对称平举在身体两侧，肘部略屈，两掌心均向前；眼看左掌。（图 252）

step 3

重心右移，左脚尖内扣，上体右转；两掌向下、向内划弧，并在腹前使两腕相交，两掌合抱（左掌在外），掌心均向内；眼看前方。（图 253）

step 4

左脚内收成开立半蹲，两脚平行，与肩同宽，脚尖向前，身体重心缓慢上起，上体转正；两掌交叉合抱上举于胸前，两臂撑圆，左掌在外，成斜十字形；胸向正南，眼看前方。（图 254）

（图 252）

（图 253）

（图 254）

收势

（图 255）

step 1

两前臂同时内旋，右掌经左掌上方抹开，两臂外分至与肩同宽，掌心向下，徐徐下落；身体配合落手缓缓上起，眼看前方。（图 255）

要点

精神、速度、劲力都要均匀完整贯彻始终，不可松懈。身体保持自然沉稳，身心均回归到起始状态，原地调息数秒后再轻松走动。

step 2

两手慢慢下落至两腿外侧，身体重心继续上起至站立，上体正直，头微上顶，松肩垂肘，呼吸自然；眼看前方。（图 256）

step 3

左脚收至右脚旁，两脚并拢，脚尖仍向前；面朝正南，眼看前方。（图 257）

（图 256）

（图 257）

吴阿敏／
太极拳图谱

太极，是一种精致生活

吴阿敏演示陈式太极拳

竞赛套路五十六式

Enabling health, happiness and quality of life.

Enabling health, happiness and quality of

Enabling health, happiness and quality

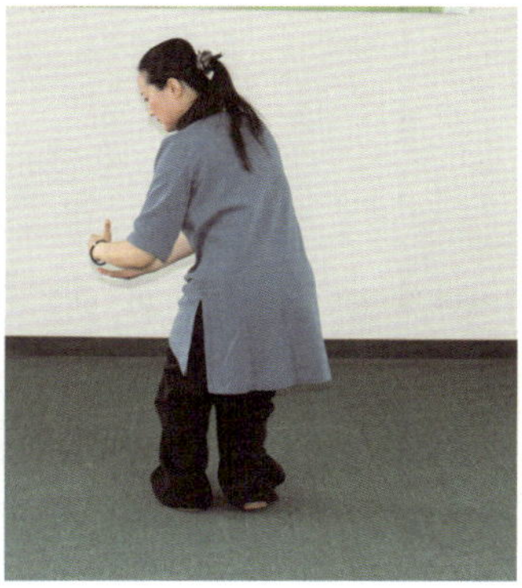

Enabling health, happiness and quality of life

Enabling health, happiness and quality of

Enabling health, happiness and quality of

ing health, happiness and quality of life

health, happiness and quality of life

Enabling health, happiness and quality of life

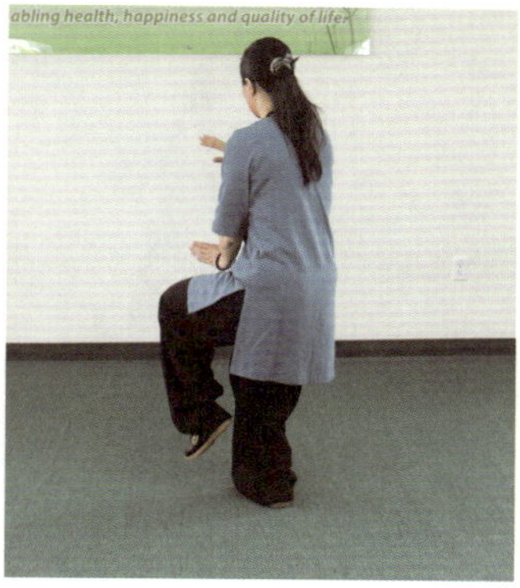

Enabling health, happiness and quality of life

Enabling health, happiness and quality of life

Enabling health, happiness

Enabling health, happiness and quality of life

Enabling health, happiness and quality of life

Enabling health, happiness and quality of

Enabling health, happiness and quality of

Amin Wu Tai Chi

nabling health, happiness and quality of life.

Amin W

Enabling health, happiness and quality of life

Enabling health, happiness and qu

附图（正面）

Enabling health, happiness and quality of life

吴阿敏演示杨式太极拳
竞赛套路四十式

Enabling health, happiness and quality of life

abling health, happiness and quality of lif

Enabling health, happiness

Enabling
lth, happiness and quality of life

Enabling health, happiness and quality of

Enabling health, happiness and quality of

Enabling health, happiness and quality

Enabling health, happiness and quality of

Enabling health, happiness and quality of life

Enabling health, happiness and quality of life

Enabling health, happiness and quality of life

Enabling health, happiness and quality of life

Enabling health, happiness and quality

Enabling health, happiness and quality

Enabling health, happiness and quality

Enabling health, happiness and quality

Enabling health, happiness and quality

Enabling health, happiness and quality of life

Enabling health, happiness and

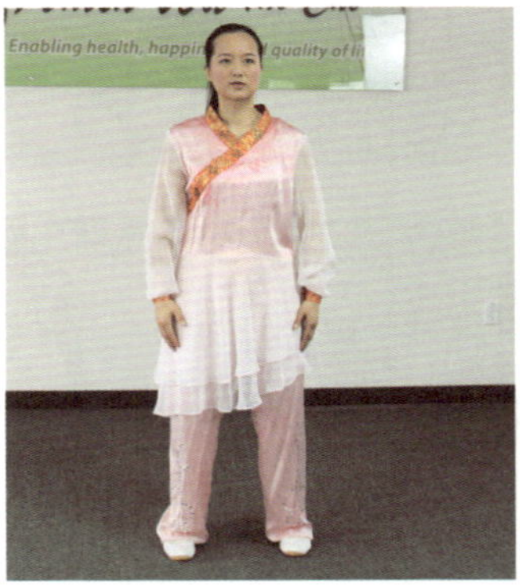

吴阿敏演示吴式太极拳

竞赛套路四十五式

Enabling health, happiness and quality of life

Enabling health, happiness and quality of life

Enabling health, happiness and quality of life

Enabling health, happiness and quality of

Enabling health, happiness and qu

Enabling health, happiness and quality

Wu Tai Chi

Enabling health, happiness and quality of

Enabling health, happiness and quality of

附图（正面）

附图（正面）

Amin Wu Tai Chi

Enabling health, happiness and quality of

Enabling health, happiness and quality of

Enabling health, happiness and quality of

Enabling health, happiness and quality of

Enabling health, happiness and quality of

Enabling health, happiness and quality of

Enabling health, happiness and quality of

Enabling health, happiness and quality of

Enabling health, happiness and quality of

Enabling health, happiness and quality of

Enabling health, happiness

Enabling health, happiness

Enabling health, happiness and

吴阿敏演示武式太极拳

竞赛套路四十六式

Enabling health, happiness and quality of life

Enabling health, happiness and quality of life

Amin Wu Tai Chi

Enabling health, happiness and quality of life

Enabling health, happiness and quality of life

Enabling health, happiness and quality of life

Enabling health, happiness and quality of life

附图（正面）

附图（正面）

happiness and quality of

Enabling

health, happiness and quality of

Enabling happiness and quality of life

health, happiness and

health, happiness and

Enabling health, happiness and

Enabling health, and quality of

Enabling health, happiness and quality of

Enabling health, and quality of life

Enabling health, happiness and quality of life

Enabling health, happiness and quality of life

Enabling health, happiness and quality of life

Enabling health, happiness and quality of life

Enabling health, happiness and quality of life

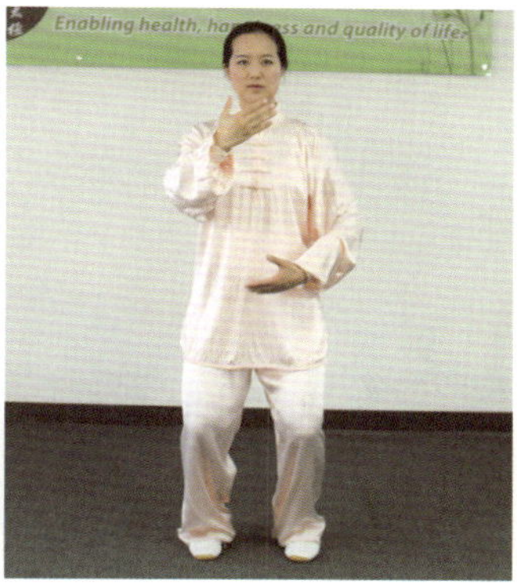

Enabling health, happiness and quality of life

Amin Wu Tai Chi

Amin Wu Tai Chi

Enabling health, happiness and quality of life

Enabling health, happiness and quality of life

Enabling health, happiness and quality of life

Enabling health, happiness and quality of life

附图（正面）

Enabling health, happiness and quality of life

Enabling health, happiness and quality of life

Enabling health, happiness and quality of life

Enabling health, happiness and quality of life

Enabling health, happiness and quality of life

Enabling health, happiness and quality of life

Enabling health, happiness and quality of

Enabling health, happiness and quality of life

Enabling health, happiness and quality of life

Enabling health, happiness and quality of life

Enabling health, happiness and quality of life

Enabling health, happiness and quality of life

吴阿敏演示孙式太极拳

竞赛套路七十三式

Enabling health, happiness and quality of life

Enabling health, happiness and quality of life

Enabling health, happiness and quality of life
Amin Wu Tai Chi

Enabling health, happiness and quality of life

Enabling health, happiness and quality of life

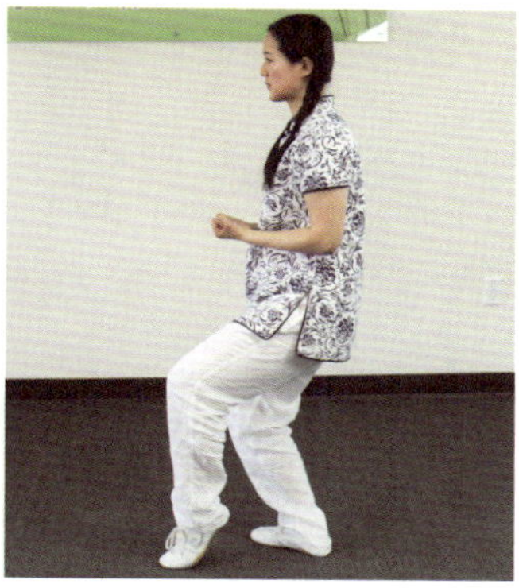

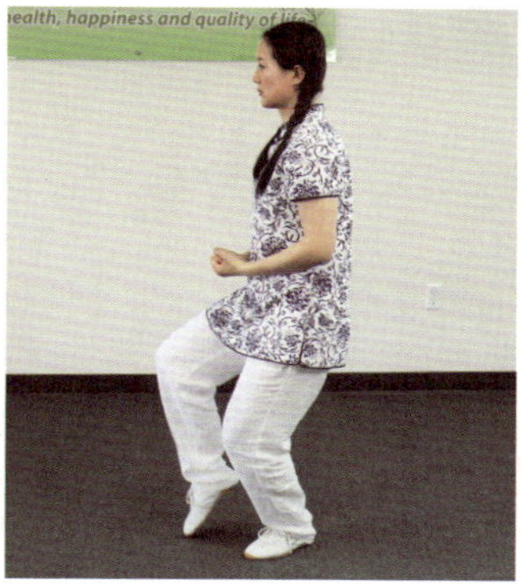

bling health, happiness and quality of life

g health, happiness and quality of life

Enabling health, happiness and quality

Enabling health, happiness and quality of life.

世界太极拳网访吴阿敏——

传说中的“太极仙子”，功夫颜值爆表 精妙诠释太极“美丽人生”

武易　访

若干年前，在中央电视台的屏幕上，出现了一位美丽的女孩讲解太极拳，她出水芙蓉般的清丽面容，恬静飘逸的性情，舒缓从容的拳势讲解与示范，让观众对太极拳的印象增添了健康、时尚与美丽。

近些年来，吴阿敏远赴美国传播太极拳，国内少有音讯。世界太极拳网不断接到读者和观众的来电，询问吴阿敏情况，近日，本网记者特地通过网络越洋对吴阿敏进行了专访。

记者：阿敏，您好。我们听到很多人谈到您的太极拳时，都说非常美，称赞您为“太极仙子”，认为您的太极拳械给人带来很强烈的美感，您认为太极的美主要体现在哪里？您的太极之美主要体现在哪里？

吴阿敏：我觉得太极的美是天然的，自然的。任何人练太极拳都可以非常美。我们中国人练太极不用说了，有本身的文化感觉在那里，能够把美从里到外发挥得很充分。外国人练习，也可以很美，因为太极拳符合人体的美学特点，能够充分表达生命活力、健康，而活力、健康，正是美的状态。

我认为练拳就是要体现出生命的

状态之美。我自己所追求的就是一种自然、平和，发自内心的快乐，太极拳的这种美我觉得是源自对生活、对生命的爱。这也是我们练好太极拳一个不可忽视的重要基础。

记者：请您简单介绍一下学习太极拳的经历。

吴阿敏：我从小跟随爱好武术的父亲习武，小学一年级左右正式加入安徽省蚌埠市业余体校武术队接受系统的武术训练，后来被选入安徽省体工队武术队，成为了一名专业武术运动员。我在学练太极拳之前主要练的是武术基本功，比如长拳、枪术、剑术等。在安徽武术队时的最好成绩是全国武术锦标赛第三名。然后考上了北京体育大学。

记者：北北京体育大学是你研习太极拳的一个重要阶段吧？那里优秀老师很多。

吴阿敏：是的，在北京体育大学武术系的四年是我研习太极拳很关键的四年。因为北京卧虎藏龙，有很多武术高手，而在北体这所武术的最高等学府，我也终于有机会可以接触到很多很好的老师。所以那段时间我不仅在学校里汲取武术的养分，而且利用周末的时间到校外去找一些名师请教。尤其是很有幸地接触到吴式太极拳名家李秉慈老师，使我的吴式太极拳有了长足的进步。

当时北体太极拳代表队的教练是黄康辉老师，所以身为北体太极拳代表队成员的我也就增加了很多跟黄老师学习陈式太极拳和太极推手的机会，还有门惠丰老师、徐伟军老师、杨丽老师等很多北体老师的教导和传授。也正是在北体的学习经历之后，我才真正意识到自己和太极拳的这一份缘分，也给自己的人生进行了重新的定位。

在北体，我虽然年年代表学校参加比赛，也取得了非常优异的成绩，拿到了全国太极拳推手的全能冠军和单项冠军，可是直到毕业的时候我依然还觉得好像才刚刚开始学东西，感觉到武术太极拳里有很多很深奥、需要我继续去钻研的东西。

所以，从毕业到现在，虽然我已经从学生生涯告一段落，成为一名老师，虽然我已经告别竞技赛场，运动员生涯告一段落，但是我仍然经常回学校去，找以前的老师请教我不懂的地方，继续提高。

记者：从北体毕业，应该说你的太极生涯才真正全面展开吧。

吴阿敏： 我觉得学习的过程是永无止境的。毕业后这些年，我一直在教课，从国内到国外，如今在美国，我也有很多学生，但是我自己觉得学习太极学无止境。到现在，每一天，我都还可以从我的学生身上学到更多的东西。

所以，太极拳，我感觉是从大学毕业以后开始真正向我开启了大门，我对太极拳越来越感兴趣，不仅仅是各个流派的技术，对理论也感兴趣，渴望对太极拳有更深层次的理解。

记者：后来你就到了国外。

吴阿敏：中国是太极拳的发源地，太极拳的推广和发展首先以国内为基础，立足国内。同时我也产生了到国外去看一看的想法，在其他的环境中，太极是如何推广的？所以我决定走出去，在国外开展教学。

所以，回顾我的武术太极拳经历，曾经是运动员、学生、老师，现在，我的身份是一个太极拳的推广传播者。

我曾经参加过很多比赛，直到现在，很多当年的裁判一见到我，都还会记得我，而我当年在推手场地上的出色表现也都让这些裁判历历在目。

记者：您刚才说您不仅，对太极拳的技术感兴趣，对理论也展开了一定的研究，请您介绍一下您研究太极拳的经历。

吴阿敏：我从北体毕业之后当老师，其实在那个时候就已经进入了研究的阶段，也是从那段时间开始，我尝试自己创编一些套路。

我从北体毕业那一年，刚好中央电视台《闻鸡起舞》栏目每一个季度会从我们武术系教研室请一位老师来教一个套路，杨丽老师教太极扇，黄康辉老师教太极推手，每一位老师去中央电视台教课的时候，他们选送的示范学生都是我。即使后来我已经毕业自己做老师了，只要有机会，我还是会跟这些名家老师学习。在学习各位老师长处的过程中，我也在思考如何能够让更多人轻轻松松、清清楚楚地学太击拳。我的很多视频教材在网络上很流行，因为我在准备这些视频教材的时候，我真的是从学员的角度考虑。学生学这个动作的时候，他需要看什么？他需要听什么？他需要了解什么？怎么样会让他们更感兴趣？怎么让他们更轻松地学会。所以，我一边提高自己的拳架功夫，一边在学做一个好老师。

记者：我们接触到的很多人都说看过你的太极拳教学片。

吴阿敏：研习过程中，提高自己的技术和功力，提高自己的教学水平，同时提高自己的创新能力。传统的太极拳是无穷无尽的资源，是根，是精华，有我们学不完的东西，可永远还是要有一些新的东西要尝试，尝试不同的角度，把我所学的东西能够发挥出来，把太极拳的妙处表现出来。

我那几年看了很多书，各种拳论，还有就是看一些跟太极拳动作名称、起源、历史渊源等有关的各种文章，我都非常感兴趣。当时我在央视做示范表演学生之后，央视的节目组希望提高年轻人的收视率，所以节目组的导演制片人大胆启用了我这个当时刚刚毕业的小丫头。

记者：您觉得太极拳对当代人的身心有哪些好处？谈谈您对太极拳的认识、看法以及您对太极拳文化价值的理解。

吴阿敏：太极拳拥有很高的价值，尤其是我身在海外，这方面的体会就更加深刻。因为在国外，我们学太极、教太极都是在代表一种东方的传统文化。太极拳已经远远不仅是一种运动，或者说是一种健身方式了。

太极拳体现了世界文化的交融。外国人学中国的太极，他们不光是学一些肢体的动作，对太极拳的理论，比如以柔克刚、后发制人、天人合一等，他们也很感兴趣。

我在美国教学，有一些例子，很多学员他们来学太极拳之后，有了一个很大的意想不到的收获，加入这个太极拳的团队之后，认识了很多志同道合的好朋友。

有些美国年轻人，我觉得可能国内也会有这种情况，身体上有各种各样的疼痛，比如肩颈疼痛，甚至于每天用手机、ipad，手腕手指疼。经过太极拳的习练，可以非常明显地让他们的这些问题得到显著的改善。

还有的美国人五大三粗，从身体比例上看，好像上肢比较粗壮，明显下肢力量薄弱，为什么呢？整天开车，不太走路。也有人爱去登山锻炼身体，往往把关节伤了。太极拳，刚好可以改善他们力量和平衡各方面的问题。

我所在的加州这个地方集中了很多国际知名高科技公司，那里的技术人员及管理人员往往处于长期高压的脑力劳动状态，身体缺乏运动，特别是下肢，太极拳可以改善血液循环，可以使身体和精神都得到放松。

所以，经常保持有规律的太极拳训练是非常有必要的。无论是对哪一个年龄族群，老人、中青年，还是孩子。对老人家来说，太极拳对他们的心血管系统、骨骼肌肉健康、平衡能力有利，防止老人跌倒。对于青年人来说，太极拳可以缓解工作压力，缓解精神压力。

太极拳拥有不同的流派，有各种不同的选择，可以根据自己的性格、自己的喜好来选择。年轻人因性格关系有比较喜欢刚柔相济的，也有喜欢柔和舒缓轻柔的。

再说小孩子，现在有的孩子有多动症或者抑郁症，学练太极拳就会对这方面有帮助。曾经有个例子，一个孩子，极度抑郁并带有狂躁症状，到了没有办法继续读书，需要用药物来控制的程度。他父母是我的学员，他们想了很久决定把孩子带到我这来，尝试一下，抱一线希望，希望太极能够对孩子有所帮助，结果经过一段时间太极拳的习练，这个孩子有很大的改善，降低了药量，回到了学校。当然，我在教他的时候也注意配合孩子的心理，要符合孩子的特点。太极拳可以很好地培养孩子的专注力和自我控制能力。后来由于他母亲的工作原因他们需要搬到别的州去，我还帮他们推荐那里的太极老师，听说他们一家仍然在坚持学练太极，孩子的状况在逐渐改善。

记者：您一直在美国教学，开始也应该不容易，如何才能有效吸引美国人进入太极拳的锻炼行列中来？

吴阿敏：如今有这么多人学习太极拳，肯定是因为太极拳有好处。但让人们真正认识到好处，要下一番功夫。

像我在美国教拳，外来和尚难念经，要推广太极拳、推广中国传统文化，首先得要找到吸引外国人的地方。我的学生有些人身体上有这样那样的小毛病或者有些慢性疾病，他们通常听医生或者朋友介绍太极拳，建议他们去学学试试。有的找到我时对太极拳一无所知，他们问我，可不可以学习太极拳，太极拳会不会给我们的身体带来好处？作为推广者，我们就要给他们介绍。

我很欣慰，他们能够通过各种途径开始尝试接触太极拳，并能受益。但是同时我也经常在想，为什么人们要等身体有了毛病才开始想到太极拳呢？如果大家可以早早地在身体没有毛病之前就开始学练太极拳，不是更好吗？很多美国人有各种各样关节方面的毛病，这跟他们的生活习惯有关系，也跟他们的饮食习惯有关系。太极拳无疑可以帮助他们。

说实话美国人可以选择的运动方式太多了，尤其年轻人，打球、跑步、登山、游泳，户外运动或者是剧烈运动，等到他们的关节发生问题的时候，医生就说你不能做这个了也不能做那个了，所以他们就只能去选择太极了。所以这就回到我刚才说的，因为身体有了问题，不能做其他运动了，所以才开始学习太极拳，但是为什么不能从健康的时候就开始练习太极拳呢？

记者：很多观众都在问，如何练好太极拳？您能帮助他们解答一下这个问题吗？

吴阿敏：练好太极拳，第一得真真正正地喜爱太极拳；第二需要悟性，每个人的悟性不同，每个人在不同的时段的悟性的表现也不同。所以要相信自己，要树立目标，喜欢它，全情投入，相信自己能学好，然后花时间付出努力。当然，基本功也很重要。一定要花足够的时间和耐心，在基本功上打好基础，包括太极拳的桩功、步法等。很多学员学太极拳喜欢一上来就学这个套路、那个套路，学了多少个套路、多长的套路都不是重点，重要的是掌握太极拳的基本功。当然还需要专业的好的老师，然后再配合一些辅助教材，比如视频、书，提高自己的太极拳鉴赏素养和理论深度。

记者：您不仅创编了太极扇套路，而且具有一整套独特的太极扇练习方法，非常有特点，请您简单介绍一下。

吴阿敏：养生太极扇有的地方也叫九式太极扇，这是当时我创编的吴阿敏九式太极系列当中太极扇的一套，在国内很多城市广泛流行。这套太极扇创编也是我对太极研习的一个成果。这套扇受欢迎是因为里边的内容非常丰富，并且集中了各个流派太极中的一些经典招式。比如这套太极扇延伸出来动作包括吴式太极刀、杨式太极拳、陈式太极拳。此外，我曾经在北京跟赵大元老师的学过八卦掌。八卦扇中有很多非常巧妙细腻的扇法也被我融入了这套太极扇里。

这套太极扇的特点是练起来不仅只是单纯的美，而是蕴含功夫的美，它包含了

武术里扇的技法。我经常跟学员们说，学习这套扇，第一还是要先把太极拳的基础打好，因为这套扇中的步型、步法、身法的转变都是来源于太极拳的。如果太极拳的基础没有打好，那么也就很难把这套扇练好。

这些扇法都可以用来攻防，很多老人家很喜欢，不要以为这个扇子折叠起来装在包里小小的，但是随时拿出来，用这套扇中的扇法，扇子就变换成了一种兵器，成为保护自己的武器。这么多年教太极扇，我遇到了一个很大的问题，就是很多男士一听说太极扇，尤其是看见我拿着一把红扇子，他们就会觉得哎呀，我不能学，这是女士的专利。每到这时候，我就会给他们纠正这个错误的观念，其实太极扇真的是男女皆宜。扇子是武术中一种著名的兵器，是乾隆皇帝的最爱，乾隆说自己的扇子是贴心的也是最贴身的，扇子是他最常用的武器。太极扇并不只是女士的专利，而且扇法技术很精妙，很酷，男士也应该会很喜欢。

我在编排这套太极扇的时候，注重由易到难。前两段的扇法动作相对来说简单一点，到了第三段、第四段，扇法动作变化多端。所以我建议大家按照顺序学，先学第一个九式，把基本的扇法和身法掌握了以后再学第二个九式，这样循序渐进，不断提高水平。

当然，其中每一个九式都是可以独立练习的，也可以连贯练习。比如等你学完第二套之后再把它跟第一套一起练，中间都是有衔接的，就变成了一个十八式。

我建议练习太极扇的朋友至少要先学会两套以上的太极拳，拥有两套以上太极拳的基础就可以尝试来学习扇了。

扇子的运用要能够和身体协调，那样练起来就更加享受。

记者：虽然你远在美国推广太极拳，我们还是有很多读者十分关心你的情况，也请你对世界太极拳网的观众说几句话。

吴阿敏：现在的信息技术很发达，沟通起来很方便。世界太极拳网办得很好，影响也很大，在美国的很多朋友也经常阅读世界太极拳网的网站和微信平台。借此机会我也向广大太极拳爱好者问好，祝大家身心健康，拳艺不断进步。也希望以后能有更多机会和大家进行交流，共同进步，为太极拳发展共同努力。

图书在版编目（CIP）数据

吴阿敏太极手册 / 吴阿敏著. —合肥：合肥工业大学出版社，2023.7
ISBN 978-7-5650-6163-9

Ⅰ.①吴… Ⅱ.①吴… Ⅲ.①太极拳-手册 Ⅳ.①G852.11-62

中国国家版本馆CIP数据核字（2023）第125506号

吴阿敏太极手册

著	吴阿敏	版　次	2023年7月第1版
主　审	余功保	印　次	2023年7月第1次印刷
责任编辑	王　磊	开　本	787mm×1092mm　1/16
封面设计	徐　霞	印　张	32.75
出　版	合肥工业大学出版社	字　数	550千字
地　址	合肥市屯溪路193号	发　行	全国新华书店
邮　编	230009	印　刷	安徽联众印刷有限公司
电　话	发行部：0551-62903188	ISBN	978-7-5650-6163-9
网　址	http:// press.hfut.edu.cn	定　价	268.00元